McGraw-Hill Lectura

Maravillas

McGraw Hill Education

Bothell, WA • Chicago, IL • Columbus, OH • New York, NY

Cover and Title pages: Nathan Love

www.mheonline.com/lecturamaravillas

Send all inquiries to:
McGraw-Hill Education
Two Penn Plaza
New York, New York 10121

ISBN: 978-0-02-126463-6
MHID: 0-02-126463-5

Printed in the United States of America.

3 4 5 6 7 8 9 QVR 18 17 16 15

B

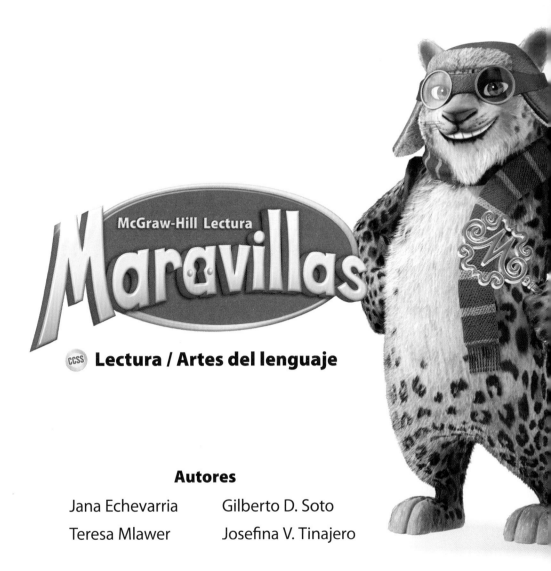

McGraw-Hill Lectura

Maravillas

CCSS **Lectura / Artes del lenguaje**

Autores

Jana Echevarria Gilberto D. Soto

Teresa Mlawer Josefina V. Tinajero

Mc
Graw
Hill
Education

Bothell, WA • Chicago, IL • Columbus, OH • New York, NY

Unidad 1
Piénsalo bien

La gran idea

(t) Alessandra Cimatoribus; (c) Luciana Navarro Powel; (b) Omar Figueroa

 ¡Conéctate! Las lecciones están en www.connected.mcgraw-hill.com.

(t) Westend61/Getty Images; (c) Craig Phillips

Unidad 2 Animales fabulosos

La gran idea

¿Qué pueden enseñarnos los animales? **88**

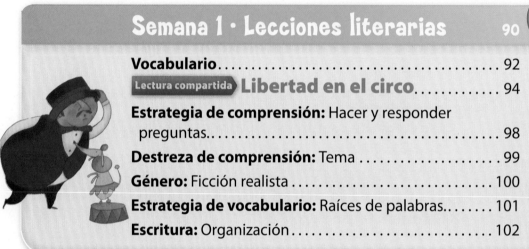

(t) Omar Santana; (c) Dipacho

 ¡Conéctate! Las lecciones están en www.connected.mcgraw-hill.com.

Unidad 3

¡Así se hace!

La gran idea

¿Cómo le puedes enseñar a tu comunidad tus buenas intenciones? **160**

(t) Adriana Matallana; (b) Pilar Berrío

¡Conéctate! Las lecciones están en www.connected.mcgraw-hill.com.

(t) Andrés Rojas; (c) Diego Peñuela; (b) Stockbyte/Getty Images

Unidad 4

¿Realidad o ficción?

La gran idea

¿Cómo tratan el mismo tema distintos escritores? **232**

¡Conéctate! Las lecciones están en www.connected.mcgraw-hill.com.

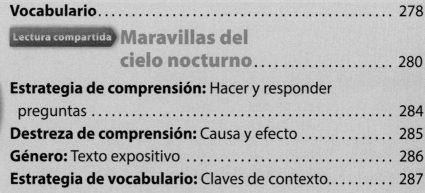

(t) Gustavo Rodríguez; (c) Roger Ressmeyer/Photographer's Choice/Getty Images; (b) María Mantilla

Unidad 5

Para entender mejor

La gran idea

¿Qué te ayuda a entender
el mundo que te rodea? **304**

 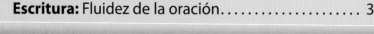

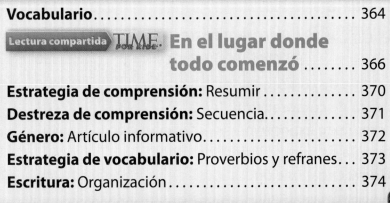

(t) Michael Branscom, courtesy of the Lemelson-MIT Program; (c) Petals and posies/Alamy; (b) ©W. Langdon Kihn/National Geographic Society/Corbis

Pasado, presente y futuro

La gran idea

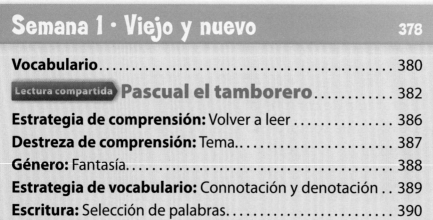

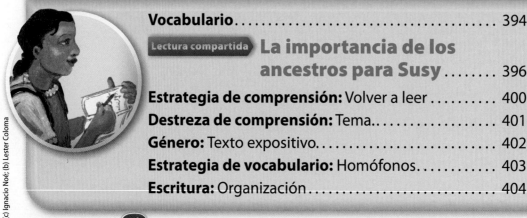

(c) Ignacio Noé; (b) Lester Coloma

Piénsalo bien

La gran idea

¿Cómo puede un reto sacar a relucir lo mejor de nosotros?

El cuervo y el jarrón

Un cuervo sediento volaba por el cálido y seco desierto cuando vio un jarrón. La boca del jarrón estaba rota, pero el cuervo vio que había agua en el fondo. Metió el pico en el jarrón, pero no alcanzó a beber agua, así que recogió una piedra y se la lanzó con la intención de romperlo. La piedra cayó dentro del jarrón, y al tocar el agua se escuchó un *glup*.

El cuervo enfadado tomó otra piedra e iba a tirarla contra el jarrón cuando se detuvo. Sobrevoló el jarrón y dejó caer la piedra adentro. *¡Glup!*

Dejó caer otra piedra y otra y otra y otra. *¡Glup! ¡Glup! ¡Glup!*

Con cada piedra que caía, el nivel del agua subía. Al poco rato, el cuervo pudo beber el agua.

Moraleja: La necesidad es la madre de la invención.

Pregunta esencial

¿De dónde vienen las buenas ideas?

¡Conéctate!

Pensamiento creativo

La gente encuentra ideas creativas y originales a diario. A veces, una idea ingeniosa es resultado de un accidente, una lluvia de ideas o una observación.

▶ ¿Qué crees que le dio al niño de la foto la idea de construir una motocicleta?

▶ ¿Conoces ejemplos de ideas ingeniosas?

▶ ¿De dónde te vienen las ideas?

Coméntalo

Escribe palabras que describan de dónde la gente saca las ideas. Luego habla con un compañero o una compañera acerca de qué te ayuda a encontrar ideas ingeniosas.

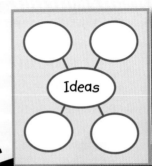

Ideas

Vocabulario

Mira las fotos y lee las oraciones para comentar cada palabra con un compañero o una compañera.

amuleto

La niña tiene un **amuleto** colgado del cuello.

¿Conoces a alguien que tenga un amuleto?

carapacho

El **carapacho** de los armadillos los protege de sus enemigos.

¿Qué otro animal tiene carapacho?

desaparecer

El mago hizo **desaparecer** al conejo dentro de su sombrero.

¿Cuál es el sinónimo de desaparecer?

empinado

El alpinista escala las montañas **empinadas**.

¿Qué otras cosas pueden ser empinadas?

horizonte

El barco se veía pequeño en el **horizonte**.

¿Qué ves cuando miras al horizonte?

invencible

El ganador demostró que era **invencible**.

¿Cuál es un sinónimo de invencible?

lluvia de ideas

Los niños hicieron una **lluvia de ideas** para su proyecto.

Describe un momento en el que tuviste que hacer una lluvia de ideas.

original

La pintura de María es única y **original**.

En tu opinión, ¿qué hace que algo sea original?

Tu turno

COLABORA

Elige tres palabras y escribe tres preguntas para tu compañero o compañera.

¡Conéctate! *Usa el glosario digital ilustrado.*

La tortuga y el conejo

Pregunta esencial

¿De dónde vienen las buenas ideas?

Lee y descubre cómo a la tortuga se le ocurre una buena idea.

Una mañana, Conejo y Tortuga se encontraron cerca de un arroyo. Conejo comenzó a contar historias sobre lo inteligente y maravilloso que era. Presumió de que era el corredor más rápido. Tortuga no estaba tan segura.

—Te apuesto que si corremos —dijo Tortuga a Conejo—, te gano.

Conejo miró fijamente a Tortuga y se echó a reír. Conejo golpeaba las patas contra el piso y se sostenía la panza.

—Eres muy lenta —dijo Conejo—. Te arrastras. ¡Nunca podrás ganarme!

Tortuga estaba enojada. No le gustaban los insultos ni la arrogancia de Conejo.

—Encontrémonos aquí mañana —dijo Tortuga—. Y correremos. Usaré una pluma blanca de **amuleto** y para que puedas verme durante la carrera. Correremos por cuatro colinas, y el primero que llegue al gran roble en la última colina será el ganador.

—¡Yo soy **invencible**! ¡Te veré mañana en la carrera! —dijo Conejo y se fue, riendo para sí mismo.

Tortuga estaba un poco preocupada porque sabía que no podía correr tan rápido como Conejo. Pero tuvo una idea. Reunió a los miembros de su familia y les contó lo que había sucedido con Conejo. Les contó sobre la carrera. Entonces hicieron una **lluvia de ideas**, encontraron una idea muy ingeniosa y **original** y aceptaron ayudarla. Tortuga le dio una pluma blanca a cada una de las otras tortugas. Luego, juntas trazaron un mapa de la carrera y decidieron el lugar donde debería esperar cada tortuga. Una de las tortugas esperaría junto al arroyo; la otra, en la cima de la primera colina; otra, en el valle; otra, en la cima de la segunda colina y así sucesivamente. Tortuga se ubicaría en la cima de la cuarta colina y esperaría bajo el gran roble.

A la mañana temprano llegó Conejo dando saltos y encontró a Tortuga, que esperaba con su pluma blanca.

Conejo no podía parar de reírse.

—¿Estás lista? —dijo—. ¡Vamos! —gritó, mientras se alejaba corriendo hacia la primera colina. Tortuga, con la pluma blanca en la cabeza, comenzó a arrastrarse. Cuando vio que Conejo se alejaba de su vista, abandonó el camino y **desapareció** entre los arbustos.

Cuando Conejo llegó a la cima de la primera colina, vio a Tortuga con su pluma blanca arrastrándose delante de él lo más rápido posible. Conejo no salía de su asombro. Clavó las patas en la tierra y pasó a Tortuga con la pluma blanca. Cuando Conejo desapareció, la tortuga se arrastró a los arbustos.

Cuando Conejo llegó al pie del valle y miró al **horizonte**, Tortuga estaba delante de él. Conejo brincó más y más rápido, y dejó atrás a Tortuga. Pero cada vez que llegaba a la cima de una de las **empinadas** colinas o a un valle, Tortuga estaba delante de él, con su **carapacho** y su pluma blanca, arrastrándose con la mayor rapidez posible.

Cuando llegó al tercer valle, Conejo estaba tan cansado que apenas podía respirar. Pensó que había pasado a Tortuga en la cima de la tercera colina, pero allí estaba nuevamente, yendo hacia la cima de la cuarta colina.

Conejo no podía perder la carrera. Juntó la poca energía que le quedaba, corrió colina arriba, y pasó a Tortuga. Cuando vio el roble, supo que le faltaba poco. Pero cuando Conejo pasó el último trecho de pasto, no podía creer lo que veía. Tortuga estaba allí, bajo el roble, meneando con orgullo su pluma blanca. ¡Había ganado la carrera!

¿? Haz conexiones

Comenta acerca de dónde le vino a la tortuga la idea de usar a sus parientes en la carrera. **PREGUNTA ESENCIAL**

Habla acerca de una ocasión en la que un amigo o una amiga te ayudó a dar con una buena idea. **EL TEXTO Y TÚ**

Luciana Navarro Powel

Hacer predicciones

Cuando lees el cuento "La tortuga y el conejo", puedes usar pistas en el texto, ilustraciones y tu propia experiencia para predecir qué va a pasar.

 Busca evidencias en el texto

Al leer, veo que el conejo se burla de la tortuga. Entonces la tortuga se enfada y reta al conejo a una carrera para determinar cuál es más rápido. Mi predicción es que la tortuga encontrará un modo de ganar la competencia.

página 24

Tortuga estaba un poco preocupada porque sabía que no podía correr tan rápido como Conejo. Pero tuvo una idea. Reunió a los miembros de su familia y les contó lo que había sucedido con Conejo. Les contó sobre la carrera. Entonces hicieron una **lluvia de ideas**, encontraron una idea muy ingeniosa y **original** y aceptaron ayudarla. Tortuga le dio una pluma blanca a cada una de las otras tortugas. Luego, juntas trazaron un mapa de la carrera y decidieron el lugar donde debería esperar cada tortuga. Una de las tortugas esperaría junto al arroyo; la otra, en la cima de la primera colina; otra, en el valle; otra, en la cima de la segunda colina y así sucesivamente. Tortuga se ubicaría en la cima de la cuarta colina y esperaría bajo el gran roble.

Leo que la tortuga está pidiendo ayuda a los miembros de su familia. Mi predicción fue correcta.

Tu turno

Haz una predicción acerca de si el conejo descubrirá el truco de la tortuga. Di qué pistas en el texto te condujeron a esa predicción. Mientras lees, recuerda usar la estrategia de hacer predicciones.

Secuencia

La secuencia es el orden en que se desarrollan los **sucesos** en el cuento. Si pones los **sucesos** en una secuencia, eso te ayudará a entender el **ambiente**, los **personajes** y la **trama**.

 Busca evidencias en el texto

Cuando vuelvo a leer las páginas 23 y 24 de "La tortuga y el conejo", veo que la tortuga quiere ganar la carrera. Luego se reúne con los miembros de su familia para pedirles ayuda.

Personaje
Tortuga
Ambiente
El bosque y las montañas
Principio
Conejo y Tortuga se encuentran cerca del arroyo. Conejo se burla de Tortuga y le dice que es muy lenta.
Desarrollo
Final

Poner los sucesos en orden te ayudará a resumir la trama.

 COLABORA

Tu turno

Vuelve a leer "La tortuga y el conejo". Encuentra los sucesos importantes en el desarrollo y al final del cuento. Escríbelos en el organizador gráfico.

¡Conéctate!
Usa el organizador gráfico interactivo.

Cuento folclórico

"La tortuga y el conejo" es un cuento folclórico.

Los cuentos folclóricos:

- A menudo incluyen una moraleja.
- A veces contienen animales que representan cualidades humanas.
- Están basados en las tradiciones y creencias de los pueblos.

Busca evidencias en el texto

"La tortuga y el conejo" es un cuento folclórico. El protagonista debe encontrar una solución ingeniosa a su problema. La tortuga y el conejo tienen cualidades humanas.

página 22

CCSS Lectura compartida ▸ Género · Cuento folclórico

La tortuga y el conejo

Pregunta esencial
¿De dónde vienen las buenas ideas?
Lee y descubre cómo a la tortuga se le ocurre una buena idea.

22

Usa ilustraciones Los cuentos folclóricos pueden estar ilustrados. Las ilustraciones ofrecen pistas visuales acerca de los personajes, los ambientes y los sucesos en el cuento.

COLABORA

Tu turno

Piensa en el final del cuento. Con un compañero o una compañera, comenta si el cuento tiene moraleja. Explica por qué.

Sinónimos

Al leer "La tortuga y el conejo" es posible que encuentres una palabra que no conoces. Mira las palabras y oraciones que la rodean para encontrar pistas. A veces el autor usa un sinónimo, una palabra que significa casi lo mismo que la palabra desconocida.

Busca evidencias en el texto

Cuando leo la quinta oración de la página 24 de "La tortuga y el conejo", la palabra original *me ayuda a entender el significado de la palabra* ingeniosa.

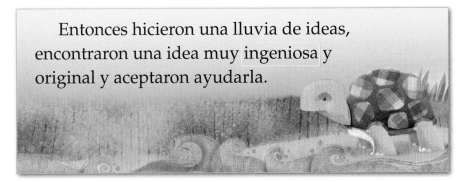

Entonces hicieron una lluvia de ideas, encontraron una idea muy ingeniosa y original y aceptaron ayudarla.

COLABORA

Tu turno

Busca sinónimos para encontrar el significado de las siguientes palabras en "La tortuga y el conejo".
inteligente, *página 23*
cima, *página 24*
energía, *página 25*

De lectores...

Los escritores incluyen detalles específicos, concretos y sensoriales cuando escriben sus cuentos. Estos detalles ofrecen imágenes visuales al lector. Vuelve a leer el siguiente fragmento de "La tortuga y el conejo".

Ejemplo modelo

Detalles descriptivos

Identifica los **detalles descriptivos** en el cuento. ¿Cómo ayudan esos detalles a que los lectores visualicen lo que está ocurriendo?

Cuando Conejo llegó a la cima de la primera colina, vio a Tortuga con su pluma blanca arrastrándose delante de él lo más rápido posible. Conejo no salía de su asombro. Clavó las patas en la tierra y pasó a Tortuga con la pluma blanca. Cuando Conejo desapareció, la tortuga se arrastró a los arbustos.

a escritores

Carlos escribió un cuento acerca de un príncipe. Lee las correcciones de Carlos a este fragmento del cuento.

Marcas de corrección

⌐⌐ cambiar el orden

∧ insertar

∧ insertar coma

✐ eliminar

(ort.) revisar ortografía

≡ mayúscula

Manual de gramática

Página 448
Frases y tipos de oraciones

Ejemplo del estudiante

EL PRÍNCIPE PERDIDO

en un reino lejano,
Había una vez un príncipe que

siempre perdía se. Caminaba diez

millas en lugar de una. ¿se perdía
cada día
de su vida ¡Sí!
mucho? El rey contrató a un zabio (ort.)

para que lo ayudara. El sabio le dio

una brújula que indicaba las cuatro
¡Y hasta
direcciones. Por último inventó una

máquina que le avisaba al príncipe si

había ido demasiado lejos.

Tu turno

COLABORA

☑ Identifica los detalles.

☑ ¿Carlos usó oraciones exclamativas e interrogativas?

☑ ¿Cómo mejoró el texto con las revisiones?

¡Conéctate!
Escribe en el rincón del escritor.

Pregunta esencial

¿Cómo afectan tus acciones a los demás?

¡Conéctate!

Las acciones cuentan

¿Alguna vez has escuchado la expresión "una acción vale más que mil palabras"? Una promesa rota es un ejemplo de acciones que hablan más que mil palabras. ¿Puedes dar otro ejemplo?

► ¿Cómo te sentirías si estuvieras sentado al lado de estas dos niñas?

► ¿Cuándo han afectado tus acciones, para bien o para mal, a tus amigos o familia?

Coméntalo

COLABORA

Escribe algunas de tus acciones y los efectos que han tenido en las personas que te rodean. Comenta con un compañero o una compañera sobre cómo tus acciones pueden afectar a los demás.

Acción	→	Efecto
	→	
	→	
	→	

Vocabulario

Mira las fotos y lee las oraciones para comentar cada palabra con un compañero o una compañera.

aplastado

El niño encontró un globo desinflado y **aplastado** en el suelo.

¿Has visto alguna vez algún objeto aplastado?

autoestima

Ganar el campeonato de fútbol aumentó la confianza y la **autoestima** de Daniel.

¿Qué otras cosas ayudan a aumentar la autoestima?

banqueta

La niña pasea con su perro por la **banqueta**.

¿Conoces un sinónimo de banqueta?

basurero

Los **basureros** están medio vacíos.

¿Crees que los objetos reciclables y la basura deben ir en un mismo basurero?

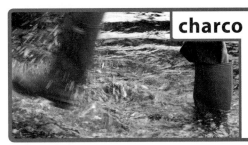

charco

Después de que llueve, quedan muchos **charcos** en las calles.

¿Te gusta saltar en los charcos?

compañero

El entrenador dice a sus jugadores que deben comportarse como **compañeros**.

¿Por qué los niños y las niñas de tu escuela son tus compañeros?

responsable

Enrique y Natalia son **responsables** de bañar a su perro.

¿Cuál es un sinónimo de responsable?

sonriente

Los niños miran **sonrientes** la obra de títeres.

Comenta una ocasión en la que has estado muy sonriente.

COLABORA

Tu turno

Elige tres palabras y escribe tres preguntas para tu compañero o compañera.

¡Conéctate! *Usa el glosario digital ilustrado.*

El juguete de Juan

Lina Cruz

Los dos mejores amigos de Sofía eran Juan y Akki. Tanto en la escuela como durante los fines de semana, se divertían mucho y por eso siempre estaban juntos y **sonrientes**.

¿? Pregunta esencial

¿Cómo afectan tus acciones a los demás?

Lee acerca de cómo las acciones de Sofía y Akki afectan a Juan.

Omar Figueros

Un día en la clase de artes, el maestro anunció: "Hoy vamos a fabricar juguetes con material reciclado". De inmediato, todos en la clase comenzaron a pensar en qué iban a hacer con lo que encontraran.

—Vamos a buscar los materiales —dijo el maestro. Él sabía que si sus estudiantes conseguían las cosas por sus propios medios, se sentirían mejor y su **autoestima** aumentaría.

Cuando salieron del aula, se dieron cuenta de que sus **compañeros** de secundaria acababan de abandonar la cancha de fútbol. Los **basureros** estaban llenos de botellas, bolsas plásticas, papel, latas y tapas de refresco. Esto era ideal. Rápidamente, entre todos seleccionaron y recolectaron el material que serviría para sus proyectos. Luego limpiaron los objetos que habían reunido. Cuando regresaron al salón, el maestro les dijo: "Ahora, que cada cual fabrique su juguete con los materiales que recolectó".

Akki construyó un barco con bolsas de plástico y palitos de madera. Sofía tomó periódico y pintura y con ellos hizo una canastilla para cargar sus muñecas. Pero el mejor juguete de todos lo hizo Juan. Era un cohete fabricado con tapas y botellas de refresco. ¡Hasta tenía espacio para el piloto!

Sofía y Akki estaban maravilladas con el juguete que había hecho Juan, y lo invitaron a jugar después de la escuela en casa de Sofía. Pero ya Juan tenía planes de visitar a su abuela, así que decidió prestarles el cohete, no sin antes decirles:

—¡Mañana me lo devuelven, por favor! —las niñas se despidieron felices.

Cuando llegaron a casa, la mamá de Sofía les dijo:

—¡Qué lindos juguetes! Y lo mejor es que los hicieron con sus propias manos. Por eso tienen mucho más valor. Cuando terminen de jugar, no los dejen olvidados afuera. Deben cuidarlos para que no se dañen. Especialmente si son **responsables** del juguete de Juan.

Las niñas salieron a jugar, pero cuando entraron a la hora de la merienda, olvidaron recoger los juguetes. ¡Estaban en la luna! Cuando salieron nuevamente, se sorprendieron al ver que sus juguetes habían sido **aplastados** por los transeúntes. Y lo peor: el precioso cohete de Juan también estaba roto y había ido a parar a un **charco**.

Las dos amigas solo pensaron: "qué mala pata". En ese momento, la mamá de Sofía salió y encontró a las niñas sentadas en la **banqueta**, muy preocupadas. Las rodeó con sus brazos y dulcemente les recordó la importancia de ser responsables, y que tenían que guardar sus juguetes después de jugar con ellos.

Al día siguiente, en la escuela, Sofía se llenó de valor y fue a hablar con Juan.

—¡Hola, Sofía! ¿Qué tal la pasaron ayer? —preguntó Juan—. Yo la pasé fantástico en casa de mi abuela.

Omar Figueros

38

Akki llegó en ese momento y pensó: "¡Hacia atrás ni para tomar impulso!".

Las niñas le dijeron que también tenían algo que contarle, y que en realidad les daba mucha vergüenza.

—Bueno, dejen el misterio. ¿Qué pasó?

—Mmm, pues… ¡aquí va!

Akki le contó a Juan que, producto de un descuido de ellas, alguien había aplastado su cohete en un charco. El niño abrió los ojos, respiró profundo y contestó:

—¡Ayyy! ¡Y lo peor es que yo no lo pude estrenar! Ahora tendré que construir uno nuevo.

Sofía y Akki estaban tristes, pero sabían que tenían que hacer algo para remediar su descuido.

—¡Ya sé, no pensemos en eso! —dijo Sofía—. Hagamos borrón y cuenta nueva y construyamos juntos otro cohete.

Esa tarde fueron a casa de Juan y juntos fabricaron el cohete hecho de botellas y tapas más bonito y grande que jamás se haya visto. Y nunca más dejaron sus juguetes olvidados.

¿? Haz conexiones

Comenta por qué las acciones de Sofía y Akki afectaron a Juan. **PREGUNTA ESENCIAL**

Cuéntale a tu compañero o compañera algo que hayas hecho y que haya afectado a alguien. **EL TEXTO Y TÚ**

Hacer predicciones

Cuando leas, relaciona tus experiencias con los sucesos del cuento para hacer predicciones sobre lo que podría suceder más adelante. Mientras lees "El juguete de Juan", haz predicciones sobre el cuento.

 ## Busca evidencias en el texto

Al leer la página 38 donde Sofía y Akki olvidan recoger los juguetes, puedes predecir si los juguetes se van a estropear o no. Vuelve a leer esta sección y confirma tu predicción.

---

página 38

Las niñas salieron a jugar, pero cuando entraron a la hora de la merienda, olvidaron recoger los juguetes. ¡Estaban en la luna! Cuando salieron nuevamente, se sorprendieron al ver que sus juguetes habían sido **aplastados** por los transeúntes. Y lo peor: el precioso cohete de Juan también estaba roto y había ido a parar a un **charco**.

Las dos amigas solo pensaron: "qué mala pata". En ese momento, la mamá de Sofía salió y encontró a las niñas sentadas en la **banqueta**, muy preocupadas. Las rodeó con sus brazos y dulcemente les recordó la importancia de ser responsables, y que tenían que guardar sus juguetes después de jugar con ellos.

Leí el fragmento donde los juguetes que habían olvidado en la banqueta aparecen aplastados. Esto confirma mi predicción de que los juguetes se iban a estropear.

Tu turno

COLABORA

Haz una predicción acerca de cómo va a reaccionar Juan cuando sepa que su juguete quedó aplastado. Di qué pistas en el texto te condujeron a esa predicción. Mientras lees, recuerda usar la estrategia de hacer predicciones.

Problema y solución

Por lo general, en un cuento el **personaje** principal debe enfrentar un problema. Los **sucesos de la trama** se relacionan con su búsqueda de una solución.

 ## Busca evidencias en el texto

Al leer la página 38 de "El juguete de Juan", vi que Sofía y Akki tenían un problema. Haré una lista con los sucesos del cuento. Esto me mostrará la solución que encontraron las amigas.

Personaje
Sofía y Akki
Ambiente
La casa de Sofía
Problema
Sofía y Akki arruinaron el juguete de Juan.
Suceso
Sofía y Akki olvidaron los juguetes en la banqueta.
Suceso
Solución

Tu turno

Vuelve a leer el cuento "El juguete de Juan". Busca otros sucesos importantes. Usa estos sucesos para identificar la solución.

¡Conéctate!
Usa el organizador gráfico interactivo.

Ficción realista

El cuento "El juguete de Juan" es ficción realista.

La ficción realista:

- Incluye hechos, personajes y sucesos que pueden existir en la vida real.
- Es un texto inventado por el autor.
- Incluye diálogos.

Busca evidencias en el texto

Puedo saber que "El juguete de Juan" es ficción realista porque aunque el relato es producto de la imaginación del autor, ocurren cosas que podrían suceder en la vida real.

página 39

Akki llegó en ese momento y pensó: "¡Hacia atrás ni para tomar impulso!".

Las niñas le dijeron que también tenían algo que contarle, y que en realidad les daba mucha vergüenza.

—Bueno, dejen el misterio. ¿Qué pasó?

—Mmm, pues… ¡aquí va!

Akki le contó a Juan que, producto de un descuido de ellas, alguien había aplastado su cohete en un charco. El niño abrió los ojos, respiró profundo y contestó:

—¡Ayyy! ¡Y lo peor es que yo no lo pude estrenar! Ahora tendré que construir uno nuevo.

Sofía y Akki estaban tristes, pero sabían que tenían que hacer algo para remediar su descuido.

—¡Ya sé, no pensemos en eso! —dijo Sofía—. Hagamos borrón y cuenta nueva y construyamos juntos otro cohete.

Esa tarde fueron a casa de Juan y juntos fabricaron el cohete hecho de botellas y tapas más bonito y grande que jamás se haya visto. Y nunca más dejaron sus juguetes olvidados.

¿? Haz conexiones

Comenta por qué las accion

Diálogo El diálogo son las palabras exactas que dicen los personajes.

Con un compañero o una compañera, busca dos ejemplos en el cuento que demuestren que es ficción realista.

Modismos

Al leer "El juguete de Juan", es posible que encuentres frases cuyo significado sea diferente a la definición que tenga cada palabra que la conforma. Mira las claves de contexto que rodean estas frases para encontrar pistas sobre su significado. A veces los autores usan expresiones que ya están determinadas para referirse a una idea o concepto.

Busca evidencias en el texto

Cuando leo el modismo ¡Estaban en la luna! *en el cuarto párrafo de la página 38, la frase* olvidaron recoger los juguetes *me ayuda a comprender el significado de esta expresión.* Estar en la luna *significa estar distraído.*

Las niñas salieron a jugar, pero cuando entraron a la hora de la merienda, olvidaron recoger los juguetes. ¡Estaban en la luna!

COLABORA

Tu turno

Explica qué significan los siguientes modismos del cuento a partir de las claves de contexto.

qué mala pata, *página 38*

¡Hacia atrás ni para tomar impulso!, *página 39*

Hagamos borrón y cuenta nueva, *página 39*

Busca otros modismos y sus significados.

Omar Figueros

43

De lectores...

Los escritores narran varios momentos que se enfocan en un suceso sobre el cual se desarrolla el cuento y que se relaciona con el problema del mismo. Vuelve a leer el siguiente texto.

Enfoque en un suceso

Identifica el **suceso** del cuento que causa el problema. ¿Cuáles son los detalles que ayudan a describir el suceso?

Ejemplo modelo

Las niñas salieron a jugar, pero cuando entraron a la hora de la merienda, olvidaron recoger los juguetes. ¡Estaban en la luna! Cuando salieron nuevamente, se sorprendieron al ver que sus juguetes habían sido aplastados por los transeúntes. Y lo peor: el precioso cohete de Juan también estaba roto y había ido a parar a un charco.

Las dos amigas solo pensaron: "qué mala pata". En ese momento, la mamá de Sofía salió y encontró a las niñas sentadas en la banqueta, muy preocupadas. Las rodeó con sus brazos y dulcemente les recordó la importancia de ser responsables, y que tenían que guardar sus juguetes después de usarlos.

a escritores

Victoria escribió un cuento acerca de dos amigas. Lee las correcciones que Victoria hizo a este fragmento del cuento.

Manual de gramática

Página 448
**Sujeto y predicado
(simple y compuesto)**

Ejemplo del estudiante

¿Perros o niños?

y Luciana
Carla quería ganar un poco de dinero

extra. ~~Luciana también quería ganar~~

~~dinero.~~ ¶—¿Quieres ser niñera?

dijo carla mientras intentaban

ideas encontrar

Los ojos de Luciana se iluminaron.

un negocio de
—¿Qué te parece pasear perros?

—Pero soy alérgica a los perros. Esa idea no me viene bien.

Tu turno

☑ Identifica el suceso.

☑ Encuentra un sujeto compuesto.

☑ ¿Cómo mejoró el texto con las revisiones?

¡Conéctate!
Escribe en el rincón del escritor.

Chris Vallo

Al rescate

Los desastres naturales son sucesos como huracanes, terremotos, inundaciones e incendios forestales. Cuando este tipo de sucesos ocurren pueden causar una crisis enorme en una comunidad. Por suerte, hay personas capacitadas para responder a los desastres naturales.

▶ ¿Cómo pueden responder las personas a un incendio forestal?

▶ ¿Cómo crees que se rescatan a las personas durante una inundación?

▶ ¿De qué maneras pueden responder las personas durante otros tipos de desastres naturales?

Coméntalo

Escribe palabras que hayas aprendido sobre cómo reaccionar a los desastres naturales. Luego, comenta con un compañero o una compañera lo que podrías hacer para ayudar después de un desastre natural.

Desastres naturales

Vocabulario

Mira las fotos y lee las oraciones para comentar cada palabra con un compañero o una compañera.

alterar

Las olas del océano **alteran** lentamente la costa pues desgastan las rocas.

¿De qué manera pueden las personas alterar su apariencia?

colapsar

La inundación hizo que el puente **colapsara**.

¿Qué puede hacer que una carpa colapse?

considerable

Anoche cayó una **considerable** cantidad de nieve.

¿Cuál es un sinónimo de considerable?

crisis

Los rescatistas ayudan a las personas durante una emergencia o **crisis**, como una inundación.

¿Cómo reaccionarías frente a una crisis?

destrucción

El tornado destruyó edificaciones y causó mucha más **destrucción**.

¿Cuál es un sinónimo de destrucción?

grave

El huracán causó daños **graves** a las edificaciones.

¿Qué daños graves podría causar un terremoto?

impredecible

El clima **impredecible** pasó de repente de sol a lluvia.

¿Cuál es un sinónimo de impredecible?

riesgo

El agua era un **riesgo** para las personas que conducían en la calle.

¿Qué otra cosa podría ser un riesgo para las personas que conducen?

Tu turno

COLABORA

Elige tres palabras y escribe tres preguntas para tu compañero o compañera.

¡Conéctate! *Usa el glosario digital ilustrado.*

(t) EPA/Larry W. Smith/Photolibrary; (ct) Mike Theiss/National Geographic/Getty Images; (cb) Erik Rank/The Image Bank/Getty Images; (b) Bruce Heinemann/Photodisc/Getty Images

Un mundo de CAMBIOS

Pregunta esencial

¿Cómo reacciona la gente a los desastres naturales?

Lee cómo se preparan las personas para los desastres naturales.

Mirador Skywalk del
Gran Cañón, Arizona

La Tierra puede parecer una enorme roca que nunca cambia. En realidad, nuestro planeta está en constante cambio. Todos los días ocurren cambios naturales que **alteran** la superficie terrestre. Algunos de estos cambios suceden lentamente a lo largo de muchos años. Otros, en cuestión de minutos. Pero ya sean lentos o rápidos, los dos tipos de cambios tienen un gran impacto en nuestro planeta.

Lentos y constantes

Algunos de los cambios más grandes de la Tierra no se pueden ver debido a que suceden muy lentamente. La meteorización, la erosión y la deposición son tres procesos naturales que cambian la superficie del mundo poco a poco.

La meteorización ocurre cuando la lluvia, la nieve, el sol y el viento desintegran las rocas en pedazos más pequeños. Estos pedazos de roca diminutos se convierten en tierra, pero no se alejan de los accidentes geográficos.

La erosión ocurre cuando una fuerza natural como un río se lleva los fragmentos de roca desgastados. Esto hace que los accidentes geográficos de la Tierra se vuelvan más pequeños. Incluso, con el tiempo, es probable que **colapsen** por completo. El Gran Cañón es un ejemplo del efecto de la erosión. El río Colorado lo desgastó en el transcurso de miles de años.

Después del proceso de erosión, la tierra y las rocas son depositadas en un nuevo lugar. Este proceso se llama deposición. Con el tiempo, se puede dar una gran acumulación de depósitos en un lugar. La deposición producida por el agua forma una playa. La deposición por el viento crea un accidente geográfico **considerable**, como una duna.

Aunque la erosión es un proceso lento, causa problemas a la gente. Algunos tipos de erosión son peligrosos y se consideran un riesgo para las comunidades.

Para protegerse de la erosión marina, la gente construye estructuras que impiden que las olas del mar lleguen a la costa. También pueden usar rocas pesadas para evitar que la tierra se erosione. Otras personas siembran plantas en la orilla, pues las raíces ayudan a sostener el suelo y reducen las probabilidades de que se erosione.

Por desgracia, las personas no pueden proteger la tierra cuando ocurren procesos naturales rápidos.

Rápidos y poderosos

Los procesos naturales rápidos, al igual que los lentos, cambian la superficie terrestre. Pero son mucho más poderosos. Suelen llamarse desastres naturales debido a la destrucción que producen. Las erupciones volcánicas y los derrumbes son solo dos ejemplos.

Los volcanes se forman alrededor de las aberturas de la corteza terrestre. Cuando aumenta la presión, se empuja hacia arriba roca caliente fundida, llamada magma. Sube por el volcán y es expulsado por la abertura. Las erupciones pueden ocurrir sin previo aviso. Pueden causar una crisis en una comunidad.

Al igual que las erupciones volcánicas, los derrumbes pueden suceder sin previo aviso. Ocurren cuando las rocas y la tierra, aflojadas por las fuertes lluvias, se deslizan por una colina o montaña. Algunos derrumbes son pequeños, pero otros pueden ser muy grandes y causar daños graves.

Este diagrama muestra una erupción volcánica.

Cono
Cráter
Respiradero
Chimenea central
Cámara de magma

Prepárate

A diferencia de los procesos lentos, las personas no pueden evitar los efectos de los desastres naturales rápidos. En cambio, los científicos tratan de predecir cuándo ocurrirán estos sucesos, de manera que puedan advertir a las personas. Aun así, algunos desastres son impredecibles y pueden suceder sin previo aviso. Es importante que las comunidades implementen un plan de emergencia para que se puedan evacuar rápidamente.

La superficie terrestre cambia de manera constante por los procesos naturales. Estos procesos pueden ser graduales o rápidos. ¡Ayudan a que la Tierra sea el asombroso planeta que es!

Haz conexiones

Habla sobre las diferentes maneras en que las personas se preparan para los desastres naturales. **PREGUNTA ESENCIAL**

¿Cómo puedes ayudar a las personas que han estado en un desastre natural? **EL TEXTO Y TÚ**

Volver a leer

Cuando lees un texto informativo, puedes encontrar datos e ideas que son nuevos para ti. Mientras lees "Un mundo de cambios", vuelve a leer las secciones difíciles para asegurarte de que las comprendes y para que te ayuden a recordar detalles clave.

 Busca evidencias en el texto

Es posible que no estés seguro de por qué un volcán hace erupción. Vuelve a leer la sección "Rápidos y poderosos" de la página 52 de "Un mundo de cambios".

página 52

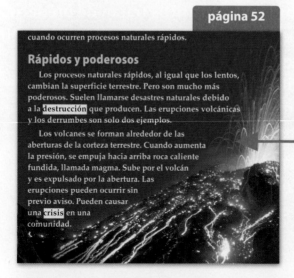

cuando ocurren procesos naturales rápidos.

Rápidos y poderosos

Los procesos naturales rápidos, al igual que los lentos, cambian la superficie terrestre. Pero son mucho más poderosos. Suelen llamarse desastres naturales debido a la destrucción que producen. Las erupciones volcánicas y los derrumbes son solo dos ejemplos.

Los volcanes se forman alrededor de las aberturas de la corteza terrestre. Cuando aumenta la presión, se empuja hacia arriba roca caliente fundida, llamada magma. Sube por el volcán y es expulsado por la abertura. Las erupciones pueden ocurrir sin previo aviso. Pueden causar una crisis en una comunidad.

Leí que cuando la presión se acumula debajo de la superficie de la Tierra, se empuja el magma hacia arriba. De esto entiendo que la presión que hay por debajo de la superficie hace que el volcán haga erupción.

Tu turno

COLABORA

¿Qué les ocurre a las rocas durante la meteorización? Para saberlo, vuelve a leer la sección "Lentos y constantes" de la página 51. Mientras lees, recuerda usar la estrategia de volver a leer.

Comparar y contrastar

Los autores usan la estructura del texto para organizar la información. La comparación es un tipo de estructura. Con ella, muestran en qué se parecen y se diferencian las cosas.

Busca evidencias en el texto

Si regreso a las páginas 51–52 de "Un mundo de cambios", puedo volver a leer y aprender en qué se parecen y se diferencian los procesos naturales lentos de los rápidos. Palabras como algunos, pero, los dos *y* al igual *me permiten reconocer una comparación.*

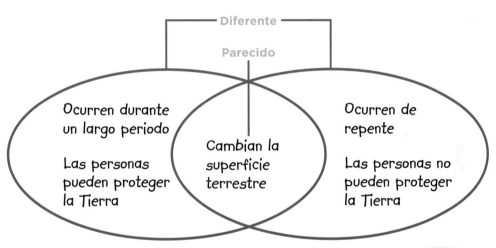

Diferente

Parecido

Ocurren durante un largo periodo

Las personas pueden proteger la Tierra

Cambian la superficie terrestre

Ocurren de repente

Las personas no pueden proteger la Tierra

COLABORA

Tu turno

Vuelve a leer la sección "Rápidos y poderosos". Compara y contrasta las erupciones volcánicas con los derrumbes. Escribe la información en el organizador gráfico.

¡Conéctate! **Usa el organizador gráfico interactivo.**

Texto expositivo

"Un mundo de cambios" es un texto expositivo.

El texto expositivo:

- Explica datos acerca de un tema.
- Puede incluir diagramas y subtítulos.

 Busca evidencias en el texto

"Un mundo de cambios" es un texto expositivo. Da muchos datos sobre los procesos de la Tierra. Cada sección tiene un subtítulo que me dice de qué se trata. El diagrama me da más información.

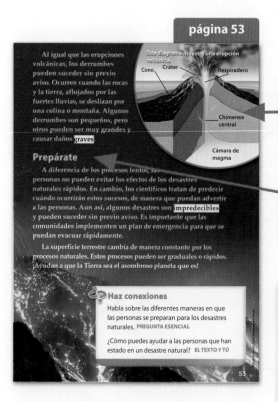

página 53

Al igual que las erupciones volcánicas, los derrumbes pueden suceder sin previo aviso. Ocurren cuando las rocas y la tierra, aflojados por las fuertes lluvias, se deslizan por una colina o montaña. Algunos derrumbes son pequeños, pero otros pueden ser muy grandes y causar daños graves

Prepárate

A diferencia de los procesos lentos, las personas no pueden evitar los efectos de los desastres naturales rápidos. En cambio, los científicos tratan de predecir cuándo ocurrirán estos sucesos, de manera que puedan advertir a las personas. Aun así, algunos desastres son impredecibles y pueden suceder sin previo aviso. Es importante que las comunidades implementen un plan de emergencia para que se puedan evacuar rápidamente.

La superficie terrestre cambia de manera constante por los procesos naturales. Estos procesos pueden ser graduales o rápidos. ¡Ayudan a que la Tierra sea el asombroso planeta que es!

Haz conexiones

Habla sobre las diferentes maneras en que las personas se preparan para los desastres naturales. PREGUNTA ESENCIAL

¿Cómo puedes ayudar a las personas que han estado en un desastre natural? EL TEXTO Y TÚ

53

Este diagrama muestra una erupción volcánica.
Cono · Cráter · Respiradero · Chimenea central · Cámara de magma

Características del texto

Diagramas Los diagramas muestran las partes de algo o el funcionamiento de un proceso. Tienen rótulos que explican sus diferentes partes.

Subtítulos Los subtítulos indican de qué se trata una sección del texto principalmente.

 COLABORA

Tu turno

Escribe tres características del texto en "Un mundo de cambios". Cuéntale a tu compañero o compañera qué información aprendiste de cada característica.

Palabras con significado múltiple

Al leer "Un mundo de cambios", encontrarás algunas **palabras con significados múltiples**. Estas tienen más de un significado. Para descifrar el significado de una palabra con significados múltiples, mira las palabras y las frases que están cerca de ella para encontrar pistas.

 Busca evidencias en el texto

Cuando leo la página 52 de "Un mundo de cambios" veo la palabra plantas. *Hay varios significados para* plantas, *de manera que esta es una palabra de significado múltiple. La palabra* siembran *y la frase "las raíces ayudan a sostener el suelo" me ayudan a descifrar el significado con el que se usa en la oración.*

Otras personas siembran plantas en la orilla, pues las raíces ayudan a sostener el suelo.

Tu turno

COLABORA

Usa claves de contexto para descifrar el significado de las siguientes palabras de "Un mundo de cambios".
depósitos, *página 51*
costa, *página 52*
evacuar, *página 53*

De lectores...

Los escritores se aseguran de enfocarse en un tema proporcionando una idea principal cuando escriben un texto expositivo. Sustentan la idea principal con detalles importantes. Vuelve a leer el primer párrafo de "Un mundo de cambios" que está a continuación.

Enfoque en un tema

Identifica detalles de apoyo para la idea principal de que la Tierra está en un estado de cambio constante.

Ejemplo modelo

Un mundo de cambios

La Tierra puede parecer una enorme roca que nunca cambia. En realidad, nuestro planeta está en constante cambio. Todos los días ocurren cambios naturales que alteran la superficie terrestre. Algunos de estos cambios suceden lentamente a lo largo de muchos años. Otros, en cuestión de minutos. Pero ya sean lentos o rápidos, los dos tipos de cambios tienen un gran impacto en nuestro planeta.

a escritores

Marcas de corrección

⊓ cambiar el orden

∧ insertar

⌃ insertar coma

⸝ eliminar

(ort.) revisar ortografía

≡ mayúscula

Juan escribió un texto expositivo. Lee la corrección que Juan hizo a una sección de este.

Manual de gramática

Página 448

Oraciones simples y compuestas

Ejemplo del estudiante

El Parque Nacional de Yellowstone

El Parque Nacional de Yellowstone

Millones de personas lo visitan cada año.

es muy frecuentado. Llegan ~~personas~~

de todas partes del mundo.

Yellowstone es un parque hermoso

para visitar. Las personas toman

fotografías de las cascadas y de los

animales y se aseguran también de

Este famoso géiser hace erupción cada 1 o 2 horas.

visitar el Old Faithful.

Hay muchos animales diferentes

en yellowstone, como alces,

bizontes y pardos osos.

Tu turno

COLABORA

☑ Identifica los detalles que Juan incluyó.

☑ Identifica una oración simple y una compuesta.

☑ Explica cómo la corrección de Juan mejoró su escrito.

¡Conéctate!
Escribe en el rincón del escritor.

Pregunta esencial

¿Cómo puede ayudarte la ciencia a entender cómo funcionan las cosas?

¡Conéctate!

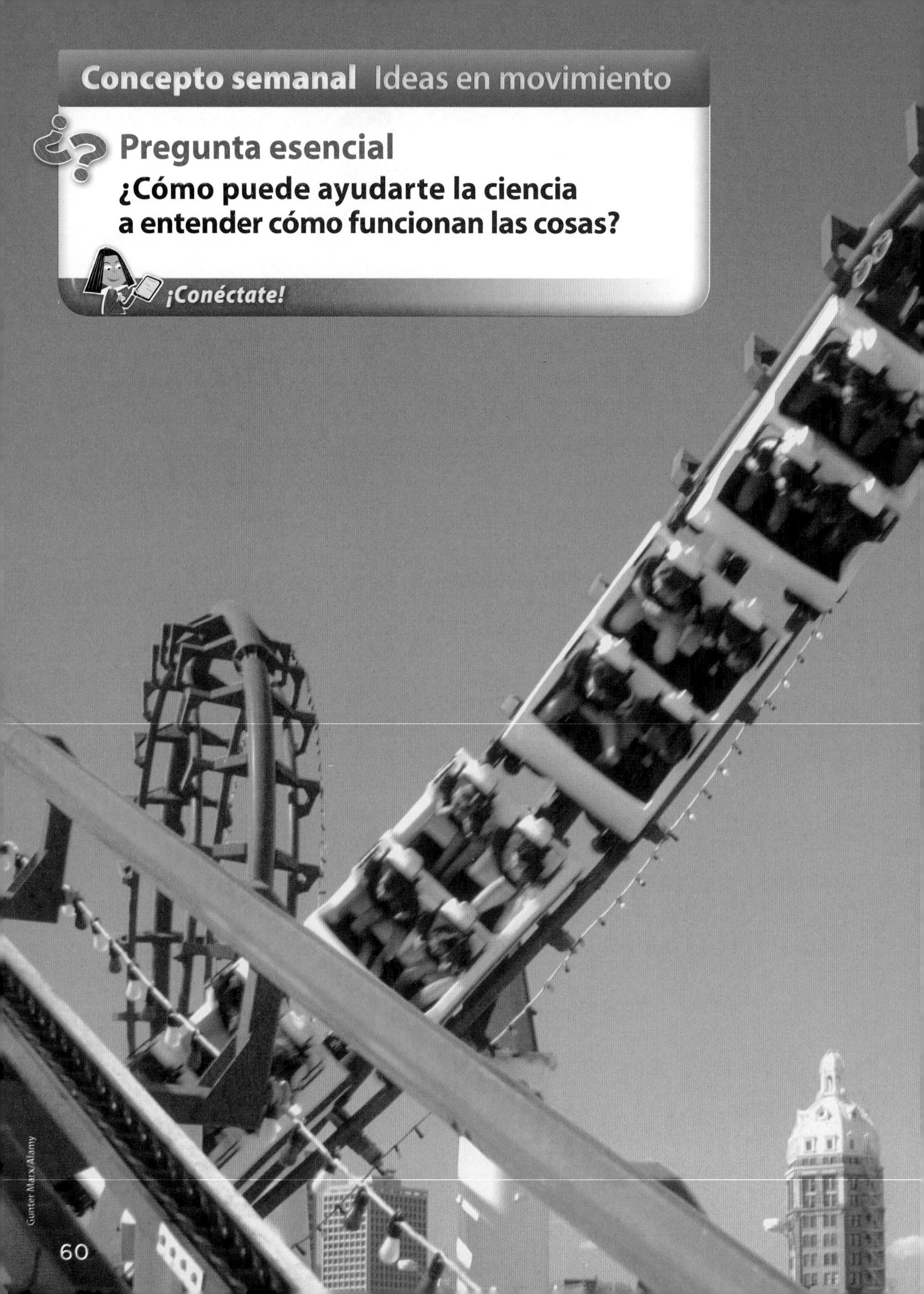

¿CÓMO FUNCIONA?

La ciencia puede ayudarnos a entender muchas cosas, desde cómo lanzar una bola curva hasta qué ocurre cuando subes a una montaña rusa. Mira esta imagen. ¿Qué impide que estas personas se caigan? ¡Usemos la ciencia para averiguarlo!

▶ ¿De qué forma permaneces en tu lugar durante las espirales? La fuerza que crea la aceleración te presiona contra el asiento de la montaña rusa.

▶ ¿En qué tipo de juegos has montado en un parque de diversiones? ¿Por qué te gustaron?

Coméntalo

Escribe las palabras que has aprendido sobre el movimiento. Habla con tu compañero o compañera sobre un juego que diseñarías.

Movimiento

Vocabulario

Mira las fotos y lee las oraciones para comentar cada palabra con un compañero o una compañera.

acelerar

Vi el auto de carreras **acelerar**, o ir más rápido, al cruzar la meta.

¿Cuál es un sinónimo de acelerar?

averiguación

Los reporteros hacen preguntas al principio de una **averiguación** o investigación.

¿En qué se parecen los términos averiguación e investigación?

capacidad

Las **capacidades** de un alfarero incluyen fuerza y creatividad.

¿Qué capacidades necesitaría un atleta?

emocionante

Subir a una montaña rusa es fascinante y **emocionante**.

¿Cuál es un sinónimo de emocionante?

fricción

La **fricción** entre las llantas y el pavimento desacelera el avión.

¿De qué manera usar los frenos en una bicicleta es un ejemplo de fricción?

gravedad

La **gravedad** ayuda a que la masa baje en el molde para hornear.

Describe qué ocurriría si no hubiera gravedad en la Tierra.

identidad

La mujer mostró su pasaporte para demostrar su **identidad**.

¿Por qué alguien querría conservar su identidad en secreto?

ventaja

El tamaño del padre le dio gran **ventaja** sobre su hijo.

¿Cuál es un sinónimo de ventaja?

COLABORA

Tu turno

Elige tres palabras y escribe tres preguntas para tu compañero o compañera.

¡Conéctate! *Usa el glosario digital ilustrado.*

LA GRAN carrera

Este simulador de auto de carreras es genial.

¡Probémoslo!

Pregunta esencial

¿Cómo puede ayudarte la ciencia a entender cómo funcionan las cosas?

Lee acerca de cómo Alex y Luis quieren usar la ciencia para ganar una carrera.

Soy Clara. ¡Bienvenidos!

Alex y Luis querían construir un auto para participar en la carrera de autos de cartón. A raíz de su **averiguación** sobre cómo construir un auto rápido, hoy fueron al museo de ciencias. La semana pasada, la madre de Alex había llamado a uno de los científicos. Cuando entraron, una mujer en bata blanca y patines llegó como un bólido y los saludó.

—Hola, soy Clara. ¿Ustedes son los que quieren saber qué haría que un auto se desplazara rápidamente?

—Sí. Soy Alex y él es Luis —respondió Alex.

—¿Por qué tienes patines, Clara? —preguntó Luis.

—¡Soy una patinadora estrella! —dijo Clara dando una vuelta—. Esta no es mi verdadera **identidad** —susurró después—. Soy científica. Los patines me permiten moverme más fácilmente. ¡Síganme!

CUESTIÓN DE VELOCIDAD

—Bienvenidos a la exposición "En movimiento" —anunció Clara cuando entraron a una gran sala—. Bien, háblenme de la carrera.

—Habrá 20 autos. Bajaremos por la colina más empinada de la ciudad —dijo Alex.

—¡Suena **emocionante**! ¡Debe ser fascinante ir rápido! —respondió Clara mientras oprimía botones en una máquina—. Este es un auto de carreras virtual, y la pantalla les muestra el rumbo de la carrera y su velocidad, que es la distancia en que se mueve un objeto en determinada cantidad de tiempo.

Craig Phillips

65

FUERZAS EN ACCIÓN

Alex y Luis se sentaron en la máquina. Cada asiento tenía en frente un timón y una pantalla.

> Una fuerza es un empuje o jalón.

—Ya que quieren construir un auto veloz, necesitan aprender sobre las fuerzas y cómo afectan el movimiento —dijo Clara.

—¿Qué es una fuerza? —preguntó Luis.

—Una fuerza —prosiguió Clara— es un empuje o un jalón. Las fuerzas hacen que las cosas se muevan o provocan cambios en el movimiento. Cuando aplico una fuerza lo suficientemente grande a un objeto, como este taburete, se mueve. Si dos objetos son exactamente iguales, el objeto que recibe la mayor fuerza **acelerará**, o aumentará su velocidad —dijo Clara, empujando dos taburetes al mismo tiempo—. ¿Cuál recibió una fuerza mayor? —preguntó Clara.

—El de la derecha. Llegó más lejos —dijo Luis.

—Por ello, si le damos a nuestro auto un gran empujón en la cima de la colina, acelerará e irá más rápido —resumió Alex.

> ¡Se aproxima una curva cerrada!

> ¡Aceleraré ahora!

GRAVEDAD Y FRICCIÓN

—¡Correcto! Otra fuerza que actúa sobre su auto es la **gravedad** —sonrió Clara—. Es una fuerza de atracción entre dos objetos.

Sacó una pelota de tenis y dijo:

—Cuando dejo caer esta pelota, la gravedad la jala hacia el piso. Es la misma fuerza que jala su auto cuesta abajo.

—Así que un gran empujón nos da **ventaja** sobre los otros autos y la gravedad nos permite continuar avanzando. ¿Cómo nos detendremos? —preguntó Luis.

—Necesitan **fricción**, que es una fuerza entre dos superficies que desacelera objetos o los detiene. Si me reclino en mis patines, la fricción entre los frenos de goma y el suelo hace que comience a detenerme —dijo Clara.

—¡Gracias, Clara! ¡La carrera virtual fue genial! Sabía que teníamos las destrezas y **capacidades** para ganar la carrera, pero ahora tenemos también la ciencia de nuestro lado —dijo Luis con una sonrisa de oreja a oreja.

Necesitan fricción.

Haz conexiones

Comenta las maneras en que la ciencia te ayuda a entender cómo se mueven los objetos. **PREGUNTA ESENCIAL**

¿Cómo puede ayudarte la ciencia a entender tus actividades favoritas? **EL TEXTO Y TÚ**

Craig Phillips

67

Volver a leer

Cuando lees un texto informativo, con frecuencia encuentras información nueva para ti. Cuando leas "La gran carrera", vuelve a leer las secciones clave del texto para asegurarte de que las entiendes y recuerdas la información que contienen.

 ## Busca evidencias en el texto

Cuando leas "La gran carrera", el concepto de aceleración puede ser nuevo. Vuelve a leer la sección "Fuerzas en acción" en la página 66 como ayuda para recordar qué significa *acelerar*.

página 66

—Una fuerza —prosiguió Clara— es un empuje o un jalón. Las fuerzas hacen que las cosas se muevan o provocan cambios en el movimiento. Cuando aplico una fuerza lo suficientemente grande a un objeto, como este taburete, se mueve. Si dos objetos son exactamente iguales, el objeto que recibe la mayor fuerza **acelerará**, o aumentará su velocidad —dijo Clara, empujando dos taburetes al mismo tiempo—. ¿Cuál recibió una fuerza mayor? —preguntó Clara.

—El de la derecha. Llegó más lejos —dijo Luis.

—Por ello, si le damos a nuestro auto un gran empujón en la cima de la colina, acelerará e irá más rápido —resumió Alex.

¡Se aproxima una curva cerrada!

¡Aceleraré ahora!

Leí que acelerar significa aumentar la velocidad de algo. Volver a leer me ayudará a entender y recordar este concepto.

 COLABORA

Tu turno

¿Qué hace la gravedad? Para averiguarlo, vuelve a leer "Gravedad y fricción" de "La gran carrera". Cuando leas, recuerda usar la estrategia de volver a leer.

Causa y efecto

La estructura del texto es la manera en que los autores organizan la información en una selección. Causa y efecto es un tipo de estructura del texto. El autor explica cómo y por qué ocurre algo. Una causa es por qué ocurre algo. Un efecto es lo que ocurre.

 ## Busca evidencias en el texto

Puedo volver a leer "Fuerzas en acción" de la página 66 de "La gran carrera" para encontrar acciones que causan que algo ocurra. Luego puedo averiguar los efectos de esas acciones.

Causa	→	Efecto
Clara aplica una fuerza a un taburete.	→	El taburete se mueve.
Clara empuja los dos taburetes.	→	Ambos taburetes se mueven.
Clara aplica más fuerza a uno de los taburetes.	→	Un taburete llegó más lejos.

COLABORA

Tu turno

Vuelve a leer cada sección de "La gran carrera". Encuentra sucesos o acciones que hacen que algo ocurra y sus efectos. Escribe cada causa y efecto en el organizador gráfico.

¡Conéctate!
Usa el organizador gráfico interactivo.

Narrativa de no ficción

La selección "La gran carrera" es narrativa de no ficción.

La narrativa de no ficción:

- Cuenta un relato.
- Incluye datos y ejemplos acerca de un tema.
- Puede incluir subtítulos.

 Busca evidencias en el texto

A pesar de que "La gran carrera" se lee como un cuento, sé que es un texto informativo porque incluye datos y subtítulos.

página 66

FUERZAS EN ACCIÓN

Alex y Luis se sentaron en la máquina. Cada asiento tenía en frente un timón y una pantalla.

Una fuerza es un empuje o jalón.

—Ya que quieren construir un auto veloz, necesitan aprender sobre las fuerzas y cómo afectan el movimiento —dijo Clara.

—¿Qué es una fuerza? —preguntó Luis.

—Una fuerza —prosiguió Clara— es un empuje o un jalón. Las fuerzas hacen que las cosas se muevan o provocan cambios en el movimiento. Cuando aplico una fuerza lo suficientemente grande a un objeto, como este taburete, se mueve. Si dos objetos son exactamente iguales, el objeto que recibe la mayor fuerza **acelerará**, o aumentará su velocidad —dijo Clara, empujando dos taburetes al mismo tiempo—. ¿Cuál recibió una fuerza mayor? —preguntó Clara.

—El de la derecha. Llegó más lejos —dijo Luis.

—Por ello, si le damos a nuestro auto un gran empujón en la cima de la colina, acelerará e irá más rápido —resumió Alex.

¡Se aproxima una curva cerrada!

¡Aceleraré ahora!

Características del texto

Subtítulos Los subtítulos indican a qué se refiere una sección del texto principalmente.

Globos de diálogo Los globos de diálogo indican qué están diciendo o pensando los personajes.

 COLABORA

Tu turno

Encuentra en "La gran carrera" dos ejemplos de características del texto. Di a tu compañero o compañera qué información aprendiste de las características.

Claves de contexto

Cuando no estés seguro de lo que significa una palabra, puedes observar las palabras que la rodean para averiguar su significado. Esas otras palabras, que se llaman claves de contexto, pueden ser **definiciones**, **ejemplos** o **reafirmaciones** del significado de la palabra.

 Busca evidencias en el texto

Al leer el cuarto párrafo de la página 66 de "La gran carrera", no estoy seguro de qué significa la palabra fuerza. *La frase "un empuje o un jalón" define la palabra* fuerza.

—Una fuerza —prosiguió Clara— es un empuje o un jalón. Las fuerzas hacen que las cosas se muevan o provocan cambios en el movimiento.

Tu turno

Usa claves de contexto para averiguar el significado de las siguientes palabras de "La gran carrera":

velocidad, *página 65*

fricción, *página 67*

superficies, *página 67*

De lectores...

Los escritores eligen la mejor manera para organizar su información. Una manera de organizarla es presentar los sucesos en el orden en que ocurren. Vuelve a leer la siguiente sección de "La gran carrera".

Secuencia

Identifica en el fragmento la **secuencia** de información. ¿Qué palabras de orden temporal se usan?

Ejemplo modelo

Alex y Luis querían construir un auto para participar en la carrera de autos de cartón. A raíz de su **averiguación** sobre cómo construir un auto rápido, hoy fueron al museo de ciencias. La semana pasada, la madre de Alex había llamado a uno de los científicos. Cuando entraron, una mujer en bata blanca y patines llegó como un bólido y los saludó.

Craig Phillips

a escritores

Jonás escribió un texto de narrativa de no ficción. Lee la corrección de una sección del texto de Jonás.

NAVEGAR (ort.)

Mi avuelo me invitó a navegar

hoy. Me encanta, ^pero^ tenía miedo ~~que de~~

nos hundiéramos. Primero, me habló

sobre la fuerza de la flotabilidad⊙

Cuando alguna cosa está en el agua,
Por ejemplo, si lanzo una pelota al agua, no se hundirá.
la flotabilidad la empuja hacia arriba.^

la flotabilidad la empuja hasta la

superficie. Luego me explicó que el

lago no era ~~mucho~~ muy profundo.

¡Ahora sí quería ir a navegar!

Marcas de corrección

⌐⌐ cambiar el orden

∧ insertar

⌃ insertar coma

⊙ insertar punto

⸓ eliminar

(ort.) revisar ortografía

≡ mayúscula

Manual de gramática

Página 448
Oraciones subordinadas

Tu turno

☑ ¿De qué manera presenta Jonás la información nueva?

☑ Identifica una oración subordinada que él usa.

☑ ¿Cómo mejoró el texto con las revisiones?

¡Conéctate!
Escribe en el rincón del escritor.

73

Pregunta esencial

¿Cómo comenzar un negocio puede ayudar a los demás?

¡Conéctate!

74

TIME FOR KIDS®

A LA ALTURA

DEL DESAFÍO

¿Cómo comienzas un negocio y ayudas a las personas al mismo tiempo? Una mujer en Nueva York lo hizo. Comenzó una panadería que incluye un programa de formación culinaria para inmigrantes. No solo ha sido exitoso el programa de formación, sino que los panes también son deliciosos.

▶ ¿Cómo crees que un negocio puede retribuir a la comunidad? ¿Qué tipo de cosas se podrían hacer?

▶ ¿Qué tipo de negocio comenzarías? ¿Cómo ayudaría a la gente o a tu comunidad?

Coméntalo

Escribe palabras que expresen cómo comenzar un negocio puede ayudar a la gente. Luego habla acerca de un negocio que te gustaría comenzar.

Comenzar un negocio

75

Vocabulario

Mira las fotos y lee las oraciones para comentar cada palabra con un compañero o una compañera.

compasivo

Se nota que es una persona **compasiva** y solidaria por el modo en que abraza a su hermana.

¿Cuál es el sinónimo de compasivo?

empresa

La **empresa** de Antonio fabrica canoas, kayaks y botes pequeños.

¿Qué podría hacer una persona que comienza una empresa nueva?

excepcional

Mónica es una flautista **excepcional** y talentosa.

¿Cómo una persona se vuelve excepcional en algo?

fondo

La clase de Nora vendió pasteles para recaudar **fondos** para la biblioteca.

¿Para qué proyecto te gustaría recaudar fondos?

innovador

Samuel se divertía con la **innovadora** silla de ruedas.

¿Qué tecnología nueva crees que es innovadora?

proceso

Un paso en el **proceso** de preparación de una tarta es amasar la corteza.

¿Conoces un paso del proceso para hornear galletas?

proyecto

Limpiar el desorden de la habitación de Tomás iba a ser un gran **proyecto**.

¿Cuál sería para ti un gran proyecto?

rutina

A Beatriz le encantaba la **rutina** diaria de pasear a su perro.

¿Por qué es útil tener una rutina matutina?

COLABORA

Tu turno

Elige tres palabras y escribe tres preguntas para tu compañero o compañera.

¡Conéctate! **Usa el glosario digital ilustrado.**

¿? Pregunta esencial

¿Cómo comenzar un negocio puede ayudar a los demás?

Lee cómo dos empresas marcan la diferencia.

Dólares con $IGNIFICADO

Detrás del éxito de estos grandes negocios está el deseo de ayudar a los demás.

Un buen negocio no siempre se centra en el balance final. Un negocio **compasivo** sabe que ganar dinero no es la única forma de medir el éxito. Muchas grandes empresas en Estados Unidos y el mundo encuentran formas novedosas de ayudar a las personas necesitadas.

Corazones y suelas

Después de comenzar y dirigir cuatro negocios, Blake Mycoskie quiso tener una pausa en su **rutina**. En 2006, viajó a Argentina, en América del Sur, y allí aprendió a navegar y a bailar. También visitó pueblos pobres donde muy pocos niños tenían zapatos. Mycoskie decidió que debía hacer algo.

"Voy a comenzar una empresa de zapatos y por cada par que venda, daré otro par a un niño necesitado".

Para este nuevo **proyecto**, Mycoskie comenzó el negocio con su propio dinero. Lo llamó TOMS: Zapatos para un Mañana. Se diseñaron zapatos sin cordones inspirados en los zapatos tradicionales de los trabajadores argentinos.

Mycoskie puso en marcha inmediatamente su **innovador** programa uno por uno. TOMS regala un par de zapatos por cada par que vende. Ese mismo año, regresó a Argentina y regaló 10,000 pares de zapatos. Para 2011, TOMS había donado más de un millón de pares.

(bkgd) Kwaku Alston/Stockland Martel; (tr) Ho/Toms Shoe/AP Images

Los empleados de TOMS desempacan los zapatos para regalar.

La empresa ha crecido y ahora vende gafas. Con un programa similar, que dona un par de gafas por cada par que se vende.

Mycoskie está satisfecho y sorprendido. "Siempre pensé que me dedicaría a ganar dinero la primera mitad de mi vida y a regalarlo en el resto", dice. "Nunca pensé que podría hacer ambas cosas al mismo tiempo".

¡Retribuir es genial!

¿Alguna vez has visto un Hard Rock Café? La organización maneja restaurantes y hoteles. En 1990, puso en marcha una nueva **empresa**: la caridad. Desde entonces, ha donado millones de dólares a varias causas. Su lema es Amar a Todos, Servir a Todos.

Una forma en que recauda **fondos** para caridad es mediante la venta de una línea de camisetas. El **proceso** comienza cuando una estrella de rock hace el diseño que irá estampado en las camisetas. Luego, estas se venden por internet. Parte del dinero que se recauda de las ventas de las camisetas se da a la caridad.

Se incentiva la recaudación de dinero en los empleados de los locales de Hard Rock Café para su comunidad. Cada tienda lo hace de forma diferente.

Los locales de Hard Rock Café son exitosos y retribuyen a la comunidad.

Las cinco empresas de caridad más grandes

$3,842,018,486	$1,719,268,000	$1,194,350,692	$1,191,965,901	$1,076,390,140
1 **United Way Worldwide**	**2** **Ejército de Salvación**	**3** **AmeriCares**	**4** **Feed the Children**	**5** **Food for the Poor**

Source: The Chronicle Of Philanthropy

Los individuos y las empresas se comprometen a ayudar a las personas necesitadas. Esta gráfica muestra las empresas de caridad estadounidenses que obtuvieron las mayores donaciones en un año reciente y cuánto dinero recaudaron.

El restaurante de Hollywood (Florida) trabajó con algunos estudiantes **excepcionales** de dos escuelas secundarias de Florida. Juntos organizaron un evento para recaudar dinero para la Fundación Make-A-Wish. Esta fundación concede deseos a los niños que sufren problemas médicos graves.

La ganancia neta

Las empresas piensan todos los días en formas innovadoras de retribuir a su comunidad. Si eres dueño de un negocio, es importante obtener ganancias. Sin embargo, ayudar a otros es tan importante como el balance final. ¡Ayudar a los demás es un buen negocio!

¿? Haz conexiones

¿Cómo ayudan a los demás los dos negocios de este artículo? PREGUNTA ESENCIAL

Si tuvieras un negocio, ¿cómo usarías algunas de tus ganancias para ayudar a los demás? EL TEXTO Y TÚ

Volver a leer

Cuando lees un texto informativo, puedes encontrar ideas e información nuevas para ti. Mientras lees "Dólares con significado", vuelve a leer secciones para verificar que entendiste los datos y detalles clave del texto.

Busca evidencias en el texto

Al leer, es posible que quieras verificar si entendiste la forma en que un negocio puede ayudar a los demás. Vuelve a leer la sección "Corazones y suelas" en "Dólares con significado".

página 79

Un buen negocio no siempre se centra en el balance final. Un negocio **compasivo** sabe que ganar dinero no es la única forma de medir el éxito. Muchas grandes empresas en Estados Unidos y el mundo encuentran formas novedosas de ayudar a las personas necesitadas.

Corazones y suelas

Después de comenzar y dirigir cuatro negocios, Blake Mycoskie quiso tener una pausa en su **rutina**. En 2006, viajó a Argentina, en América del Sur, y allí aprendió a navegar y a bailar. También visitó pueblos pobres donde muy pocos niños tenían zapatos. Mycoskie decidió que debía hacer algo.

"Voy a comenzar una empresa de zapatos y por cada par que venda, daré otro par a un niño necesitado".

Para este nuevo **proyecto**, Mycoskie comenzó el negocio con su propio dinero. Lo llamó TOMS: Zapatos para un Mañana. Se diseñaron zapatos sin cordones inspirados en los zapatos tradicionales de los trabajadores argentinos.

Mycoskie puso en marcha inmediatamente su **innovador** programa uno por uno. TOMS regala un par de zapatos por cada par que vende. Ese mismo año, regresó a Argentina y regaló 10,000 pares de zapatos. Para 2011, TOMS había donado más de un millón de pares.

Leí que TOMS dona un par de zapatos por cada par que se vende. A partir de esta evidencia en el texto, puedo inferir que cuantos más zapatos venda TOMS, más pares se pueden regalar.

COLABORA

Tu turno

¿Cuál es otro ejemplo de una empresa que retribuye a la comunidad? Vuelve a leer la página 80 para responder la pregunta. Mientras lees otras selecciones, recuerda usar la estrategia de volver a leer.

Idea principal y detalles clave

La idea principal es la idea más importante que un autor presenta en un texto o en una sección. Los detalles clave dan información importante para sustentar la idea principal.

 ## Busca evidencias en el texto

Cuando vuelvo a leer el segundo párrafo de la sección "¡Retribuir es genial!" de la página 80 de "Dólares con significado", identifico los detalles clave. Luego pienso en lo que tienen en común los detalles. Después descubro la idea principal de la sección.

Idea principal

Hard Rock Café vende una línea de camisetas para recaudar fondos para caridad.

Detalle

Las estrellas de rock hacen el diseño que va en las camisetas.

Detalle

Las camisetas se venden por internet.

Detalle

Parte del dinero que se recauda por las ventas de las camisetas se destina para caridad.

> **Los detalles clave se refieren a la idea principal.**

Tu turno

Vuelve a leer la sección "Corazones y suelas" de las páginas 79-80 de "Dólares con significado". Encuentra los detalles clave en la sección y escríbelos en tu organizador gráfico. Con los detalles, determina la idea principal.

¡Conéctate!
Usa el organizador gráfico interactivo.

Artículo persuasivo

"Dólares con significado" es un artículo persuasivo.

Un artículo persuasivo:

- Es un texto de no ficción.
- Expone la opinión del escritor sobre un tema.
- Suministra datos y ejemplos.
- Puede incluir subtítulos y gráficas.

 Busca evidencias en el texto

"Dólares con significado" es un artículo persuasivo. Expone la opinión del autor e intenta convencer a los lectores. Incluye subtítulos y una gráfica que muestra el dinero recaudado por varias empresas.

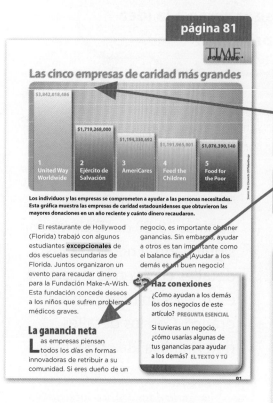

página 81

TIME

Las cinco empresas de caridad más grandes

$3,842,018,486

$1,719,268,000

$1,194,350,692 · $1,191,965,901 · $1,076,390,140

1 United Way Worldwide
2 Ejército de Salvación
3 AmeriCares
4 Feed the Children
5 Food for the Poor

Los individuos y las empresas se comprometen a ayudar a las personas necesitadas. Esta gráfica muestra las empresas de caridad estadounidenses que obtuvieron las mayores donaciones en un año reciente y cuánto dinero recaudaron.

El restaurante de Hollywood (Florida) trabajó con algunos estudiantes **excepcionales** de dos escuelas secundarias de Florida. Juntos organizaron un evento para recaudar dinero para la Fundación Make-A-Wish. Esta fundación concede deseos a los niños que sufren problemas médicos graves.

La ganancia neta

Las empresas piensan todos los días en formas innovadoras de retribuir a su comunidad. Si eres dueño de un negocio, es importante obtener ganancias. Sin embargo, ayudar a otros es tan importante como el balance final. ¡Ayudar a los demás es un buen negocio!

Haz conexiones

¿Cómo ayudan a los demás los dos negocios de este artículo? PREGUNTA ESENCIAL

Si tuvieras un negocio, ¿cómo usarías algunas de tus ganancias para ayudar a los demás? EL TEXTO Y TÚ

81

Características del texto

Gráfica Las gráficas te ayudan a visualizar información numérica. Una gráfica de barras te ayuda a comparar información.

Subtítulos Los subtítulos te dicen de qué trata la sección.

COLABORA

Tu turno

Escribe dos características del texto de "Dólares con significado". Habla sobre la información que aprendiste con cada una de las características.

Sufijos

Un sufijo es la parte de una palabra que se agrega al final de esta para cambiar su significado. Conocer algunos sufijos comunes puede ayudarte a descubrir los significados de palabras desconocidas. Mira los siguientes sufijos:

-mente = modo

-dor = agente

-ción = acción y efecto

Busca evidencias en el texto

Veo la palabra innovador *en la página 79 de "Dólares con significado". Al revisar sus partes, veo la raíz de la palabra* innovar. *El sufijo –*dor *forma adjetivos y sustantivos verbales. Esto me ayudará a descubrir cuál es el significado de* innovador.

Mycoskie puso en marcha inmediatamente su innovador programa uno por uno. TOMS regala un par de zapatos por cada par que vende.

Tu turno

Usa sufijos y claves de contexto para descubrir los significados de las siguientes palabras:

inmediatamente, *página 79*

recaudación, *página 80*

donaciones, *página 81*

De lectores...

Los escritores suelen modificar la longitud de sus oraciones. Un escritor podría decidir que una oración corta siga a una larga para llamar la atención sobre una idea importante. Vuelve a leer el siguiente párrafo de "Dólares con significado".

Ejemplo modelo

Longitud de las oraciones

Identifica oraciones largas y cortas. ¿Cómo llaman la atención sobre una idea algunas de las oraciones más cortas?

Después de comenzar y dirigir cuatro negocios, Blake Mycoskie quiso tener una pausa en su rutina. En 2006, viajó a Argentina, en América del Sur, y allí aprendió a navegar y a bailar. También visitó pueblos pobres donde muy pocos niños tenían zapatos. Mycoskie decidió que debía hacer algo. "Voy a comenzar una empresa de zapatos y por cada par que venda, daré otro par a un niño necesitado".

a escritores

Carolina escribió acerca de su deporte favorito. Lee las correcciones que hizo a una sección de su ensayo.

Ejemplo del estudiante

¡El fútbol es genial!

Mi ~~favorito~~ deporte es el ~~F~~útbol.

Este es un gran deporte porque

la
¡acción nunca se detiene! El año

al
pasado, me uní a un equipo de fútbol

del distrito escolar
~~que viaja por todo el estado~~ para

(ort.)
participar en competisiones. Juego de

⊙
delantera mi labor es hacer tantos

goles como pueda. Cuando meto

un gol, todos alrededor del campo

⊙
aplauden ¡es una gran sensación!

Marcas de corrección

⌐⌐ cambiar el orden

∧ insertar

∧ insertar coma

⊙ insertar punto

ℰ eliminar

(ort.) revisar ortografía

≡ mayúscula

/ minúscula

Manual de gramática

Página 448
Artículos, contracciones

Tu turno

COLABORA

☑ Describe cómo varía la longitud de las oraciones de Carolina.
☑ Identifica un artículo y una contracción que ella incluyó.
☑ Di cómo las correcciones mejoraron su escrito.

¡Conéctate!
Escribe en el rincón del escritor.

Animales fabulosos

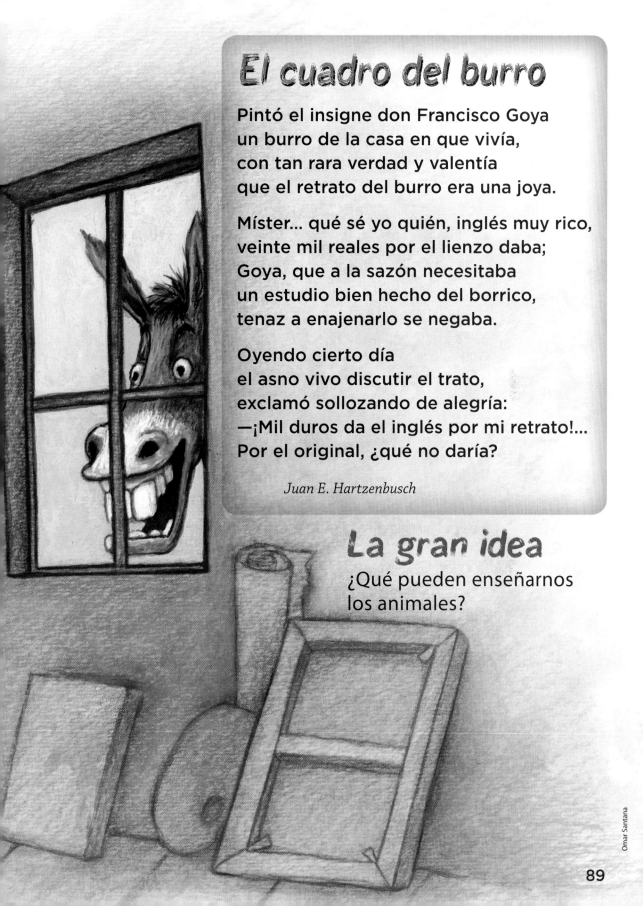

El cuadro del burro

Pintó el insigne don Francisco Goya
un burro de la casa en que vivía,
con tan rara verdad y valentía
que el retrato del burro era una joya.

Míster... qué sé yo quién, inglés muy rico,
veinte mil reales por el lienzo daba;
Goya, que a la sazón necesitaba
un estudio bien hecho del borrico,
tenaz a enajenarlo se negaba.

Oyendo cierto día
el asno vivo discutir el trato,
exclamó sollozando de alegría:
—¡Mil duros da el inglés por mi retrato!...
Por el original, ¿qué no daría?

Juan E. Hartzenbusch

La gran idea

¿Qué pueden enseñarnos
los animales?

Omar Santana

89

Pregunta esencial

¿Cuáles son algunos de los mensajes en los cuentos de animales?

¡Conéctate!

CUENTOS DE ANIMALES

Observa la fotografía. Si escribieras un cuento sobre esta ardilla, ¿qué palabras usarías para describirla? ¿Es valiente? ¿Codiciosa? ¿Astuta? ¿Tonta?

▶ ¿Cuál sería el mensaje del cuento?

▶ ¿Qué cuentos de animales conoces que enseñen una lección?

Coméntalo

Escribe palabras que hayas aprendido sobre los mensajes que dejan los cuentos de animales. Habla con un compañero o una compañera sobre cómo este tipo de cuentos muestran el modo en que las personas deberían comportarse.

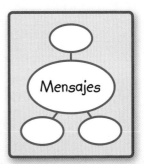

(bkgd) Justin Minns/Flickr/Getty Images; (inset) Keith Leighton/Alamy

Vocabulario

Mira las fotos y lee las oraciones para comentar cada palabra con un compañero o una compañera.

adorno

Camila pone un **adorno** en el pelo de Julia.

¿Cuál es tu adorno favorito?

codicia

Los niños agarraron más galletas de las que necesitaban por **codicia**.

¿Cuál es un sinónimo de codicia?

honesto

Leo fue **honesto** y le contó a su madre la verdad sobre la ventana rota.

¿Cuál es un sinónimo de honesto?

multicolor

Los fuegos artificiales **multicolores** se ven hermosos en el cielo nocturno.

¿Qué otras cosas conoces que sean multicolores?

pelón

El bebé de Elena y Manuel es **pelón**.

¿Qué persona conoces que sea pelona?

pizca

Le pedí al mesero una **pizca** de sal para mi sopa.

¿Qué palabras se relacionan con pizca?

simpático

Mi nueva profesora de matemáticas es muy **simpática**.

¿Conoces a mucha gente simpática?

soleado

Me gusta correr por la playa los días **soleados**.

Describe algo que te guste hacer en un día soleado.

Tu turno

COLABORA

Elige tres palabras y escribe tres preguntas para tu compañero o compañera.

¡Conéctate! Usa el glosario digital ilustrado.

(t) Barbara Peacock/Taxi/Getty Images; (ct) Andersen Ross/Getty Images; (cb) M. Constantini/PhotoAlto; (b) Vstock/Getty Images

Libertad en el circo

Había un circo llamado Felicidad que viajaba durante todo el año por muchos pueblos y ciudades. Su dueño era un hombre gordo que solo pensaba en el dinero. Siempre estaba contando billetes. Tenía leones que saltaban entre llamas, elefantes que bailaban en banquitos, gorilas que actuaban, un par de gatos malabaristas y una foca que jugaba con la pelota. Después de cada función, los animales se dirigían resignados a sus celdas, comían la ración diaria y dormían hasta el próximo show.

¿? Pregunta esencial

¿Cuáles son algunos de los mensajes en los cuentos de animales?

Lee sobre cómo unos perros amaestrados le enseñan a un cirquero la importancia de la libertad.

Felicidad también tenía malabaristas muy **simpáticos** que hacían emocionar al público con sus actos en la cuerda floja y en los trapecios; bellas bailarinas vestidas con trajes **multicolores**, acróbatas de motos que ponían el corazón de niños y adultos a latir más fuerte cada vez que se lucían en la tómbola y, por supuesto, payasos.

Cada noche las estrellas del circo divertían a la gente. Pero en ocasiones apenas se llenaba la primera fila de las gradas. En esos días, el dueño del circo se ponía de muy mal humor.

Un día, llegó al circo un show de perros que bailaban. El amaestrador los llevaba libres, sin correa que los amarrara, y sorprendió al dueño del circo contando el dinero que había ganado en el día. Le pidió que le dejara actuar con sus perros un par de semanas y luego él seguiría su camino.

El amaestrador era joven y **pelón**. No tenía sino tres pelitos que se paraban en la corona de su cabeza. Esto lo hacía aun más simpático. En una ocasión se acercó a las jaulas y dijo:

—¿Acaso el dueño del circo no sabe que los animales nacieron libres? ¡Tal vez no sabe que ellos entienden y sienten también como los humanos!

Llegó la hora del show y como era un domingo **soleado** mucha gente vino a ver el espectáculo. No quedaba ni una **pizca** de espacio en el circo. Los payasos abrieron el show. La gente no podía parar de reírse. Hasta el gordinflón, cuya **codicia** lo había vuelto insensible, soltaba enormes carcajadas.

Después vinieron los malabaristas y los acróbatas. Las bailarinas lucían maravillosas y llenas de hermosos **adornos** que brillaban cuando bailaban. Llegó el momento del acto de los perros bailarines, que lo hacían muy felices y fascinaban a todo el público.

Dipacho

Su amo les hablaba con cariño. Él no tenía necesidad de gritarles ni amarrarlos, pues ellos obedecían sus instrucciones por respeto. Pero cuando fue el turno de los animales del circo, se notaba un poco de tristeza en sus caras. Su acto no era tan fenomenal como el de los perros.

Después de varias semanas en que esto se repitió, el dueño del circo se dio cuenta de que los perros eran más felices que sus propios animales, así que decidió darles un poco de libertad y tratarlos con más cariño. Finalmente, cuando los perros se fueron, reflexionó y entendió que lo más **honesto** era liberar a sus animales para que estuvieran en su hábitat. Cuentan que después de dejarlos en libertad, el dueño ya jamás fue codicioso.

¿? Haz conexiones

Comenta acerca del mensaje de este cuento. **PREGUNTA ESENCIAL**

¿Qué le dirías al dueño del circo para convencerlo de dejar en libertad a los animales? **EL TEXTO Y TÚ**

Hacer y responder preguntas

Cuando lees un cuento, puedes hacer preguntas antes, durante y después de la lectura para que te ayuden a entenderlo. Mientras lees "Libertad en el circo", busca respuestas a las preguntas que puedas tener acerca del cuento.

Busca evidencias en el texto

Quizá no estés seguro de por qué el amaestrador llevaba libres a sus perros. Vuelve a leer el primer párrafo de "Libertad en el circo" de la página 97.

página 97

Su amo les hablaba con cariño. Él no tenía necesidad de gritarles ni amarrarlos, pues ellos obedecían sus instrucciones por respeto. Pero cuando fue el turno de los animales del circo, se notaba un poco de tristeza en sus caras. Su acto no era tan fenomenal como el de los perros.

Después de varias semanas en que esto se repitió, el dueño del circo se dio cuenta de que los perros eran más felices que sus propios animales, así que decidió darles un poco de libertad y tratarlos con más cariño. Finalmente, cuando los perros se fueron, reflexionó y entendió que lo más **honesto** era liberar a sus animales para que estuvieran en su hábitat. Cuentan que después de dejarlos en libertad, el dueño ya jamás fue codicioso.

Leo que el amaestrador llevaba a sus perros libres y les hablaba con cariño porque los amaba y no tenía necesidad de amarrarlos porque ellos le obedecían por respeto.

Tu turno

COLABORA

Vuelve a leer las dos primeras páginas del cuento "Libertad en el circo" y escribe dos preguntas que tengas acerca de los animales del circo. Encuentra las respuestas en el texto.

Tema

El tema es el mensaje central o la lección que un autor quiere que entiendas. Para identificar el tema de un cuento, mira con atención lo que los personajes dicen y hacen.

 Busca evidencias en el texto

Cuando vuelvo a leer las páginas 95 y 96 de "Libertad en el circo", puedo buscar detalles sobre el tema observando las palabras que dicen los personajes y las situaciones del cuento.

> **Detalle**
> Los animales del circo Felicidad están en jaulas.

Busca detalles en las acciones de los personajes.

> **Detalle**
> Los animales viven resignados y aburridos.

> **Detalle**

> **Tema**
> Los animales deben estar en libertad.

 COLABORA

Tu turno

Vuelve a leer "Libertad en el circo". Encuentra más detalles en las palabras y acciones de los personajes que te ayuden a identificar el tema del cuento. Escríbelos en el organizador gráfico.

¡Conéctate!
Usa el organizador gráfico interactivo.

Ficción realista

"Libertad en el circo" es ficción realista.

La ficción realista:

- Proviene de la imaginación del autor.
- Tiene personajes, sucesos y ambientes que podrían existir en la vida real.
- Por lo general contiene descripciones detalladas.

Busca evidencias en el texto

Puedo saber que "Libertad en el circo" es ficción realista, porque los personajes, los sucesos y el ambiente pueden existir en la vida real. El cuento tiene descripciones detalladas.

página 95

Felicidad también tenía malabaristas muy **simpáticos** que hacían emocionar al público con sus actos en la cuerda floja y en los trapecios; bellas bailarinas vestidas con trajes **multicolores**, acróbatas de motos que ponían el corazón de niños y adultos a latir más fuerte cada vez que se lucían en la tómbola y, por supuesto, payasos.

Cada noche las estrellas del circo divertían a la gente. Pero en ocasiones apenas se llenaba la primera fila de las gradas. En esos días, el dueño del circo se ponía de muy mal humor.

Un día, llegó al circo un show de perros que bailaban. El amaestrador los llevaba libres, sin correa que los amarrara, y sorprendió al dueño del circo contando el dinero que había ganado en el día. Le pidió que le dejara actuar con sus perros un par de semanas y luego él seguiría su camino.

95

Descripción La descripción es cuando se representa a alguien o algo por medio del lenguaje, refiriendo o explicando sus distintas partes, cualidades o circunstancias.

Tu turno

Escribe dos ejemplos del cuento "Libertad en el circo" que te hayan mostrado que es ficción realista.

Raíces de palabras

Mientras lees el cuento "Libertad en el circo", podrías encontrarte con palabras que no conoces. Busca la forma más simple de la palabra, es decir, la **raíz**. Esto te ayudará a descubrir el significado de la palabra más larga.

Busca evidencias en el texto

En la página 96 de "Libertad en el circo", no estoy seguro del significado de la palabra gordinflón. *Observo que la palabra contiene la raíz* gord. *Esto me ayuda a descubrir lo que significa la palabra* gordinflón.

Hasta el gordinflón, cuya codicia lo había vuelto insensible, soltaba enormes carcajadas.

Tu turno

Usa las raíces de las palabras para averiguar el significado de las siguientes palabras del cuento:

Felicidad, *página 94*

amaestrador, *página 95*

bailarinas, *página 95*

Escribe una definición corta y una oración de ejemplo para cada palabra.

Dipacho

De lectores...

Los escritores incluyen un buen comienzo al escribir un relato. Un buen comienzo engancha la atención del lector y le da pistas acerca de lo que va a suceder. Vuelve a leer el siguiente fragmento de "Libertad en el circo".

Ejemplo modelo

Principio interesante

El autor crea un **principio interesante** para el cuento. ¿Qué detalles de los primeros dos párrafos hacen que quieras leer más?

Había un circo llamado Felicidad que viajaba durante todo el año por muchos pueblos y ciudades. Su dueño era un hombre gordo que solo pensaba en el dinero. Siempre estaba contando billetes. Tenía leones que saltaban entre llamas, elefantes que bailaban en banquitos, gorilas que actuaban, un par de gatos malabaristas y una foca que jugaba con la pelota. Después de cada función, los animales se dirigían resignados a sus celdas, comían la ración diaria y dormían hasta el próximo show.

Felicidad también tenía malabaristas muy simpáticos que hacían emocionar al público con sus actos en la cuerda floja y en los trapecios; bellas bailarinas vestidas con trajes multicolores, acróbatas de motos que ponían el corazón de niños y adultos a latir más fuerte cada vez que se lucían en la tómbola y, por supuesto, payasos.

Dipacho

a escritores

Marcas de corrección

≡ mayúscula

∧ insertar

¶ nuevo párrafo

⌐ eliminar

(ort.) revisar ortografía

espacio

Lina escribió un cuento. Lee las correcciones que le hizo al comienzo de su texto.

Manual de gramática

Página 448
Sustantivos comunes y propios

Ejemplo del estudiante

Sam y la serpiente

                    hace mucho tiempo,
Había una vez∧un granjero llamado

                    las   más grandes
                                 del mundo
Samuel que cultivaba∧calabazas∧.

Un día cuando ṣamuel salía hacia el

                         gigantes
mercado con sus calabazas∧ la rueda

        (ort.)   ¶
de su camyoneta se rompió.∧En ese

        deslumbrante   dorada y verde
momento una∧serpiente ~~de colores~~

    se arrastraba
~~pasaba~~∧muy cerca. Y le dijo que lo

ayudaría. La serpiente se enrolló hasta

                        #
formar una rueda y seṣujetó a la
                        ∧
camioneta.

Tu turno

COLABORA

☑ Identifica los detalles del buen comienzo de Lina.

☑ Identifica un sustantivo propio que haya incluido.

☑ ¿Cómo mejoró el texto con las correcciones?

¡Conéctate!
Escribe en el rincón del escritor.

Pregunta esencial

¿Cómo cambian los cuentos cuando los personajes son encarnados por animales?

¡Conéctate!

¿Me conoces?

Hola, soy un príncipe muy guapo, pero resulta que en este momento soy un sapo. Mi cuento trata sobre la valentía y las transformaciones increíbles. Y, por supuesto, tiene un final feliz.

▶ Hay muchos cuentos fabulosos donde los animales son los personajes. ¿Cuáles son algunos de tus preferidos?

▶ No todos los animales son tan inteligentes o encantadores como yo. ¿Cuáles son algunas de las características que tienen los personajes encarnados por animales de tus cuentos preferidos?

Coméntalo

Escribe algunas de las palabras que describen las características de los personajes de los cuentos encarnados por animales.
Comenta acerca de estas características con un compañero o una compañera.

Características

Vocabulario

Mira las fotos y lee las oraciones para comentar cada palabra con un compañero o una compañera.

actitud

Las niñas se divirtieron trabajando juntas porque ambas tenían una buena **actitud**.

Describe tu actitud cuando haces tareas domésticas.

despegar

Los carteles se han comenzado a **despegar** de la pared.

¿Cuál es un antónimo de despegar?

imitar

Es muy entretenido jugar a **imitar** a mis personajes favoritos.

¿A quién te gustaría imitar?

malhumorado

Adrián se pone **malhumorado** cuando tiene hambre.

¿Qué te hace sentir malhumorado?

planear

Algunas aves aprenden a **planear** desde su primer vuelo.

¿Qué tipo de aves has visto planear en el cielo?

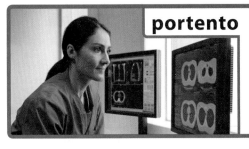

portento

La nueva directora del hospital es un **portento** de la medicina.

¿Cuál es un sinónimo de portento?

potente

El reproductor de música es tan **potente** que Laura y Paola pueden escuchar al mismo tiempo.

Comenta qué otros objetos son potentes.

vereda

Camino por la **vereda** que más conozco para llegar a la parada de autobús.

¿A qué otros lugares llegas caminando por una vereda?

COLABORA

Tu turno

Elige tres palabras y escribe tres preguntas para tu compañero o compañera.

¡Conéctate! Usa el glosario digital ilustrado.

(t) ©Royalty-Free/Corbis; (ct) Thomas Tolstrup/Stone/Getty Images; (cb) ©Kevin Dodge/Corbis; (b) ©Jamie Kripke/Corbis

La zorra y el cuervo

Versión de Jessie Chalhoub Del Castillo,
basada en una fábula de Esopo

Al llegar la primavera, en la **vereda** principal del bosque, los animales organizan el carnaval del mes de marzo: los tres días de fiesta más esperados en el reino animal. Familias, vecinos y amigos hacen fiestas, comidas y bailes.

¿? Pregunta esencial

¿Cómo cambian los cuentos cuando los personajes son encarnados por animales?

Lee acerca de cómo la zorra usa su astucia para ganar un premio.

Diego Agudelo

Bailan tamborito, conga, cumbia, mambo, salsa, samba, merengue y reggaetón. Y escogen una reina digna de llevar "la corona de la alegría". Todas las candidatas tienen que poseer una **actitud** alegre. También tienen que ser amigables y deben tener una apariencia esplendorosa para ser reinas. Este año las finalistas son: la zorra, la cierva y la pantera. Y los demás animales no pueden **despegar** los ojos de ellas.

Los espectadores están muy deseosos de ver la competencia más emocionante de todas: la de las escuelas de vuelo. Los concursantes finalistas son el águila, el cuervo y el cóndor. El rey de las aves será el que sepa **planear** mejor que los demás. Todos en el bosque se preguntan: "¿quién ganará?", y "¿cómo es posible que el cuervo haya quedado entre los finalistas?". Se rumora que hizo alguna de sus trampas en las semifinales.

Todos trabajan escogiendo menús, diseñando disfraces y cosiendo polleras de finas telas y colores espectaculares. Cada comparsa de animales compone sus propias canciones y fabrica carrozas alegóricas. La competencia es muy reñida porque todos quieren tener la carroza más grande y mejor decorada.

En sus ansias por ganar, la zorra salió a buscar las decoraciones de su tocado. De repente, se encontró con tremenda sorpresa. El cuervo, sentado en la rama de un frondoso árbol, sostenía en su pico bellísimas plumas. Esas plumas podían servirle a la zorra para hacer su tocado. Astutamente ideó cómo quitárselas y empezó a halagar al cuervo:

—¿Qué ven mis ojos? ¡Qué **portento**! ¡Es usted el fénix de los bosques! ¡Qué honor el mío! —exclamó mirando al cuervo y haciendo una reverencia.

El cuervo quedó desconcertado ante aquella repentina alabanza que venía de la más popular candidata a la corona de la alegría y pensó: "¿Confundirme a mí con un fénix? ¿A mí que soy tan feúcho?". El cuervo había tomado las plumas del nido de un fénix para volar mejor que las demás aves.

La zorra continuó coqueteándole:

—Seguro que usted ganará la competencia de aves con su vuelo majestuoso e imposible de **imitar**.

El cuervo se llenó de orgullo, se le erizó su plumaje y se bamboleó en la rama. Y la zorra continuó con sus halagos:

—Me encantaría que una criatura tan hermosa como usted me cantara. Estoy segura de que su canto es más armonioso y más **potente** que el del ruiseñor.

El cuervo no pudo resistirse ante tantos cumplidos y entonó su miserable canción:

—¡*Cruag!* ¡*Cruag!* ¿Te gusta?

—¡Qué cuerdas vocales tan fabulosas! Por favor, cierre sus ojos, inspírese y no deje de cantarme.

El cuervo continuó cantando para demostrar su bella voz y poco a poco se le cayeron todas las plumas del pico. La zorra que estaba debajo de la rama, recogió todas las plumas de fénix y se fue a diseñar su tocado. Cuando el cuervo se dio cuenta, ya la zorra se había marchado con las plumas, y él se quedó **malhumorado** en su verde sillón de ramas.

Llegaron los tres días de carnaval y todos los animales desfilaron por la vereda principal con sus respectivas comparsas de disfraces, carrozas y reinas. Finalmente los jueces de la junta de carnaval anunciaron a los ganadores diciendo:

—La comparsa de bailes y disfraces más alegre es ¡la comparsa de los monos!

La competencia más reñida fue la del vuelo de aves. El juez dijo:

—El ganador es el cóndor, que se lució en el cielo haciendo piruetas sin rival. Así pues, suba a la tarima a buscar su trofeo.

Y por fin llegó el momento más esperado del carnaval. La coronación de la reina de la alegría:

—Gracias a su bello disfraz con plumas de fénix, este año la ganadora es: ¡la zorra!

Todos exclamaron:

—¡Viva la zorra! ¡La reina del carnaval! —y siguió la fiesta.

Moraleja: Cuando te adulen es cuando con más razón debes cuidar tus bienes.

¿?² Haz conexiones

Comenta por qué la zorra y el cuervo se comportan como si fueran personas. PREGUNTA ESENCIAL

Explica con cuál de los animales del cuento te identificas más. EL TEXTO Y TÚ

Hacer y responder preguntas

Cuando lees un texto, es posible que no lo entiendas totalmente. Si te detienes y haces preguntas, esto te puede ayudar a entenderlo. Mientras lees "La zorra y el cuervo", formula preguntas acerca de lo que no entiendes. Luego, vuelve a leer para encontrar las respuestas.

 ## Busca evidencias en el texto

Luego de leer "La zorra y el cuervo", es posible que te preguntes qué quiere decir la palabra *desconcertado*. Vuelve a leer este fragmento de la página 110 para encontrar la respuesta.

página 110

El cuervo quedó desconcertado ante aquella repentina alabanza que venía de la más popular candidata a la corona de la alegría y pensó: "¿Confundirme a mí con un fénix? ¿A mí que soy tan feúcho?". El cuervo tenía un secreto bien guardado: había tomado las plumas del nido de un fénix para poder volar mejor que las demás aves.

La zorra continuó coqueteándole:

—Seguro que usted ganará la competencia de aves con su vuelo majestuoso e imposible de **imitar**.

El cuervo se llenó de orgullo, se le erizó su plumaje y se bamboleó en la rama. Y la zorra continuó con sus halagos:

Cuando leo que el cuervo se asombra con el halago pues piensa que es feúcho, comprendo que desconcertado *significa* confundido.

COLABORA

Tu turno

En la fábula "La zorra y el cuervo", ¿cuál es el rol de la zorra? Vuelve a leer para contestar esta pregunta. Haz otras dos preguntas que tengas acerca de la fábula y lee para encontrar las respuestas.

Tema

El tema de un texto es el mensaje o la lección que un autor quiere comunicar al lector. Para identificar el tema, presta atención a las palabras y acciones de los personajes.

 Busca evidencias en el texto

Al volver a leer "La zorra y el cuervo", las diferentes acciones de la zorra y el cuervo en el carnaval parecen ser pistas importantes para identificar el tema. Tal como las palabras y acciones de la zorra para conseguir las plumas de fénix.

> **Busca detalles que te ayuden a descubrir el tema.**

Pista
La zorra adula al cuervo y le miente.

↓

Pista
El cuervo se llenó de orgullo y creyó las palabras de la zorra.

↓

Pista

↓

Tema

COLABORA

Tu turno

Vuelve a leer la fábula "La zorra y el cuervo". ¿Qué otros detalles te dan pistas acerca del tema? Inclúyelos en el organizador gráfico. Utiliza las pistas para descubrir el tema.

¡Conéctate!
Usa el organizador gráfico interactivo.

Fábula

"La zorra y el cuervo" es una fábula.

Las fábulas:

- Se basan en tradiciones y creencias de los pueblos.
- Los personajes pueden ser animales que hablan y actúan como personas.
- Enseñan una lección o moraleja.

 Busca evidencias en el texto

"La zorra y el cuervo" es una fábula. Los animales dialogan y tienen cualidades humanas. El ambiente de carnaval es como el de los humanos. Tiene una moraleja.

página 111

Llegaron los tres días de carnaval y todos los animales desfilaron por la vereda principal con sus respectivas comparsas de disfraces, carrozas y reinas. Finalmente los jueces de la junta de carnaval anunciaron a los ganadores diciendo:

—La comparsa de bailes y disfraces más alegre es ¡la comparsa de los monos!

La competencia más reñida fue la del vuelo de aves. El juez dijo:

—El ganador es el cóndor, que se lució en el cielo haciendo piruetas sin rival. Así pues, suba a la tarima a buscar su trofeo.

Y por fin llegó el momento más esperado del carnaval. La coronación de la reina de la alegría:

—Gracias a su bello disfraz con plumas de fénix, este año la ganadora es: ¡la zorra!

Todos exclamaron:

—¡Viva la zorra! ¡La reina del carnaval! —y siguió la fiesta.

Moraleja: Cuando te adulen es cuando con más razón debes cuidar tus bienes.

Diálogo En español, los diálogos aparecen precedidos de una raya larga (—).

 Tu turno

Busca otros dos ejemplos que nos muestren que "La zorra y el cuervo" es una fábula. Di cómo estas características te ayudan a comprender el texto.

Antónimos

Al leer "La zorra y el cuervo", es posible que encuentres una palabra que no conoces. El autor a veces usa un **antónimo**, que es otra palabra o frase que significa lo opuesto a la palabra desconocida.

 Busca evidencias en el texto

Cuando leo el primer párrafo de la página 110 de "La zorra y el cuervo", no estoy seguro del significado de la palabra fénix. *Puedo usar la palabra* feúcho *para entender que el significado de* fénix *es opuesto al de* feúcho.

"¿Confundirme a mí con un fénix? ¿A mí que soy tan feúcho?".

 COLABORA

Tu turno

Usa antónimos para descubrir el significado de las siguientes palabras de "La zorra y el cuervo".
amigables, *página 109*
emocionante, *página 109*
esplendorosa, *página 110*

Diego Agudelo

115

De lectores...

Los escritores a menudo usan una voz informal cuando escriben una fábula. Para esto, usan palabras y frases cotidianas que suenan como una conversación. Vuelve a leer el siguiente fragmento de "La zorra y el cuervo".

Voz informal

Identifica palabras y frases que muestren una **voz informal**. ¿Qué puedes decir sobre el cuervo teniendo en cuenta sus palabras?

Ejemplo modelo

La zorra continuó coqueteándole:

—Seguro que usted ganará la competencia de aves con su vuelo majestuoso e imposible de imitar.

El cuervo se llenó de orgullo, se le erizó su plumaje y se bamboleó en la rama. Y la zorra continuó con sus halagos:

—Me encantaría que una criatura tan hermosa como usted me cantara. Estoy segura de que su canto es más armonioso y más potente que el del ruiseñor.

El cuervo no pudo resistirse ante tantos cumplidos y entonó su miserable canción:

—*¡Cruag! ¡Cruag!* ¿Te gusta?

—¡Qué cuerdas vocales tan fabulosas! Por favor, cierre sus ojos, inspírese y no deje de cantarme.

Diego Agudelo

a escritores

Luciana escribió un cuento. Lee las correcciones que hizo al comienzo de su cuento.

Marcas de corrección

⌐ cambiar el orden

∧ insertar

∧ insertar coma

∮ eliminar

espacio

≡ mayúscula

Manual de gramática

Página 448
Sustantivos singulares y plurales

Ejemplo del estudiante

La versión de la liebre

supongo que
Yo∧debería presentarme. Yo soy la

supuestamente
liebre. aquella a la que∧la tortuga

venció en una carrera. El cuento dice

me jacté
que ~~yo dije~~ de ser rápida y me *burlé*

de la tortuga∧pero ¡eso ⌐es no⌐ cierto!

s
Pregúntenles a todos mis amigo∧ ellos

les contarán la historia real. Todo

era una trampa. Ese día yo estaba

s
cansada de hacer diligencia∧ Pero

cualquier otro ~~días~~, habría ganado#esa

carrera sin despeinarme.

Tu turno

COLABORA

☑ Identifica los ejemplos de voz informal en el cuento de Luciana.

☑ Identifica dos sustantivos singulares en el cuento.

☑ ¿Cómo mejoró el texto con las correcciones?

¡Conéctate!
Escribe en el rincón del escritor.

Pregunta esencial

¿Cómo están conectados todos los seres vivos?

¡Conéctate!

PARTE DEL TODO

La relación entre el picabuey y la cebra es un ejemplo de las relaciones que existen en el mundo animal. Estos pájaros se comen las garrapatas y los piojos que tienen las cebras, y también chillan fuerte si un depredador se acerca.

▶ ¿Qué otros ejemplos de relaciones entre animales hay?

▶ ¿Cómo están conectados los animales y las plantas?

Coméntalo

Escribe palabras que describan cómo están conectados los seres vivos. Luego comenta con un compañero o una compañera por qué estas conexiones son tan importantes.

Conexiones

(bkgd) Elvele Images Ltd./Alamy; (tc, bc) John Foxx/Stockbyte Silver/Getty Images; (tr, br, tl, bl) Siede Preis/Photodisc/Getty Images

Vocabulario

**Mira las fotos y lee las oraciones para comentar
cada palabra con un compañero o una compañera.**

crecer

Los girasoles aumentaron de tamaño y **crecieron** en el suelo fértil.

¿Cuál es un sinónimo de crecer?

desequilibrio

Demasiadas algas crearon un **desequilibrio** en el ecosistema de la charca.

¿En qué se parecen las palabras desequilibrio y desigualdad?

desmoronarse

La vieja pared de ladrillo se ha **desmoronado** con el paso de los años.

¿Cuál es un sinónimo de desmoronarse?

ecosistema

Un **ecosistema** de arrecife se puede alterar si sacas una especie que vive en él.

¿Cuáles son otros ejemplos de ecosistemas?

extinto

Producto de la caza de tantos búfalos americanos, por poco quedan **extintos**.

Menciona un animal que esté extinto.

frágil

Tomás sostuvo el nido con cuidado porque temía que los **frágiles** huevos se rompieran.

¿Cuál es un antónimo de frágil?

mecerse

Victoria se **mece** en el sillón mientras mira el atardecer.

Si una palma se mece, ¿está soplando el viento o no está circulando el aire?

sequía

Por falta de lluvia, los cultivos de los agricultores murieron durante las **sequías**.

¿En qué parte del mundo hay muchas sequías?

COLABORA

Tu turno

Elige tres palabras y escribe tres preguntas para tu compañero o compañera.

¡Conéctate! *Usa el glosario digital ilustrado.*

(t) Suzi Eszterhas/Minden Pictures; (ct) ©Ajax/Corbis; (cb) Mark Edward Atkinson/Blend Images/Getty Images; (b) Michael Gunther/Bios/Photolibrary

Al rescate de nuestros arrecifes

Pregunta esencial

¿Cómo están conectados todos los seres vivos?

Lee acerca de cómo plantas y animales se relacionan en un ecosistema de arrecife de coral.

Sentada en el borde de la embarcación, la fotógrafa asegura su tanque y máscara de buceo. Le hace señas a un hombre en un barco de pesca. Luego, se sumerge de espaldas en las aguas cristalinas de los Cayos de la Florida. Nada mientras respira por su regulador. Un arrecife de coral grande y colorido se halla ante sus ojos. Anémonas marinas, meros colorados, vistosos peces loro, peces ángel amarillos y otros animales la ignoran mientras siguen su camino. La vida en este arrecife ha **crecido** y florecido.

Relaciones

La fotógrafa sabe que las plantas y los animales de un **ecosistema** de arrecife se necesitan entre sí para sobrevivir. Miles de millones de animales diminutos llamados pólipos de coral conforman los arrecifes. Algas parecidas a las plantas viven dentro del coral. Estas realizan un proceso llamado fotosíntesis para convertir la energía del sol en alimento para sí mismas y para el coral. A su vez, este les brinda refugio y el dióxido de carbono que necesitan para la fotosíntesis. Las algas son los productores de esta cadena alimentaria pues producen su propia energía.

La fotógrafa ve un pez loro azul y amarillo mordisqueando el coral y le toma una fotografía. Este roe el coral para obtener los pólipos llenos de algas que se encuentran en el interior. En esta cadena alimentaria, el pez loro es un consumidor. Los consumidores no pueden producir su propia energía. A medida que el pez come algas, la energía circula a través de la cadena alimentaria.

Pez loro

A la distancia, la fotógrafa nota la presencia del cuerpo largo y plateado de una barracuda al acecho. El pasto marino se **mece** con la corriente hacia adelante y hacia atrás. Casi esconde al hambriento depredador. Ella toma una fotografía y sigue nadando.

Blanqueamiento coralino

La fotógrafa toma más fotos mientras nada. El arrecife debió haberse visto así hace cientos de años. De pronto, se detiene y observa una gran área de coral blanqueado, coral blanco. Alguna vez fue muy colorido, pero ahora, este coral blancuzco se asemeja a los trozos rotos de un castillo que se desmoronó.

El coral depende de un equilibrio natural para mantenerse sano. El cambio climático y la contaminación pueden ocasionar un desequilibrio. Algunas áreas se han vuelto áridas a causa de las sequías, mientras que otras han tenido más lluvia. Demasiado sol y temperaturas oceánicas más cálidas causan el blanqueamiento coralino.

Si la contaminación llega al agua o esta se calienta mucho, la relación entre el coral y las algas se destruye. Las algas dejan de producir alimento y el coral las expulsa. Debido a que ellas le daban su color, el coral se torna blancuzco. Finalmente, muere de hambre ya que necesita que las algas produzcan alimento por él.

Una cadena alimentaria muestra la transferencia de energía de una especie a otra.

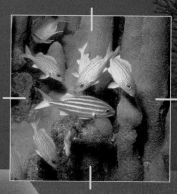

Fuente de energía   **Productor**   **Consumidor**

Una gran variedad de plantas y animales dependen del coral ya que les brinda alimento y refugio. A medida que más arrecifes de coral mueren, muchos animales y plantas que los habitan pueden quedar extintos. El hermoso arrecife que la fotógrafa vio antes se parecerá al coral blanco que se desmoronaba ante ella.

Ley del equilibrio

La fotógrafa nadó de regreso a la embarcación. Más tarde, enviaría sus fotografías a The Nature Conservancy, una organización que trabaja para rescatar nuestros frágiles arrecifes. Allá los científicos intentan reconstruirlos uniendo pequeños trozos de coral cuerno de alce a bloques de concreto. El coral cuerno de alce se usa para cultivar corales nuevos. Cuando crece, los bloques se plantan en los arrecifes.

La fotógrafa espera que sus imágenes ayuden a dar a conocer el problema. Estas muestran la relación entre la contaminación, el cambio climático y el blanqueamiento coralino. La fotógrafa atraviesa la superficie acuática y sube a la embarcación.

—¡Tomé buenas fotos del arrecife sano y del arrecife dañado! —le grita a su compañero. Una vez a bordo, comienza a descargar las fotografías en su computadora portátil.

Consumidor

¿? Haz conexiones

Comenta la conexión que existe entre las plantas y los animales del arrecife de coral. **PREGUNTA ESENCIAL**

¿Qué podrías hacer para ayudar a salvar los arrecifes de coral? **EL TEXTO Y TÚ**

(b) Richard Carey/Alamy

Resumir

Cuando resumes, vuelves a decir los detalles más importantes de un párrafo o una sección del texto. Resume fragmentos de "Al rescate de nuestros arrecifes" para que te ayuden a entender la información.

 ## Busca evidencias en el texto

Mientras lees, identifica los detalles más importantes. Resume el primer párrafo de la sección "Relaciones" de la página 123 de "Al rescate de nuestros arrecifes".

página 123

Sentada en el borde de la embarcación, la fotógrafa asegura su tanque y máscara de buceo. Le hace señas a un hombre en un barco de pesca. Luego, se sumerge de espaldas en las aguas cristalinas de los Cayos de la Florida. Nada mientras respira por su regulador. Un arrecife de coral grande y colorido se halla ante sus ojos. Anémonas marinas, meros colorados, vistosos peces loro, peces ángel amarillos y otros animales la ignoran mientras siguen su camino. La vida en este arrecife ha **crecido** y florecido.

Relaciones

La fotógrafa sabe que las plantas y los animales de un **ecosistema** de arrecife se necesitan entre sí para sobrevivir. Miles de millones de animales diminutos llamados pólipos de coral conforman los arrecifes. Algas parecidas a las plantas viven de del coral. Estas realizan un proceso llamado fotosíntesis para convertir la energía del sol en alimento para sí mismas y para el coral. A su vez, este les brinda refugio y el dióxido de carbono que necesitan para la fotosíntesis. Las algas son los productores de esta cadena alimentaria pues producen su propia energía.

En un ecosistema de arrecife de coral, las algas y los pólipos de coral se ayudan entre sí. Las algas producen alimentos a través de la fotosíntesis y el coral brinda dióxido de carbono y refugio a las algas.

COLABORA

Tu turno

Vuelve a leer "Blanqueamiento coralino" en las páginas 124 y 125. Resume el tercer párrafo. Mientras lees, recuerda usar la estrategia de resumir.

Idea principal y detalles

La idea principal es la idea más importante que un autor presenta en un párrafo o una sección de un texto. Los detalles clave dan información importante que sustenta la idea principal.

Busca evidencias en el texto

Cuando vuelvo a leer la sección "Relaciones" en la página 123 de "Al rescate de nuestros arrecifes", puedo volver a leer para encontrar los detalles clave. Luego puedo pensar acerca de lo que tienen en común esos detalles. Ahora puedo entender la idea principal de la sección.

> **Todos los detalles clave se relacionan con la idea principal.**

Idea principal
Los animales y las plantas del arrecife de coral dependen los unos de los otros.
Detalle
Las algas producen alimento a través del proceso de fotosíntesis.
Detalle
El coral brinda refugio y dióxido de carbono a las algas.
Detalle
El pez loro se alimenta de las algas que viven dentro del coral.

Tu turno

Vuelve a leer "Blanqueamiento coralino" en las páginas 124 y 125. Encuentra los detalles clave y escríbelos en tu organizador gráfico. Úsalos para hallar la idea principal.

¡Conéctate!
Usa el organizador gráfico interactivo.

Narrativa de no ficción

"Al rescate de nuestros arrecifes" es narrativa de no ficción.

La narrativa de no ficción:
- Narra un relato.
- Presenta datos sobre un tema.
- Puede incluir subtítulos y diagramas.

Busca evidencias en el texto

"Al rescate de nuestros arrecifes" es narrativa de no ficción. Narra un relato a medida que proporciona datos sobre los arrecifes. También incluye subtítulos y diagramas.

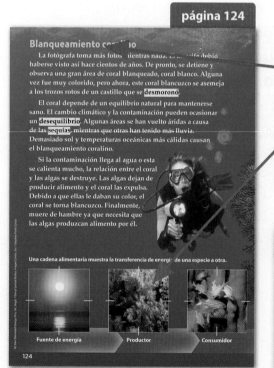

página 124

Blanqueamiento coralino

La fotógrafa toma más fotos mientras nada. El arrecife debió haberse visto así hace cientos de años. De pronto, se detiene y observa una gran área de coral blanqueado, coral blanco. Alguna vez fue muy colorido, pero ahora, este coral blancuzco se asemeja a los trozos rotos de un castillo que se **desmoronó**.

El coral depende de un equilibrio natural para mantenerse sano. El cambio climático y la contaminación pueden ocasionar un **desequilibrio**. Algunas áreas se han vuelto áridas a causa de las **sequías**, mientras que otras han tenido más lluvia. Demasiado sol y temperaturas oceánicas más cálidas causan el blanqueamiento coralino.

Si la contaminación llega al agua o esta se calienta mucho, la relación entre el coral y las algas se destruye. Las algas dejan de producir alimento y el coral las expulsa. Debido a que ellas le daban su color, el coral se torna blancuzco. Finalmente, muere de hambre ya que necesita que las algas produzcan alimento por él.

Una cadena alimentaria muestra la transferencia de energía de una especie a otra.

Fuente de energía · Productor · Consumidor

124

Características del texto

Subtítulos Los subtítulos dicen de qué se trata principalmente una sección del texto.

Diagrama de flujo Un diagrama de flujo muestra información de un texto de manera visual.

COLABORA

Tu turno

Encuentra y escribe dos ejemplos de características del texto de "Al rescate de nuestros arrecifes". Cuéntale a tu compañero o compañera qué información descubriste con cada una de las características.

Claves de contexto

A medida que lees "Al rescate de nuestros arrecifes", puedes encontrar palabras que no conoces. Para determinar su significado, mira las palabras, frases y oraciones que están cerca de ella para que te den la pista.

 Busca evidencias en el texto

En la página 123 de "Al rescate de nuestros arrecifes", veo que el narrador dice: "En esta cadena alimentaria, el pez loro es un consumidor". No estoy seguro de qué significa la palabra consumidor. *Leo la siguiente oración: "Los consumidores no pueden producir su propia energía". Ahora sé lo que significa* consumidor.

En esta cadena alimentaria, el pez loro es un consumidor. Los consumidores no pueden producir su propia energía.

Tu turno

COLABORA

Usa las claves de contexto para encontrar el significado de las siguientes palabras en "Al rescate de nuestros arrecifes". Escribe una definición corta y una oración como ejemplo para cada palabra.

depredador, *página 123*
blanqueamiento, *página 124*
expulsa, *página 124*

Tim Grollimund

De lectores...

Los escritores incluyen detalles específicos para sustentar sus ideas principales. Proporcionan datos que complementan la información que quieren compartir. Vuelve a leer el siguiente fragmento de "Al rescate de nuestros arrecifes".

Ejemplo modelo

Detalles de apoyo

Identifica los **detalles de apoyo.** ¿De qué manera estos detalles sustentan la idea principal?

La fotógrafa ve un pez loro azul y amarillo mordisqueando el coral y le toma una fotografía. Este roe el coral para obtener los pólipos llenos de algas que se encuentran en el interior. En esta cadena alimentaria, el pez loro es un consumidor. Los consumidores no pueden producir su propia energía. A medida que el pez come algas, la energía circula a través de la cadena alimentaria.

a escritores

Marcas de corrección

⌐⌐ cambiar el orden

∧ insertar

⌃ insertar coma

✎ eliminar

(ort.) revisar ortografía

≡ mayúscula

Carlos escribió un artículo. Lee las correcciones que él mismo hizo a una sección de su artículo.

Manual de gramática

Página 448
Complemento directo

Ejemplo del estudiante

ANÉMONAS DE MAR

los ces
Las anémonas de mar y el pez payaso

viven en los arrecifes de coral y se

mutuamente necesitan para sobrebivir. (ort.)

a las anémonas de mar
estos peces protegen alejando a

los depredadores; las limpian y las

soltando sobras
de alimento
alimentan mientras ellas les dan

refugio en sus tentáculos. Tanto los

peces payaso como las anémonas

a los arrecifes de coral,
necesitan pues son su ecosistema.

COLABORA

Tu turno

- ☑ Identifica los detalles de apoyo del artículo de Carlos.
- ☑ Identifica un complemento directo que haya usado.
- ☑ ¿Cómo las revisiones de Carlos ayudan a sustentar la idea principal?

¡Conéctate!
Escribe en el rincón del escritor.

Pregunta esencial

¿Qué ayuda a un animal a subsistir?

¡Conéctate!

Adaptarse para sobrevivir

Hola, soy un camaleón. ¿Alguna vez has visto a alguien como yo? Así me he adaptado para subsistir en mi medioambiente.

▶ ¿Ves el color de mi piel? Puedo cambiarlo. Cambiar de color me ayuda a camuflarme para que no me vean los depredadores.

▶ Mi cola larga se puede enrollar en las ramas. ¿Cómo crees que eso me puede ayudar?

Coméntalo

Escribe palabras que hayas aprendido sobre la adaptación. Luego comenta con un compañero o una compañera cómo se han adaptado otros animales para subsistir.

Adaptaciones

Vocabulario

Mira las fotos y lee las oraciones para comentar cada palabra con un compañero o una compañera.

abalanzarse

Al gato montés le gusta **abalanzarse** sobre los peces en el río.

¿Qué otros animales se abalanzan?

camuflado

Es difícil ver al insecto **camuflado** debido a que se asemeja a la hoja.

¿En qué se parecen las palabras camuflado y escondido?

depredador

Un leopardo es un **depredador** feroz que puede atrapar a la mayoría de los animales que caza.

Explica por qué un halcón es un depredador.

extraordinario

El búho tiene una habilidad **extraordinaria** para mirar fijamente por un largo período de tiempo sin parpadear.

¿Cuál es un antónimo de extraordinario?

gotear

El agua de la llave que tiene un escape **gotea** toda la noche.

Nombra otra cosa que gotee.

presa

La planta venus atrapamoscas atrapa su **presa** dentro de sus hojas pegajosas.

¿Cuál es un antónimo de presa?

venenoso

Algunos hongos salvajes te pueden enfermar porque son **venenosos**.

¿Qué otras cosas son venenosas?

vibración

Eric puntea las cuerdas de su guitarra, produciendo **vibraciones** a medida que las cuerdas se mueven rápidamente hacia arriba y hacia abajo.

¿Qué otra cosa produce vibraciones?

Tu turno

COLABORA

Elige tres palabras y escribe tres preguntas para tu compañero o compañera.

¡Conéctate! *Usa el glosario digital ilustrado.*

Cómo se adaptan los animales

Pregunta esencial

¿Qué ayuda a un animal a subsistir?

Lee sobre las diferentes formas en que los animales se adaptan a su medioambiente.

¿Qué harías si vieras a un zorrillo levantar su cola? ¡Si los conocieras, correrías en la dirección opuesta! Los zorrillos tienen un sistema de supervivencia incorporado: pueden rociar a los **depredadores** con un líquido de olor horrible que producen las glándulas que tienen debajo de sus colas.

Las formas especiales que los animales tienen para subsistir se llaman adaptaciones. Estas incluyen características físicas como el líquido que rocía el zorrillo y los colores y las marcas brillantes que tienen los animales y que advierten a los depredadores que son **venenosos**. Algunos animales pueden sentir las **vibraciones** más pequeñas en el suelo. Otros escuchan sonidos a millas de distancia. Una adaptación también puede ser una característica del comportamiento. Un ejemplo de ellas sería la migración de las aves al sur todos los inviernos para evitar las temperaturas más frías.

Cuando un zorrillo se da la vuelta y rocía a un depredador, la fétida nube puede viajar hasta 10 pies de altura.

Para mantenerse en calor

¡Brrrr! Imagínate si vivieras en un lugar donde la temperatura promedio anual fuera un **extraordinario** 10 a 20° F. Bienvenido a la tundra ártica de Alaska, Canadá, Groenlandia y Rusia, hogar de los caribúes. Para mantenerse en calor, los caribúes tienen dos capas de pelaje y una capa gruesa de grasa. También tienen cuerpos compactos. Aunque miden solo 4 o 5 pies de largo, pueden pesar más de 500 libras.

La punta de su nariz y su boca se llama hocico, y está cubierto de pelo corto, que ayuda a calentar el aire antes de que entre a sus pulmones. También les ayuda a mantenerse en calor mientras empujan la nieve a un lado para buscar su alimento.

En busca de alimento

¡Los caribúes comen más de seis libras de liquen todos los días! Y tienen estómagos inusuales. Las cuatro cámaras del estómago están diseñadas para digerir el liquen. Es uno de los pocos alimentos que pueden encontrar en el invierno. Aun así, los caribúes pasan muchas dificultades durante la parte más fría del invierno cuando sus fuentes de alimento disminuyen. Es por esto que se van de la tundra a un área grande de bosque, donde es más fácil encontrar alimento. Cuando la nieve derretida **gotea** hacia los riachuelos, ellos saben que es hora de regresar al norte.

El liquen crece en temperaturas extremas.

Insectos disfrazados

Mira de cerca la fotografía de la rama de árbol. ¿Puedes ver el insecto? Es un fásmido. Algunos fásmidos se conocen como insectos hoja o insectos palo, porque lucen como hojas o ramitas. Estos insectos cambian de color para mimetizarse con su entorno. De esta manera, quedan **camuflados** para pasar desapercibidos de los depredadores. ¡Es como si desaparecieran de la vista! Estos insectos son nocturnos, lo que significa que están activos durante la noche. Esta es otra adaptación que les ayuda a evitar a los depredadores. Es difícil ver a estos insectos durante el día y mucho más en la noche.

Este fásmido se llama insecto palo porque parece un palo con patas.

Las adaptaciones físicas del caimán incluyen su cuerpo en forma de tronco. A otros animales se les dificulta verlo cuando permanece inmóvil en el agua.

¡Agua, por favor!

En el vasto ecosistema del Parque Nacional de los Everglades de la Florida, la temporada seca es brutal para muchas plantas y animales. Los caimanes han encontrado una manera de sobrevivir a estas condiciones secas en los pantanos de agua dulce. Usan sus patas y hocicos para quitar la suciedad de los hoyos que tienen los cimientos. Así, cuando el suelo se seca, pueden beber agua de los abrevaderos.

Otras especies también se benefician de estos abrevaderos que forman los caimanes. Las plantas crecen allí y otros animales encuentran agua para sobrevivir la temporada seca. Sin embargo, los animales que visitan los abrevaderos de los caimanes se convierten en **presas** fáciles. El caimán, que normalmente está inmóvil, puede **abalanzarse** sobre ellos sin previo aviso. Pero por fortuna, los caimanes solo comen unas pocas veces al mes. Muchos animales se arriesgan y reaparecen en el abrevadero del caimán cuando necesitan agua. ¡Al fin y al cabo, la cuestión es subsistir!

Haz conexiones

¿Cómo ayudan las adaptaciones a que un animal subsista? **PREGUNTA ESENCIAL**

Describe la adaptación de un animal que hayas visto. **EL TEXTO Y TÚ**

Pete Oxford/Minden Pictures

Resumir

Cuando resumes, vuelves a decir los detalles más importantes de un párrafo o una sección del texto. Resume secciones de "Cómo se adaptan los animales" para entender la información.

 ## Busca evidencias en el texto

Vuelve a leer la sección "Insectos disfrazados" de la página 138. Resume los detalles clave de la sección.

página 138

Insectos disfrazados

Mira de cerca la fotografía de la rama de árbol. ¿Puedes ver el insecto? Es un fásmido. Algunos fásmidos se conocen como insectos hoja o insectos palo, porque lucen como hojas o ramitas. Estos insectos cambian de color para mimetizarse con su entorno. De esta manera, quedan **camuflados** para pasar desapercibidos de los depredadores. ¡Es como si desaparecieran de la vista! Estos insectos son nocturnos, lo que significa que están activos durante la noche. Esta es otra adaptación que les ayuda a evitar a los depredadores. Es difícil ver a estos insectos durante el día y mucho más en la noche.

Este fásmido se llama insecto palo porque parece un palo con patas.

Los fásmidos son insectos que se pueden camuflar para evitar a los depredadores. Además son nocturnos, lo que hace difícil que los depredadores los vean.

Tu turno

Vuelve a leer "¡Agua, por favor!" de la página 139 y resume la sección.

Idea principal y detalles clave

La idea principal es el punto más importante que el autor presenta en un texto o una sección del texto. Los detalles clave dan información importante para sustentar la idea principal.

 Busca evidencias en el texto

Cuando vuelvo a leer la sección "Para mantenerse en calor" de la página 137 de "Cómo se adaptan los animales", puedo identificar los detalles clave. Luego puedo pensar sobre lo que tienen en común esos detalles. Ahora puedo saber cuál es la idea principal de la sección.

Idea principal

Las adaptaciones de los caribúes les ayudan a sobrevivir al frío.

Los tres detalles clave sustentan la idea principal.

Detalle

Los caribúes tienen dos capas de pelaje y una capa gruesa de grasa.

Detalle

El pelo corto de su hocico calienta el aire que inhalan.

Detalle

Los caribúes tienen cuerpos compactos que pueden pesar más de 500 libras.

 COLABORA

Tu turno

Vuelve a leer la sección "Insectos disfrazados" de la página 138. Encuentra los detalles clave y escríbelos en el organizador gráfico. Usa estos detalles para encontrar la idea principal.

¡Conéctate!
Usa el organizador gráfico interactivo.

Texto expositivo

"Cómo se adaptan los animales" es un texto expositivo.

El texto expositivo:
- Presenta hechos e información sobre un tema.
- Puede incluir subtítulos, fotos y pies de foto.

Busca evidencias en el texto

"Cómo se adaptan los animales" es un texto expositivo. Me presenta hechos sobre cómo se han adaptado diferentes animales para subsistir. Cada sección tiene un subtítulo. El texto también incluye fotos y pies de foto.

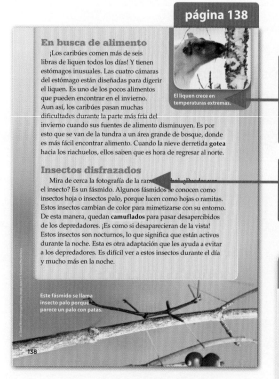

página 138

En busca de alimento

¡Los caribúes comen más de seis libras de liquen todos los días! Y tienen estómagos inusuales. Las cuatro cámaras del estómago están diseñadas para digerir el liquen. Es uno de los pocos alimentos que pueden encontrar en el invierno. Aun así, los caribúes pasan muchas dificultades durante la parte más fría del invierno cuando sus fuentes de alimento disminuyen. Es por esto que se van de la tundra a un área grande de bosque, donde es más fácil encontrar alimento. Cuando la nieve derretida **gotea** hacia los riachuelos, ellos saben que es hora de regresar al norte.

El liquen crece en temperaturas extremas.

Insectos disfrazados

Mira de cerca la fotografía de la rama. ¿Puedes ver el insecto? Es un fásmido. Algunos fásmidos se conocen como insectos hoja o insectos palo, porque lucen como hojas o ramitas. Estos insectos cambian de color para mimetizarse con su entorno. De esta manera, quedan **camuflados** para pasar desapercibidos de los depredadores. ¡Es como si desaparecieran de la vista! Estos insectos son nocturnos, lo que significa que están activos durante la noche. Esta es otra adaptación que les ayuda a evitar a los depredadores. Es difícil ver a estos insectos durante el día y mucho más en la noche.

Este fásmido se llama insecto palo porque parece un palo con patas.

138

Características del texto

Fotos y pies de foto
Las fotos ilustran lo que está en el texto. Los pies de foto dan información adicional.

Subtítulos Los subtítulos dicen de qué trata principalmente una sección del texto.

COLABORA

Tu turno

Encuentra y escribe dos características del texto en "Cómo se adaptan los animales". Dile a tu compañero o compañera qué información aprendiste de cada una.

Prefijos

A medida que lees "Cómo se adaptan los animales", puedes encontrar una palabra que no conoces. Mira las partes de la palabra como los prefijos. Un prefijo se añade al principio de una palabra y cambia su significado. Estos son algunos prefijos comunes.

in- significa "no"
re- significa "repetición"
dis- significa "opuesto de"

 ## Busca evidencias en el texto

Cuando leo la sección "Para mantenerse en calor" en la página 137 de "Cómo se adaptan los animales", veo la palabra extraordinario. *Primero, miro las partes de la palabra por separado. Sé que* extra *es un prefijo que cambia el significado de* ordinario. *El prefijo* extra *significa "fuera de".*

Imagínate si vivieras en un lugar donde la temperatura promedio anual fuera un extraordinario 10 a 20° F.

COLABORA

Tu turno

Usa prefijos y claves de contexto para encontrar el significado de las siguientes palabras de "Cómo se adaptan los animales":

inusuales, *página 138*
desaparecieran, *página 138*
reaparecen, *página 139*

De lectores...

Los escritores organizan la información en un texto expositivo de una manera lógica. Una forma de presentar la información es siguiendo una estructura de comparar y contrastar. Vuelve a leer el siguiente fragmento de "Cómo se adaptan los animales".

Ejemplo modelo

Orden lógico

Identifica el **orden lógico** en que se presentan los detalles. ¿Sustentan la idea principal?

Las formas especiales que los animales tienen para subsistir se llaman adaptaciones. Estas incluyen características físicas como el líquido que rocía el zorrillo y los colores y las marcas brillantes que tienen los animales y que advierten a los depredadores que son venenosos. Algunos animales pueden sentir las vibraciones más pequeñas en el suelo. Otros escuchan sonidos a millas de distancia. Una adaptación también puede ser una característica del comportamiento. Un ejemplo de ellas sería la migración de las aves al sur todos los inviernos para evitar las temperaturas más frías.

Sean Duan/flickr RF/Getty Images

a escritores

Sonia escribió un texto expositivo. Lee las correcciones que hizo a una sección.

PUERCOESPINES

Un puercoespín tiene adaptaciones especiales para sobrevivir.

∧ A los puercoespines ⌄les gusta comer

les resulta fácil

plantas. No ~~pueden~~⌄ saltar. la defensa

poderosa de los puercoespines son

sus púas⌄ cuando un animal ⌐ataca los⌐

y puede ser doloroso
(ort.)   para el depredador

estos zacan sus púas⌄. Cada púa

tiene una punta.

Marcas de corrección

⌐ cambiar el orden

∧ insertar

⌃ insertar coma

✁ eliminar

(ort.) revisar ortografía

≡ mayúscula

Manual de gramática

Página 448
Complemento indirecto

Tu turno

☑ Identifica el orden lógico que usó Sonia.

☑ Identifica un complemento indirecto que haya usado.

☑ ¿Cómo mejoró el texto con las revisiones?

¡Conéctate!
Escribe en el rincón del escritor.

Concepto semanal Animales por todas partes

Pregunta esencial

¿Cómo inspiran los animales a los escritores?

¡Conéctate!

Saltos creativos

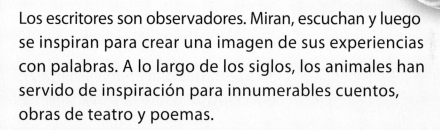

Los escritores son observadores. Miran, escuchan y luego se inspiran para crear una imagen de sus experiencias con palabras. A lo largo de los siglos, los animales han servido de inspiración para innumerables cuentos, obras de teatro y poemas.

▶ ¿Cuál es tu cuento, obra de teatro o poema preferido que trate sobre un animal?

▶ ¿Sobre qué animal te gustaría escribir? ¿Por qué?

Coméntalo

Identifica características de animales que podrían inspirar a un escritor. Luego comenta con tu compañero o compañera sobre uno de sus animales preferidos y explica qué clase de cuento, obra o poema podrían escribir sobre él.

Características de animales

Vocabulario

Mira las fotos y lee las oraciones para comentar cada palabra con un compañero o una compañera.

creativo

La florista hizo arreglos florales **creativos** y originales.

Describe una ocasión en la que fuiste creativo.

descriptivo

El orador dio una charla amena y **descriptiva** sobre la selva tropical.

Habla acerca de tu actividad favorita de un modo descriptivo.

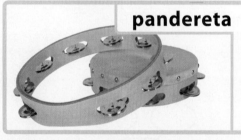

pandereta

Mi instrumento favorito de la banda es la **pandereta**.

¿Te gusta tocar la pandereta? ¿Por qué?

remoto

La cabaña del abuelo queda en una isla **remota**.

¿Cuál es un antónimo de remoto?

Términos de poesía

metáfora

"El camión de la basura es un monstruo" es una **metáfora** porque compara dos cosas diferentes.

Da otro ejemplo de metáfora.

rima

Dos palabras **riman** cuando su terminación suena igual, por ejemplo: *abierto* y *concierto*.

¿Cuál palabra rima con fiesta?

símil

"Tus ojos son como luceros" es un **símil** porque compara dos cosas usando *como*, *cual* o *semejante*.

Da otro ejemplo de un símil.

métrica

La **métrica** es el patrón de sílabas acentuadas y sin acentuar.

¿Cómo afecta una métrica fuerte el ritmo de un poema?

Tu turno

Elige tres palabras y escribe tres preguntas para tu compañero o compañera.

¡Conéctate! *Usa el glosario digital ilustrado.*

Mediodía

Mi gallo ama el bosque umbrío
de la verde cordillera
y la caricia casera
de la hamaca en el bohío.
Cuando lanza su cantío,
es por su tierra y su amada.
Galán de capa y espada,
es el donjuán de la fronda,
que bajo la fronda ronda
con su capa colorada.

Luis Lloréns Torres

Pregunta esencial

¿Cómo inspiran los animales a los escritores?

Lee cómo los escritores escriben sobre los animales de maneras creativas y descriptivas.

El ave y el nido

¿Por qué te asustas, ave sencilla?
¿Por qué tus ojos fijas en mí?
Yo no pretendo, pobre avecilla,
llevar tu nido lejos de aquí.
Aquí en el hueco de piedra dura,
tranquila y sola te vi al pasar,
y traigo flores de la llanura
para que adornes tu libre hogar.
Pero me miras y te estremeces,
y el ala bates con inquietud,
y te adelantas resuelta a veces,
con amorosa solicitud.
Porque no sabes hasta qué grado
yo la inocencia sé respetar,
que es, para el alma tierna, sagrado
de tus amores el libre hogar.
¡Pobre avecilla! Vuelve a tu nido
mientras del prado me alejo yo,
en él mi mano lecho mullido
de hojas y flores te preparó.
Mas si tu tierna prole futura
en duro lecho miro al pasar,
con flores y hojas de la llanura
deja que adorne tu libre hogar.

Salomé Ureña de Henríquez

Versos sencillos

V

Si ves un monte de espumas,
es mi verso lo que ves:
mi verso es un monte, y es
un abanico de plumas.

Mi verso es como un puñal
que por el puño echa flor:
mi verso es un surtidor
que da un agua de coral.

Mi verso es de un verde claro
y de un carmín encendido:
mi verso es un ciervo herido
que busca en el monte amparo.

Mi verso al valiente agrada:
mi verso, breve y sincero,
es del vigor del acero
con que se funde la espada.

José Martí

La marimba

Es un puente
de flores
la marimba.
Una vaca
de música.
Un muelle
de luceros
donde pescan
los niños,
esperanzas
y sueños.

Rubén Berrios

Haz conexiones

Comenta acerca de las formas
creativas en que los poetas
representan a los animales.
PREGUNTA ESENCIAL

¿Acerca de cuál animal escribirías
un poema? ¿Por qué? **EL TEXTO Y TÚ**

Poesía lírica y décima

La poesía lírica:

- Expresa los pensamientos y sentimientos del poeta.
- Por lo general, tiene rima y métrica uniformes.

La décima:

- Tiene diez versos de ocho sílabas cada uno.
- Tiene rima consonante.

 ## Busca evidencias en el texto

"Versos sencillos" es un poema lírico porque cuenta lo que piensa y siente el autor. "Mediodía" es una décima: sus versos riman entre sí y tienen ocho sílabas.

página 150

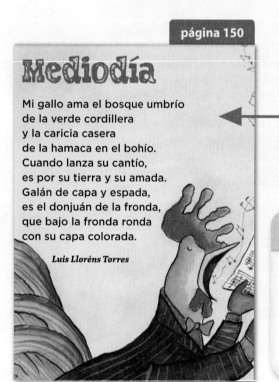

Mediodía

Mi gallo ama el bosque umbrío
de la verde cordillera
y la caricia casera
de la hamaca en el bohío.
Cuando lanza su cantío,
es por su tierra y su amada.
Galán de capa y espada,
es el donjuán de la fronda,
que bajo la fronda ronda
con su capa colorada.

Luis Lloréns Torres

El poeta describe al gallo como "galán de capa y espada". Me pregunto si el poeta ve al gallo como una criatura elegante y noble.

 COLABORA

Tu turno

Vuelve a leer el poema "El ave y el nido". Explica qué tipo de poema es a partir de las evidencias en el texto.

Punto de vista

La voz que se escucha en un poema es la del sujeto poético. Su punto de vista es la forma en que este piensa o siente. En ocasiones, el sujeto poético es un personaje del poema, y en otras, solo está contando algo acerca de los personajes y sucesos que aparecen allí.

 ## Busca evidencias en el texto

En "El ave y el nido", los pronombres yo y mí *me dicen que el sujeto poético es la niña. Volveré a leer el poema de la página 151 para encontrar los detalles que me dan las claves para reconocer el punto de vista de la niña.*

Detalles
¿Por qué tus ojos fijas en mí?
Yo no pretendo, pobre avecilla.
Mientras del prado me alejo yo.

Punto de vista
La niña le está hablando a la avecilla. El poema está escrito en primera persona.

Tu turno

Vuelve a leer "Versos sencillos". ¿El sujeto poético es un personaje del poema? Completa el organizador gráfico con los detalles que dan pistas acerca del punto de vista del sujeto poético. Luego identifica el punto de vista en el poema.

¡Conéctate!
Usa el organizador gráfico interactivo.

Métrica y rima

La **métrica** es el ritmo de las sílabas en el verso de un poema. Se forma con la combinación de sílabas acentuadas o sin acentuar. Las palabras **riman** cuando sus sílabas finales suenan igual.

Busca evidencias en el texto

Vuelve a leer el poema "Mediodía" de la página 150. Escucha las rimas de las sílabas finales y el ritmo de la métrica.

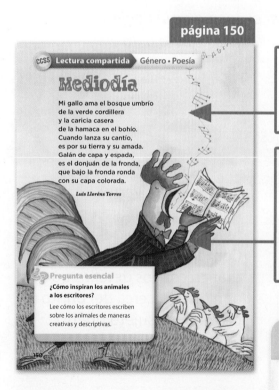

página 150

CCSS Lectura compartida Género • Poesía

Mediodía

Mi gallo ama el bosque umbrío
de la verde cordillera
y la caricia casera
de la hamaca en el bohío.
Cuando lanza su cantío,
es por su tierra y su amada.
Galán de capa y espada,
es el donjuán de la fronda,
que bajo la fronda ronda
con su capa colorada.

Luis Lloréns Torres

Pregunta esencial

¿Cómo inspiran los animales a los escritores?

Lee cómo los escritores escriben sobre los animales de maneras creativas y descriptivas.

150

Rima Pronuncia la última palabra de cada uno de los versos del poema. Estas riman porque sus sílabas finales suenan igual.

Métrica Lee los cuatro primeros versos en voz alta. Las palabras están dispuestas de tal manera que pareciera que las sílabas saltaran. Una sílaba acentuada va después de cada sílaba no acentuada.

COLABORA

Tu turno

Encuentra otras palabras que rimen en "Mediodía". Luego averigua si la métrica es la misma en todos los versos.

Lenguaje figurado

Un **símil** es una comparación que se hace al utilizar las palabras *como, cual* o *semejante,* por ejemplo, *ojos azules como el cielo.* Una **metáfora** es una comparación hecha sin las palabras *como, cual* o *semejante,* por ejemplo, *el prado era una alfombra verde.*

 Busca evidencias en el texto

Cuando leo "Mediodía" en la página 150, puedo ver que el poeta usa una metáfora en el antepenúltimo verso para describir al gallo.

página 150

> **Es el donjuán de la fronda,**
>
> **que bajo la fronda ronda**
>
> **con su capa colorada.**

Tu turno

Vuelve a leer "Versos sencillos". Identifica una metáfora y conviértela en símil.

Olga Cuéllar

 # De lectores...

Los poetas utilizan un lenguaje preciso a la hora de elegir verbos expresivos y adjetivos descriptivos para ayudar al lector a crear una imagen clara en su mente. Vuelve a leer un fragmento de "El ave y el nido" a continuación.

Lenguaje preciso

Identifica el **lenguaje preciso** que aparece en "El ave y el nido" y que hace que el poema sea vívido, interesante y efectivo.

Ejemplo modelo

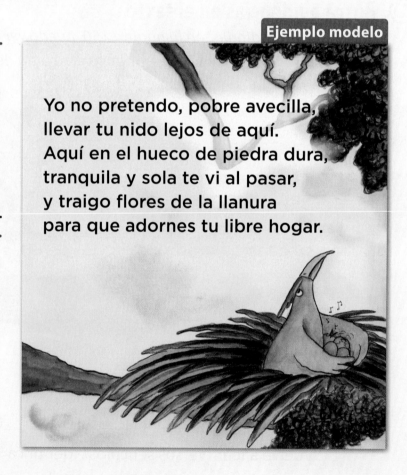

Yo no pretendo, pobre avecilla,
llevar tu nido lejos de aquí.
Aquí en el hueco de piedra dura,
tranquila y sola te vi al pasar,
y traigo flores de la llanura
para que adornes tu libre hogar.

Olga Cuéllar

a escritores

Marcas de corrección

- ⌐⌐ cambiar el orden
- ∧ insertar
- ⌃ insertar coma
- ⤸ eliminar
- (ort.) revisar ortografía
- / minúscula

María escribió un poema sobre lo que el océano le inspira. Lee las correcciones que María le hizo a un fragmento del poema.

Manual de gramática

Página 448
Complemento circunstancial

Ejemplo del estudiante

Libertad

Hoy, el Øcéano con su aroma de sal
me atrae con su textura de crystal. (ort.)

Me inunda con la alegría,
por eso sueño con el día
de regresar a la costa
como un pez o una langosta.

Siempre añoraré el sentimiento
que en siento este momento.

Tu turno

COLABORA

- ✔ Identifica el lenguaje preciso que usó María.
- ✔ Identifica los complementos circunstanciales.
- ✔ ¿Cómo mejoró el texto con las correcciones?

¡Conéctate!
Escribe en el rincón del escritor.

©Corbis Flirt/Alamy

Unidad 3

¡Así se hace!

Mi patria, a ti te canto

Mi patria, es a ti,
dulce tierra de libertad,
a quien dedico mi canto.
La tierra donde murieron mis padres,
la tierra del orgullo de los peregrinos,
desde cada montaña
¡que cante la libertad!

Samuel Francis Smith

La gran idea

¿Cómo le puedes enseñar a tu comunidad tus buenas intenciones?

Concepto semanal Amistad

¿? **Pregunta esencial**

¿Qué puedes hacer para que tus amigos se sientan bienvenidos?

¡Conéctate!

(bkgd) Peter Beavis/Stone/Getty Images

UNA MANO AMIGA

Mudarse a un lugar nuevo puede ser intimidante. Se enfrentan los retos de ir a una escuela nueva, hacer nuevos amigos, conocer y desenvolverte en el nuevo vecindario. Cuando las personas son hospitalarias, todos estos retos se vuelven un poco más fáciles.

▶ ¿Qué puedes hacer para ayudar a que las personas se sientan bienvenidas?

▶ ¿Qué sería lo que más te ayudaría en tu primer día en una escuela nueva?

Coméntalo

Escribe palabras que describan cómo harías que alguien se sintiera bienvenido. Luego comenta con un compañero o una compañera algo que alguien haya hecho por ti para que te sintieras bienvenido.

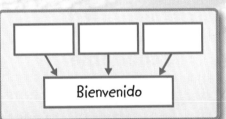

Vocabulario

Mira las fotos y lee las oraciones para comentar cada palabra con un compañero o una compañera.

barullo

Cuando los monos juegan, forman tremendo **barullo**.

¿Cuál es un sinónimo de barullo?

bienestar

Milena regañó a su hijo por patinar sin casco, pues piensa en su **bienestar**.

¿Qué cosas hacen tus padres para brindarte bienestar?

complementario

La mantequilla de maní y la mermelada son **complementarias**.

¿Qué otros dos alimentos son complementarios?

confiable

Cuando escalas una montaña, lo mejor es tener un compañero **confiable** que te ayude a subir un risco.

¿Cuál es un antónimo de confiable?

encariñarse

Alfonso **se encariña** mucho con los animales.

¿Te has encariñado alguna vez con un animal?

inaugurar

Luego de las vacaciones, mi tía va a **inaugurar** su nueva tienda de ropa.

¿Cuál es la diferencia entre inaugurar y clausurar?

mohoso

El violín de la abuela Teresa está muy **mohoso** porque estaba guardado en un lugar húmedo.

Describe cómo luce un objeto mohoso.

ridículo

El sombrero y la peluca del payaso son **ridículos**.

¿Qué otras cosas son ridículas?

COLABORA

Tu turno

Elige tres palabras y escribe tres preguntas para tu compañero o compañera.

¡Conéctate! *Usa el glosario digital ilustrado.*

Los nuevos amigos de Ana

Lina Cruz

Rubén, el papá de Ana, ha conseguido un nuevo trabajo en otra ciudad, por lo cual él y su familia tuvieron que mudarse. Mientras recorren la ciudad nueva, Ana mira por la ventana el paisaje colorido y las algodonosas nubes en el cielo.

—Esta ciudad es encantadora —afirma Ana.

¿? Pregunta esencial

¿Qué puedes hacer para que tus amigos se sientan bienvenidos?

Lee cómo Ana fue bien recibida en su nueva escuela.

Adriana Matallana

166

—Te dije que te iba a gustar —le responde su papá—.
El cambio de ambiente nos va a traer **bienestar** a todos.
Mañana es tu primer día en la nueva escuela, ¿no te parece
emocionante?

—El año escolar va por la mitad y no conozco a nadie
—le dice Ana.

—No te preocupes, ya verás que vas a conseguir muchos
amigos rápidamente —le dice su papá para animarla.

A la mañana siguiente, Ana llega a su nueva escuela.
Pero al contrario de lo que piensa su papá, ella es un poco
tímida y no se atreve a hablarles a sus compañeros. ¡Y ellos
a ella tampoco!

Ana recordaba su antigua escuela con cariño. Como se
sentía sola, decidió inventarse una amiga imaginaria con
quien compartir sus ratos libres.

—Tu nombre será Sara —dice Ana mientras admira una
foto **complementaria** al trofeo más reluciente y grande de
baloncesto que había visto hasta entonces.

Ana decide entonces que Sara es muy **confiable** y alegre, y que fue parte del equipo de baloncesto de la escuela. A Ana le encanta ese deporte. En su imaginación, Sara siempre está vestida con el uniforme del equipo escolar. Entonces, Sara le dice:

—Hemos ganado varios torneos contra otras escuelas.

—Yo solo he ganado un torneo —le cuenta Ana a Sara.

Todos los días, Ana y Sara, su amiga imaginaria, juegan a encestar en la cancha de baloncesto a la hora del recreo y después de la escuela. Mientras tanto, hablan sobre lo interesante de la clase de ciencias.

—Es increíble que haya vida hasta en el pan **mohoso**, ¿no te parece? —le pregunta Ana en voz alta a Sara.

—Sí, hasta hoy nunca se me había ocurrido que los hongos eran seres vivos —contesta rápidamente Sara, en la imaginación de Ana.

Ana hablaba con su amiga imaginaria en todas partes. Pero cada vez que pasaba por la sección de trofeos, entablaba una divertida conversación en voz alta con la Sara de la foto.

Un día, una compañera de su clase la sorprendió.

—¿Por qué estás hablando con el retrato? —le pregunta su compañera Pilar.

—Eh… — Ana no sabía qué decir.

—¿Te gusta el baloncesto?

—Sí, yo jugaba en el equipo de baloncesto en mi otra escuela. Aunque parezca **ridículo**, como aquí no conozco a nadie, me imaginaba que la jugadora del retrato y yo éramos amigas —confesó Ana.

—Pues a partir de ahora tienes una de verdad. Me llamo Pilar —respondió la niña y le extendió la mano.

Al día siguiente, cuando Ana llegó a su salón, Pilar les había contado a los otros niños de la clase acerca de lo agradable que era la nueva compañera. Durante el recreo, todos se sentaron a su lado y armaron mucho **barullo**. Le hablaban al mismo tiempo. Y ella estaba muy emocionada.

—Ana, ven —le dijo Pilar—. Vamos a **inaugurar** nuestro club de bienvenidas. ¡Y tú eres nuestra primera festejada!

Después de que todos se presentaran, jugaron un partido de baloncesto y compartieron la merienda con Ana.

Cuando acabaron de jugar, estaban impresionados por las habilidades de Ana, así que le preguntaron si quería ser parte del equipo de baloncesto escolar. Ana afirmó con la cabeza mientras una gran sonrisa se dibujaba en su rostro. A partir de ese momento, todos **se encariñaron** con ella y llegaron a ser muy buenos amigos dentro y fuera de la cancha. Y, desde entonces, ya Ana no tiene que inventarse amigos imaginarios.

¿? Haz conexiones

Comenta de qué forma los nuevos compañeros de escuela de Ana la hacen sentir bienvenida. **PREGUNTA ESENCIAL**

¿De qué forma haces sentir bienvenidos a los estudiantes nuevos de tu escuela? **EL TEXTO Y TÚ**

Visualizar

Cuando lees un cuento, puedes comprender mejor y entretenerte más al imaginarte los sucesos, los personajes y el ambiente de la trama. Mientras lees el primer párrafo de "Los nuevos amigos de Ana", visualiza lo que sucede.

 ## Busca evidencias en el texto

Cuando leo el primer párrafo de la página 166, me imagino a Ana mirando el paisaje colorido a través de la ventana del auto de su padre. Los detalles descriptivos me ayudan a visualizar el atardecer y a Ana observando su nueva ciudad.

página 166

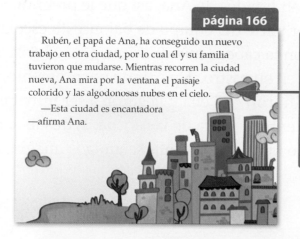

Rubén, el papá de Ana, ha conseguido un nuevo trabajo en otra ciudad, por lo cual él y su familia tuvieron que mudarse. Mientras recorren la ciudad nueva, Ana mira por la ventana el paisaje colorido y las algodonosas nubes en el cielo.

—Esta ciudad es encantadora —afirma Ana.

Puedo visualizar a Ana mirando el hermoso cielo con las nubes algodonosas y su nueva ciudad. Me imagino que le gusta el paisaje.

COLABORA

Tu turno

¿Cuáles son otros sucesos de "Los nuevos amigos de Ana" que puedes visualizar? Mientras lees, recuerda usar la estrategia de visualizar.

Punto de vista

Los relatos tienen un narrador o persona que los cuenta. El punto de vista del narrador muestra la forma en que este se siente o piensa sobre los personajes o sucesos. Cuando usa pronombres como *él, ella* o *ellos*, narra en tercera persona.

 ## Busca evidencias en el texto

Cuando vuelvo a leer la página 169 del cuento "Los nuevos amigos de Ana", veo que se usan los pronombres ella, le *y* les *para narrar. Tiene un narrador en tercera persona. Puedo usar detalles del cuento para conocer el punto de vista del narrador.*

Detalles
Cuando Ana llegó a su salón, Pilar les había contado a los otros niños que era agradable.
Todos le hablaban al mismo tiempo. Y ella estaba muy emocionada.

Los pronombres como *les, le* y *ella* ofrecen pistas sobre el narrador.

↓

Punto de vista
Tiene un narrador en tercera persona que comenta lo que sucede con Ana y con sus compañeros de clase.

Tu turno

Vuelve a leer el cuento "Los nuevos amigos de Ana". Encuentra otros detalles que te den pistas acerca del punto de vista del narrador.

¡Conéctate!
Usa el organizador gráfico interactivo.

171

Fantasía

"Los nuevos amigos de Ana" es fantasía.

Un cuento de fantasía:

- Incluye situaciones y personajes inventados.
- Tiene elementos que no existen en la vida real.
- Frecuentemente tiene ilustraciones.

Busca evidencias en el texto

"Los nuevos amigos de Ana" es fantasía. Se desarrolla en una escuela, en un escenario realista, pero en la ilustración Ana juega con su amiga imaginaria, que no existiría en la vida real.

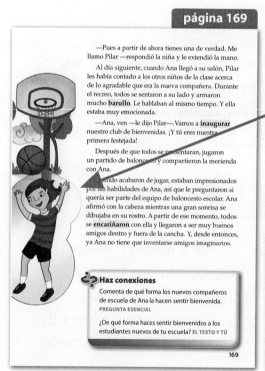

página 169

—Pues a partir de ahora tienes una de verdad. Me llamo Pilar —respondió la niña y le extendió la mano.

Al día siguiente, cuando Ana llegó a su salón, Pilar les había contado a los otros niños de la clase acerca de lo agradable que era la nueva compañera. Durante el recreo, todos se sentaron a su lado y armaron mucho **barullo**. Le hablaban al mismo tiempo. Y ella estaba muy emocionada.

—Ana, ven —le dijo Pilar—.Vamos a **inaugurar** nuestro club de bienvenidas. ¡Y tú eres nuestra primera festejada!

Después de que todos se presentaran, jugaron un partido de baloncesto y compartieron la merienda con Ana.

Cuando acabaron de jugar, estaban impresionados por las habilidades de Ana, así que le preguntaron si quería ser parte del equipo de baloncesto escolar. Ana afirmó con la cabeza mientras una gran sonrisa se dibujaba en su rostro. A partir de ese momento, todos se **encariñaron** con ella y llegaron a ser muy buenos amigos dentro y fuera de la cancha. Y, desde entonces, ya Ana no tiene que inventarse amigos imaginarios.

Haz conexiones

Comenta de qué forma los nuevos compañeros de escuela de Ana la hacen sentir bienvenida. PREGUNTA ESENCIAL

¿De qué forma haces sentir bienvenidos a los estudiantes nuevos de tu escuela? EL TEXTO Y TÚ

169

Usa ilustraciones El uso de ilustraciones le da al lector pistas visuales acerca de los personajes, el ambiente y los sucesos del cuento. Esta ilustración me muestra que la amiga de Ana es imaginaria.

COLABORA

Tu turno

Haz una lista de dos ejemplos específicos del texto que indiquen que "Los nuevos amigos de Ana" es un cuento de fantasía.

Claves de contexto

Mientras lees "Los nuevos amigos de Ana", puedes encontrar palabras que no conoces. Para averiguar el significado de una palabra desconocida, busca pistas en frases y oraciones cercanas.

 Busca evidencias en el texto

Cuando vuelvo a leer el segundo párrafo de la página 169 del cuento "Los nuevos amigos de Ana", la frase Le hablaban al mismo tiempo *me ayuda a saber el significado de la palabra* barullo.

Al día siguiente, cuando Ana llegó a su salón, Pilar les había contado a los otros niños de la clase acerca de lo agradable que era la nueva compañera. Durante el recreo, todos se sentaron a su lado y armaron mucho barullo. Le hablaban al mismo tiempo.

Tu turno

COLABORA

Usa las claves de contexto para averiguar el significado de las siguientes palabras de "Los nuevos amigos de Ana". Escribe una oración de ejemplo con cada palabra.

mudarse, *página 166*
bienvenidas, *página 169*
habilidades, *página 169*

Adriana Matallana

De lectores...

Los escritores usan palabras o frases de transición para que una secuencia de sucesos sea más clara o para ir de una idea a otra. Vuelve a leer este fragmento de "Los nuevos amigos de Ana".

Ejemplo modelo

Transiciones

Identifica las palabras de **transición**. ¿Cómo organizan la secuencia de sucesos?

—Ana, ven —le dijo Pilar—. Vamos a inaugurar nuestro club de bienvenidas. ¡Y tú eres nuestra primera festejada!

Después de que todos se presentaran, jugaron un partido de baloncesto y compartieron la merienda con Ana.

Cuando acabaron de jugar, estaban impresionados por las habilidades de Ana, así que le preguntaron si quería ser parte del equipo de baloncesto escolar. Ana afirmó con la cabeza mientras una gran sonrisa se dibujaba en su rostro. A partir de ese momento, todos se encariñaron con ella y llegaron a ser muy buenos amigos dentro y fuera de la cancha. Y, desde entonces, ya Ana no tiene que inventarse amigos imaginarios.

Adriana Matallana

a escritores

Marcas de corrección

⊓ cambiar el orden

∧ insertar

∧ insertar coma

∮ eliminar

(ort.) revisar ortografía

/ minúscula

Marina escribió un cuento de fantasía.
Lee sus correcciones a una sección del texto.

Ejemplo del estudiante

Manual de gramática

Página 448
Verbos en infinitivo y sus conjugaciones

La casa vieja

¡Hola!

Una vez, un niño llamado Leonardo

y su familia se muda~ron~ a una casa

El primer día,
vieja.∧ Leonardo exploró todas las

(ort.)
habitaciones. Encontró un búo parlante

que vivía arriba de la casa en el ático.
⌒

Más tarde,
∧Encontró un cerdo parlante en el

jardín. Él quería que sus dos amgios

se conocieran. Una noche organizó

una fiesta en su habitación. Los dos

disfrutaron
gustaron∮ de la fiesta. Cuando terminó,
∧

Leonardo se fue a dormir.

COLABORA

Tu turno

- ✔ Identifica las palabras y las frases de transición que Marina incluyó.
- ✔ Identifica un verbo en infinitivo y tres verbos conjugados.
- ✔ ¿Cómo mejoró el texto con las correcciones?

¡Conéctate!
Escribe en el rincón del escritor.

Concepto semanal Ayuda a los demás

Pregunta esencial

¿De qué formas puedes ayudar a los demás?

¡Conéctate!

176

Sembremos esperanza

Las personas ayudan a sus comunidades de diferentes maneras. Ofrecerse como voluntario para la biblioteca, para ser entrenador de fútbol o para convertir un lote vacío en un jardín comunitario son solo algunas de las formas en que la gente le retribuye a su comunidad.

▶ ¿Cómo se ayudan entre sí las personas de tu comunidad?

▶ ¿Qué cosas podrías hacer para ayudar a tu comunidad?

Coméntalo

Escribe palabras que digan cómo puedes ayudar a los demás. Luego comenta con un compañero o una compañera los proyectos comunitarios en los que te gustaría intervenir para que se llevaran a cabo.

Palabras para aprender

Vocabulario

Mira las fotos y lee las oraciones para comentar cada palabra con un compañero o una compañera.

aurora

Los pájaros comienzan a cantar cuando llega la **aurora**.

¿Cuál es un sinónimo de aurora?

chalupa

Los pescadores salen temprano en sus **chalupas** a pescar.

¿Has visto alguna vez una chalupa?

embarcadero

Antes de partir en el crucero, me despedí de mis amigos en el **embarcadero**.

¿Has estado alguna vez en un embarcadero?

generosidad

El hombre mostró su **generosidad** al poner veinte dólares en la alcancía para la caridad.

¿Qué palabras se asocian con generosidad?

organización

Los estudiantes se inscribieron para recibir información sobre **organizaciones** de reciclaje.

¿Qué organizaciones hay en tu ciudad?

orientar

El controlador aéreo **orienta** a los pilotos.

¿Cuál es un antónimo de orientar?

plácidamente

Las ovejas pastan **plácidamente** en la pradera.

¿En qué lugar descansarías más plácidamente?

travesía

Antes de tener a sus bebés, las ballenas inician una **travesía** en busca de comida.

¿Qué travesía te gustaría emprender cuando seas grande?

Tu turno

COLABORA

Elige tres palabras y escribe tres preguntas para tu compañero o compañera.

¡Conéctate! *Usa el glosario digital ilustrado.*

Koshi y la fuerza de los aldeanos

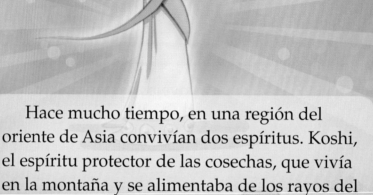

Hace mucho tiempo, en una región del oriente de Asia convivían dos espíritus. Koshi, el espíritu protector de las cosechas, que vivía en la montaña y se alimentaba de los rayos del sol. Y Kuan, que vivía en el fondo del mar y cuya apariencia era la de un gran pez.

¿? Pregunta esencial

¿De qué formas puedes ayudar a los demás?

Lee sobre cómo unos aldeanos unieron fuerzas para recuperar sus sembrados.

Pilar Berrío

Los aldeanos le tenían mucho aprecio a Koshi. La fama de su bondad y **generosidad** se había transmitido de generación en generación. Las aldeas que rodeaban la montaña siempre tenían las mejores cosechas. Pero Kuan era todo lo contrario. Cada vez que tenía hambre intentaba inundar las aldeas cercanas a la playa. Nunca lo había logrado porque Koshi se lo había impedido con la fuerza de su bondad. Por eso los aldeanos vivían felices. Gracias a Koshi podían disfrutar **plácidamente** de la tranquilidad y la armonía de sus hogares.

En la mañana, los pescadores se reunían en el **embarcadero** y salían a pescar a bordo de sus **chalupas**. Kuan los observaba en silencio durante su **travesía** diaria, cada vez más hambriento.

Un día, llegó a la región una tormenta que duró varios meses. Entonces, Koshi, cansado de tanto luchar contra esta tormenta, se encerró en su montaña, que se convirtió en su refugio subterráneo.

Mientras tanto, Kuan aprovechó la tormenta para acercarse a las aldeas. Ya nadie se interponía en su plan. Koshi, desde lo profundo de la montaña, no podía **orientar** a los aldeanos. Al cabo de una semana, las aguas estaban tocando los sembrados. Los aldeanos deseaban que la tormenta se alejara y el sol alumbrara nuevamente, pero nada sucedía y Koshi no tenía fuerzas para ayudarlos.

Kuan inundó todas las cosechas y regresó a las profundidades del mar totalmente saciado.

En la **aurora** del día después de la tormenta, los habitantes de las aldeas se lamentaban por sus cosechas perdidas.

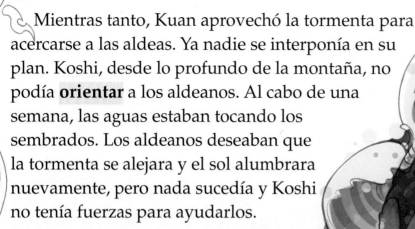

Entonces los pescadores decidieron buscar a Koshi. Cuando llegaron a su refugio, el gran espíritu se veía muy débil. Al verlos, él salió de la montaña, contempló la tormenta y se sentó en la cima a observar con tristeza lo que Kuan había hecho. Luego, miró a los pescadores y vio lo difícil que había sido para ellos llegar hasta ese lugar. Y pensó: "Si mis amigos pudieron luchar contra la tormenta para recorrer este camino, yo puedo salir de mi montaña para trabajar con ellos".

—Hemos sobrevivido a la tormenta —dijo Koshi a los aldeanos—. Y aún conservamos lo más importante: la bondad en nuestros corazones. Ahora debemos crear **organizaciones** para trabajar y recuperar la calma. Mañana todos juntos van a labrar la tierra nuevamente y a sembrar estas semillas que les regalo. De los árboles de mi montaña pueden tomar la madera para construir las chalupas. Y con sus fibras tejerán las redes de pescar. Su entusiasmo me ha devuelto la energía para seguir protegiéndolos.

Así, gracias a la solidaridad de todas las aldeas que rodeaban la montaña de Koshi, todos volvieron a tener las mejores cosechas.

¿? Haz conexiones

Comenta de qué forma los aldeanos colaboraron para que su comunidad volviera a tener las mejores cosechas.
PREGUNTA ESENCIAL

¿Qué cosas has hecho para ayudar a tu escuela o a tu comunidad?
EL TEXTO Y TÚ

Visualizar

Cuando lees cuentos de ficción, te imaginas los sucesos, los personajes y las situaciones en tu mente para ayudarte a entender mejor el relato. Mientras lees "Koshi y la fuerza de los aldeanos", visualiza lo que sucede en el cuento.

Busca evidencias en el texto

En los dos primeros párrafos de "Koshi y la fuerza de los aldeanos" de la página 181, puedo usar los detalles para imaginarme la situación. El narrador describe la apariencia de Koshi y de Kuan y menciona las cosechas de las aldeas.

página 181

Los aldeanos le tenían mucho aprecio a Koshi. La fama de su bondad y **generosidad** se había transmitido de generación en generación. Las aldeas que rodeaban la montaña siempre tenían las mejores cosechas. Pero Kuan era todo lo contrario. Cada vez que tenía hambre intentaba inundar las aldeas cercanas a la playa. Nunca lo había logrado porque Koshi se lo había impedido con la fuerza de su bondad. Por eso los aldeanos vivían felices. Gracias a Koshi podían disfrutar **plácidamente** de la tranquilidad y la armonía de sus hogares.

En la mañana, los pescadores se reunían en el **embarcadero** y salían a pescar a bordo de sus **chalupas**. Kuan los observaba en silencio durante su **travesía** diaria, cada vez más hambriento.

Puedo usar estos detalles descriptivos y mi propia experiencia para visualizar cómo es el escenario que describe el autor.

Tu turno

COLABORA

Visualiza la escena en la que Kuan inunda las cosechas. Describe lo que "ves" a un compañero o una compañera. Mientras lees, recuerda usar la estrategia de visualizar.

Punto de vista

El punto de vista del narrador muestra cómo piensa o se siente el narrador sobre los personajes o sucesos del cuento. Cuando este usa pronombres como *él*, *ellos* y *les*, el texto está narrado desde el punto de vista de la tercera persona.

 ## Busca evidencias en el texto

Cuando vuelvo a leer la página 182 de "Koshi y la fuerza de los aldeanos", veo que el narrador usa pronombres como él *y* ellos. *Eso me dice que se narra en tercera persona. Puedo encontrar pistas en el texto acerca del punto de vista del narrador.*

Detalles
El narrador usa los pronombres *él* o *ellos* para referirse a Koshi, Kuan y los aldeanos.
El narrador habla de lo que les sucede a todos los personajes del cuento.

Punto de vista
Vemos todo desde el punto de vista del narrador en tercera persona que no está involucrado en los hechos del cuento.

Tu turno

Vuelve a leer el cuento "Koshi y la fuerza de los aldeanos". Encuentra otros detalles que muestren el punto de vista del cuento.

¡Conéctate!
Usa el organizador gráfico interactivo.

Fantasía

"Koshi y la fuerza de los aldeanos" es un cuento de fantasía.

La fantasía:

- Tiene personajes, situaciones y escenarios que no podrían existir en la vida real.
- Es un tipo de cuento inventado.
- Puede tener diálogos.

Busca evidencias en el texto

Puedo decir que "Koshi y la fuerza de los aldeanos" es fantasía. Aunque el escenario es una región cualquiera del este de Asia, los espíritus Koshi y Kuan, las situaciones y los personajes son inventados.

página 180

CCSS **Lectura compartida** Género · Fantasía

Koshi y la fuerza de los aldeanos

Hace mucho tiempo, en una región del oriente de Asia convivían dos espíritus. Koshi, el espíritu protector de las cosechas, que vivía en la montaña y se alimentaba de los rayos del sol. Y Kuan, que vivía en el fondo del mar y cuya apariencia era la de un gran pez.

Pregunta esencial
¿De qué formas puedes ayudar a los demás?

Lee sobre cómo unos aldeanos unieron fuerzas para recuperar sus sembrados.

180

Personajes inventados Los personajes inventados de los autores salen de su imaginación y no existen en la vida real. Esta ilustración muestra a un espíritu que vive en una montaña y se alimenta de los rayos del sol.

COLABORA

Tu turno

Encuentra y escribe dos ejemplos más que muestren que "Koshi y la fuerza de los aldeanos" es un cuento de fantasía.

Claves de contexto

Cuando lees "Koshi y la fuerza de los aldeanos", puedes encontrar una palabra que no conoces. Una definición de la palabra podría estar cerca en el texto o la palabra podría reafirmarse de una manera simple. Algunas veces el texto da un ejemplo. Puedes usar estas claves de contexto para encontrar su significado.

 ## Busca evidencias en el texto

Cuando leo el último párrafo de la página 181 de "Koshi y la fuerza de los aldeanos", la frase se encerró en su montaña *me ayuda a descifrar lo que significa la palabra* subterráneo.

> Un día, llegó a la región una tormenta que duró varios meses. Entonces, Koshi, cansado de tanto luchar contra esta tormenta, se encerró en su montaña, que se convirtió en su refugio subterráneo.

Tu turno

Usa claves de contexto para averiguar el significado de las siguientes palabras de "Koshi y la fuerza de los aldeanos".

saciado, *página 182*
entusiasmo, *página 183*
solidaridad, *página 183*

De lectores...

Los escritores usan palabras expresivas y concretas, y detalles sensoriales para describir la acción en un cuento. Vuelve a leer el siguiente fragmento de "Koshi y la fuerza de los aldeanos".

Palabras expresivas

Identifica las **palabras expresivas** que se usaron en este párrafo. ¿Cómo contribuyen estas palabras a que el cuento sea más interesante?

Ejemplo modelo

En la aurora del día después de la tormenta, los habitantes de las aldeas se lamentaban por sus cosechas perdidas.

Entonces los pescadores decidieron buscar a Koshi. Cuando llegaron a su refugio, el gran espíritu se veía muy débil. Al verlos, él salió de la montaña, contempló la tormenta y se sentó en la cima a observar con tristeza lo que Kuan había hecho. Luego, miró a los pescadores y vio lo difícil que había sido para ellos llegar hasta ese lugar. Y pensó: "Si mis amigos pudieron luchar contra la tormenta para recorrer este camino, yo puedo salir de mi montaña para trabajar con ellos".

Pilar Berrío

188

a escritores

Reinaldo escribió un cuento. Lee las correcciones que le hizo a una sección de su texto.

Marcas de corrección

⌐⌐ cambiar el orden
∧ insertar
¶ nuevo párrafo
ℰ eliminar
espacio
≡ mayúscula

Manual de gramática

Página 448
Presente de verbos regulares

Ejemplo del estudiante

Harriet y yo

Estoy en la oscuridad de la noche,
a la sombra de la luna ∧

mientras paseo de un lado para el

otro. ̲e̲l bosque me esconde, pero

temo que unos ojos secretos están ∧
me persiguen

allí afuera. Harriet se̲encuentra ∧
#

cerca. Es la primera vez que

la ayudo a transportar ∧ en el
pasajeros

fe̲c̲arrorril. Estoy preocupación de
preocupado

fallarle. ¶Escucho un ruido fuerte ∧ en
crujido y traqueteo _s_

los matorrales, y siento cómo todo

mi cuerpo se congela de terror.

Tu turno

- ☑ Identifica las palabras expresivas que Reinaldo incluyó.
- ☑ Identifica los verbos regulares en presente.
- ☑ Comenta cómo mejoró el texto con las correcciones.

¡Conéctate!
Escribe en el rincón del escritor.

Concepto semanal Libertad y justicia

Pregunta esencial

¿Cómo puede una persona aportar su grano de arena?

¡Conéctate!

HÉROES COTIDIANOS

Los superhéroes de los cómics como Superman y Batman son famosos por proteger a las personas. Sin embargo, en la vida real, los héroes cotidianos o del común son las personas que denuncian la injusticia y la desigualdad, y que trabajan para ayudar a los demás. Ellos son los verdaderos superhéroes.

▶ ¿De qué manera alguien ha hecho la diferencia en tu vida?

▶ ¿Piensas que es posible que una persona cree el cambio y haga la diferencia?

▶ ¿Qué podrías hacer para aportar tu grano de arena?

Coméntalo

Escribe palabras que describan cómo las personas pueden aportar su grano de arena. Luego comenta con un compañero o una compañera las acciones que podrías realizar para hacer la diferencia o aportar tu grano de arena.

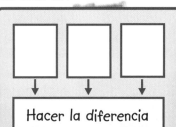

Hacer la diferencia

Vocabulario

Mira las fotos y lee las oraciones para comentar cada palabra con un compañero o una compañera.

afición

Me emociono mucho cuando voy al estadio a ver a mi equipo favorito porque mi mayor **afición** es el fútbol.

¿Cuál es tu mayor afición?

boicotear

Joanna compró manzanas pues decidió **boicotear** las uvas.

¿De qué manera boicotear algo ayuda a cambiar las leyes?

crueldad

Fabián cree que su perro fue víctima de **crueldad** por parte de su anterior dueño.

¿Cuál es un antónimo de crueldad?

estimular

Los activistas voluntarios **estimulan** a la gente a votar.

¿De qué manera has estimulado a los demás para cambiar una situación?

injusticia

Los niños pensaron que era una **injusticia** que no los dejaran subir a la montaña rusa por su altura.

¿Cómo se relacionan la justicia y la injusticia?

lograr

Julio **logró** cumplir su sueño de participar en el show de talentos de la escuela.

¿Qué sueño te gustaría lograr un día?

publicar

El próximo mes se va a **publicar** el libro de cuentos de mi escritora favorita.

¿Qué otro tipo de textos se publican?

tímido

Daniel se sintió un poco **tímido** durante su exposición.

¿Cuál es un sinónimo de tímido?

COLABORA

Tu turno

Elige tres palabras y escribe tres preguntas para tu compañero o compañera.

¡Conéctate! *Usa el glosario digital ilustrado.*

La niña que se imaginaba reinos

Ernesto Ariel Suárez

Sentada bajo los limoneros llenó su mundo y su casa de lugares y personajes de fantasía.

Pregunta esencial

¿Cómo puede una persona aportar su grano de arena?

Lee sobre cómo una escritora inspiró a jóvenes lectores.

En Buenos Aires, capital de Argentina, hace varias décadas, había una niña feliz que vivía en una casa grande, fresca, rodeada de limoneros, rosas, gallinas y palomas.

María Elena Walsh se llamaba la niña que había nacido en 1930 en esa casa de padre irlandés y madre argentina, rodeada de hermanos y hermanas. Sus padres le dieron el mismo amor y la misma educación que al resto de sus hijos. La niña, de carácter un poco **tímido** y fantasioso, sentía **afición** por la escritura. Le gustaba soñar a todas horas.

Sentada bajo la sombra de los limoneros se imaginaba que su casa era a veces el castillo del Rey Compás del País de la Geometría. Otras veces estaba en Gulubú, el reino de los animales donde un brujito muy pícaro y travieso había encantado a todos, transformándolos en otras cosas, alterando y trastocándolo todo. Ella podía imaginarse con claridad el sonido del avión cuatrimotor del doctor que venía a vacunar a los habitantes del lugar y a arreglar las travesuras del brujito.

Andrés Rojas

Al crecer y hacerse mayor comenzó a escribir y a **publicar** canciones y poemas sobre estos fantásticos lugares que había creado y sobre otros temas: el amor, la amistad y la naturaleza. Como también tenía un gran talento para las artes plásticas, estudió dibujo y pintura en la Escuela de Bellas Artes de Buenos Aires. Siendo muy joven, **logró** obtener el reconocimiento de importantes personajes de la literatura hispanoamericana. Entre ellos, el de Juan Ramón Jiménez, autor de *Platero y yo*, uno de los más importantes libros de la literatura infantil en español. Comenzó a viajar por Estados Unidos y Europa, a conocer otros países y maneras de vivir y de pensar.

Argentina y su cultura siempre fueron importantes para ella. Un día decidió mudarse a París. Desde allí, y en colaboración con su gran amiga Leda Valladares, se dedicó a difundir y popularizar el folclor argentino en el resto del mundo.

Desde París se dedicó a difundir el folclor argentino en el resto del mundo.

1930
María Elena nació en Buenos Aires (Argentina)

1985
Fue nombrada Ciudadana Ilustre de la Ciudad de Buenos Aires (Argentina)

1950
Comenzó a escribir literatura infantil

2011
Falleció en Buenos Aires (Argentina)

Con el surgimiento de nuevas tecnologías, María Elena comenzó a escribir canciones, cuentos y guiones para programas infantiles de televisión a finales de la década de 1950. Su obra fue muy conocida en toda América Latina.

Sus versos, escritos y cantados, trajeron alegría a muchos niños. Más de cuatro generaciones de niños latinoamericanos crecieron escuchando y tarareando sus canciones y leyendo sus cuentos. Su obra les ayudó en muchos casos a escapar de la **crueldad** e **injusticia** que los rodeaban.

Y la niña que se imaginaba reinos en su casa de Buenos Aires nunca dejó de escribir. Nunca dejó de crear para niños y adultos porque entendía que a la imaginación no se le **boicotea**. Se la debe dejar correr libre y sin límites. Todo lo que escribió **estimuló** a generaciones enteras de poetas y cuenteros. Muchos niños, que luego serían escritores en América Latina, comenzaron a soñar escuchando y leyendo a María Elena.

Haz conexiones

¿Cómo aportó María Elena Walsh su grano de arena? **PREGUNTA ESENCIAL**

¿Sobre qué causa te gustaría aportar tu grano de arena en el mundo? **EL TEXTO Y TÚ**

Andrés Rojas

Volver a leer

Cuando lees un texto informativo, es posible que encuentres información y hechos que sean nuevos para ti. Mientras lees "La niña que se imaginaba reinos", vuelve a leer secciones del texto para asegurarte de que entendiste y de que recuerdas la información.

Busca evidencias en el texto

Quizá no estés seguro de qué significa artes plásticas. Vuelve a leer la página 196 de "La niña que se imaginaba reinos".

página 196

Al crecer y hacerse mayor comenzó a escribir y a **publicar** canciones y poemas sobre estos fantásticos lugares que había creado y sobre otros temas: el amor, la amistad y la naturaleza. Como también tenía un gran talento para las artes plásticas, estudió dibujo y pintura en la Escuela de Bellas Artes de Buenos Aires. Siendo muy joven, **logró** obtener el reconocimiento de importantes personajes de la literatura hispanoamericana. Entre ellos, el de Juan Ramón Jiménez, autor de *Platero y yo*, uno de los más importantes libros de la literatura infantil en español. Comenzó a viajar por

Leí que las artes plásticas se relacionan con el interés por expresiones artísticas como el dibujo y la pintura.

COLABORA

Tu turno

¿Para qué le sirvió a María Elena soñar? Vuelve a leer la página 196 de "La niña que se imaginaba reinos" para contestar la pregunta. Cuando leas, recuerda usar la estrategia de volver a leer.

Punto de vista del autor

Los autores tienen una posición o punto de vista acerca de los temas sobre los cuales escriben. Busca detalles en el texto, como las razones y las evidencias que el autor elige presentar. Esto te ayudará a saber cuál es el punto de vista del autor.

 Busca evidencias en el texto

Cuando vuelvo a leer el final del relato en la página 197, puedo buscar detalles que revelen el punto de vista que el autor tiene sobre María Elena Walsh.

> **Mira la evidencia que el autor presenta.**

Detalles
María Elena nunca dejó de crear porque entendía que a la imaginación no se le boicotea.
Todo lo que escribió estimuló a generaciones enteras de poetas y cuenteros latinoamericanos.

↓

Punto de vista del autor
El autor piensa que María Elena es una buena escritora porque su arte sirvió de ejemplo para otras personas que querían escribir.

COLABORA

Tu turno

Vuelve a leer las páginas 195 y 196. Busca dos detalles adicionales que te ayuden a sustentar el punto de vista del autor y escríbelos en tu organizador gráfico.

¡Conéctate!
Usa el organizador gráfico interactivo.

Biografía

"La niña que se imaginaba reinos" es una biografía.

Una biografía:

- Es la historia de la vida de una persona real escrita por otra persona.
- Suele presentar los sucesos en orden cronológico.
- Puede incluir una línea cronológica.

Busca evidencias en el texto

"La niña que se imaginaba reinos" es una biografía. El texto describe a una persona de la vida real. Los sucesos de su vida se narran en orden cronológico. Incluye una línea cronológica.

página 196

Al crecer y hacerse mayor comenzó a escribir y a **publicar** canciones y poemas sobre estos fantásticos lugares que había creado y sobre otros temas: el amor, la amistad y la naturaleza. Como también tenía un gran talento para las artes plásticas, estudió dibujo y pintura en la Escuela de Bellas Artes de Buenos Aires. Siendo muy joven, **logró** obtener el reconocimiento de importantes personajes de la literatura hispanoamericana. Entre ellos, el de Juan Ramón Jiménez, autor de *Platero y yo*, uno de los más importantes libros de la literatura infantil en español. Comenzó a viajar por Estados Unidos y Europa, a conocer otros países y maneras de vivir y de pensar.

Argentina y su cultura siempre fueron importantes para ella. Un día decidió mudarse a París. Desde allí, y en colaboración con su gran amiga Leda Valladares, se dedicó a difundir y popularizar el folclor argentino en el resto del mundo.

Desde París se dedicó a difundir el folclor argentino en el resto del mundo.

1930	1985
María Elena nació en Buenos Aires (Argentina)	Fue nombrada Ciudadana Ilustre de la Ciudad de Buenos Aires (Argentina)

1950	2011
Comenzó a escribir literatura infantil	Falleció en Buenos Aires (Argentina)

196

Característica del texto

Línea cronológica La línea cronológica es una especie de diagrama que muestra sucesos en el orden en el que ocurrieron.

COLABORA

Tu turno

Encuentra y escribe otra característica del texto de "La niña que se imaginaba reinos". Comenta con tu compañero o compañera qué aprendiste sobre María Elena Walsh con ella.

Sinónimos y antónimos

Al leer "La niña que se imaginaba reinos", puedes encontrarte con una palabra desconocida. A veces el autor utilizará un sinónimo o antónimo que te ayude a entender el significado de la palabra. Los sinónimos son palabras con significados similares. Los antónimos son palabras con significados opuestos.

 ### Busca evidencias en el texto

Cuando leo la página 195 de "La niña que se imaginaba reinos", no sé lo que significa trastocándolo. *La palabra* alterando *aparece antes en la oración. Sé que* alterar *significa "cambiar". Esto me ayudará a descubrir el significado de* trastocándolo.

Otras veces estaba en Gulubú, el reino de los animales donde un brujito muy pícaro y travieso había encantado a todos, transformándolos en otras cosas, alterando y trastocándolo todo.

Tu turno

Con un compañero o una compañera, usa sinónimos o antónimos para descubrir el significado de las siguientes palabras.

pícaro, *página 195*
creado, *página 196*
alegría, *página 197*

De lectores...

Los escritores incluyen razones y evidencias para sustentar sus opiniones sobre un tema. Proporcionan hechos, detalles y ejemplos para demostrar su punto de vista. Vuelve a leer el siguiente párrafo de "La niña que se imaginaba reinos".

Ejemplo modelo

Evidencia relevante

Identifica la opinión del autor acerca de los cuentos de María Elena Walsh. ¿Qué **razones** y **evidencias** usa el autor para sustentar su opinión?

Sus versos, escritos y cantados, trajeron alegría a muchos niños. Más de cuatro generaciones de niños latinoamericanos crecieron escuchando y tarareando sus canciones y leyendo sus cuentos. Su obra les ayudó en muchos casos a escapar de la crueldad e injusticia que los rodeaban.

Y la niña que se imaginaba reinos en su casa de Buenos Aires nunca dejó de escribir. Nunca dejó de crear para niños y adultos porque entendía que a la imaginación no se le boicotea. Se la debe dejar correr libre y sin límites. Todo lo que escribió estimuló a generaciones enteras de poetas y cuenteros. Muchos niños, que luego serían escritores en América Latina, comenzaron a soñar escuchando y leyendo a María Elena.

a escritores

Marcas de corrección

⌐⌐ cambiar el orden

∧ insertar

⌃ insertar coma

⌿ eliminar

(ort.) revisar ortografía

≡ mayúscula

Mario escribió una biografía acerca de su tío Hernando. Lee las correcciones que hizo Mario a una sección de su escrito.

Manual de gramática

Página 448
Pretérito de verbos regulares

Ejemplo del estudiante

El tío Hernando

~~Yo creo que~~ mi tío Hernando marcó

una (diferencia) gran en nuestro

vecindario. Él inició un programa

de reciclaje e involucró a mucha

Ahora se ofrecen como voluntarios para recoger periódicos viejos, latas y botellas.

gente. Antes, nuestro vecindario

(ort.)

tenía mucha vasura en las calles.

Los vertederos de basura locales

se estaban llenando

~~estaban llenos~~ muy rápido. Mucha

gente se quejaba pero mi tío trabajó

mucho para que el programa de

Él fue a las reuniones del pueblo durante meses.

reciclaje funcionara.

Tu turno

COLABORA

- ✔ Identifica las razones para la opinión de Mario.
- ✔ Identifica los verbos regulares en pretérito.
- ✔ ¿Cómo mejoró el texto con las correcciones?

¡Conéctate!
Escribe en el rincón del escritor.

Concepto semanal   Palabras poderosas

Pregunta esencial

¿Cómo podemos transformar las palabras en acciones?

¡Conéctate!

"La educación es el arma más poderosa que puedes usar para cambiar el mundo".

NELSON MANDELA

Escucha y aprende

El hombre de la fotografía es Nelson Mandela, activista y estadista que peleó una larga batalla por la igualdad en Sudáfrica. Él transformó sus palabras en acciones e inspiró a personas de todo el mundo para que pelearan contra el racismo y la injusticia.

▶ Lee las palabras de Mandela en la página 204. ¿Qué quieren decir?

▶ ¿Cómo transformas las palabras en acciones?

Coméntalo

Escribe frases que describan cómo la gente transforma sus palabras en acciones. Luego comenta las palabras de Mandela.

Palabras poderosas

Vocabulario

Mira las fotos y lee las oraciones para comentar cada palabra con un compañero o una compañera.

adolescente

Cuando eres **adolescente**, compartes mucho tiempo con tus amigos.

¿Cuál es la diferencia entre un adolescente y un adulto?

aliado

El clima fue nuestro **aliado** durante el almuerzo en el parque.

¿Qué otras palabras se relacionan con aliado?

discurso

En su **discurso**, el alcalde instó a los ciudadanos a que se sintieran orgullosos de su comunidad.

¿Cuál es un sinónimo de discurso?

patria

Los soldados juran lealtad a la **patria**.

¿Qué otras personas juran lealtad a la patria?

proclamación

La pregonera tocó la campana antes de leer la **proclamación** del alcalde.

¿Cómo están relacionadas las palabras proclamar y proclamación?

recompensa

Juana ofrece una **recompensa** a quien encuentre a su mascota perdida.

¿Alguna vez has obtenido una recompensa por algo que hayas hecho?

seguidor

El escritor tiene muchos **seguidores** que sienten admiración por él.

¿Eres seguidor de algún artista?

sociedad

El faraón era la persona de más alto rango en la **sociedad** egipcia.

¿Quién es la persona de más alto rango en una sociedad monárquica?

COLABORA

Tu turno

Elige tres palabras y escribe tres preguntas para tu compañero o compañera.

¡Conéctate! *Usa el glosario digital ilustrado.*

Duarte y la libertad

Enrique del Risco

Juan Pablo Duarte nació en 1813, en la ciudad de Santo Domingo, la capital actual de la República Dominicana. Desde muy pequeño, Juan Pablo tuvo deseos de aprender todo lo que pudo encontrar en los libros. Por eso, su padre lo envió a que viajara por el mundo para que tuviera una educación más completa. De esta manera, siendo un **adolescente**, Juan Pablo Duarte viajó a Nueva York y luego estudió durante varios años en la ciudad de Barcelona. Sin embargo, durante todo ese tiempo, su mente nunca se apartó de su país, que en el año 1822 había sido invadido por el ejército de Haití.

Pregunta esencial

¿Cómo podemos transformar las palabras en acciones?

Lee cómo las palabras de Juan Pablo Duarte guiaron a sus compatriotas a la acción.

Llegó el momento en que decidió volver a su tierra. Era el año 1832. Duarte regresaba hecho un joven lleno de ideas y deseos de cambiar la vida de su país. Durante su recibimiento, un amigo le hizo la pregunta que siempre se le hace a alguien que regresa de un largo viaje:

—¿Qué fue lo que más te impresionó?

—La libertad —fue su respuesta. La libertad que algún día esperaba dar a su **patria**.

Los jóvenes conspiradores se preparan para la independencia.

Para preparar el camino de la libertad, empezó a reunir a los mejores de sus jóvenes amigos y a darles clases de idiomas, de matemáticas, de literatura y de filosofía. También les

dio clases de esgrima. Pero todo eso no era suficiente: los gobernantes haitianos no iban a permitir que el pueblo dominicano fuera libre.

En esa época, Haití tenía un millón de habitantes, mientras que Santo Domingo tenía solo unas setenta mil personas. Por eso, la mayoría de los dominicanos pensaba en aquellos tiempos que era imposible liberarse del dominio haitiano. Juan Pablo Duarte creía que la independencia era posible y que para eso había que organizarse y prepararse cuidadosamente.

Junto a sus amigos de más confianza, fundó una **sociedad** secreta a la que dieron el nombre de La Trinitaria. Se llamaba así pues sus integrantes estaban formados en grupos de tres. Los miembros de un grupo no conocían a los miembros de otro. Así evitaban que si descubrían a alguien los demás también fueran descubiertos. Los que formaban parte de La Trinitaria debían comunicarse a través de señales secretas.

La sociedad La Trinitaria creció con mucha rapidez. Pero una traición hizo que Duarte

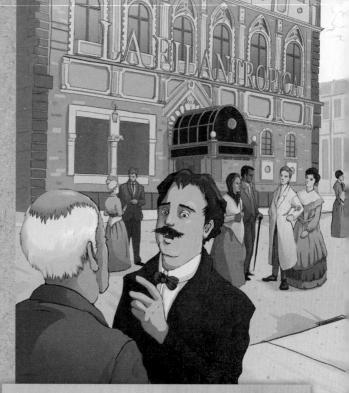

Fachada de la casa teatro "La Filantrópica"

decidiera que la sociedad debía dejar de funcionar para evitar que todos cayeran presos. Entonces, decidió crear otra sociedad: La Filantrópica. Aparentemente, se dedicaba a la representación de obras de teatro y a otras formas de entretenimiento, pero en realidad hacía mucho más. Las ideas y los pensamientos que los dominicanos no podían expresar libremente se podían escuchar escondidos en medio de las obras de teatro.

En 1843 llegó la oportunidad que Duarte estaba esperando: unos militares haitianos decidieron rebelarse contra su propio gobierno. Un grupo de **seguidores** de Duarte se reunió en la plaza del Carmen. Al principio, el pueblo los miraba con indiferencia. Pensaban que si no estaba Duarte, no valía la pena sumarse a la lucha. Pero cuando llegó Duarte, el pueblo se unió para tomar la ciudad de Santo Domingo. ¡Todos confiaban en él!

Los dominicanos celebran la independencia.

En la capital y otros lugares de Santo Domingo, mediante **discursos** y **proclamaciones**, Duarte llamó a los dominicanos a la lucha. Por eso, los gobernantes haitianos comenzaron a perseguirlo y ofrecieron una **recompensa** por su captura. Duarte escapó a Venezuela y desde ahí continuó luchando por la independencia de su tierra.

En su patria, sus **aliados** continuaron la lucha hasta que dio frutos. En la mañana del 28 de febrero de 1844, todos pudieron ver ondeando la bandera que Duarte había creado. Esa bandera anunciaba que la hora de la libertad para los dominicanos había llegado. Ese fue el día más feliz en la vida del Padre de la patria dominicana. Por fin sus sueños de libertad se habían hecho realidad.

Haz conexiones

Habla acerca de cómo Juan Pablo Duarte ayudó a sus compatriotas a alcanzar la independencia. PREGUNTA ESENCIAL

Piensa en una ocasión en la que no estuviste de acuerdo con algo. ¿Qué dijiste para intentar cambiar las cosas? EL TEXTO Y TÚ

Volver a leer

Cuando lees un texto informativo, a menudo te encuentras con hechos e ideas que te gustaría recordar. Cuando leas "Duarte y la libertad", detente y vuelve a leer las secciones clave que te ayuden a entender y recordar la información.

Busca evidencias en el texto

Quizá no sabes por qué se fundó La Trinitaria. Lee la página 210 de "Duarte y la libertad" para averiguarlo.

página 210

Junto a sus amigos de más confianza, fundó una sociedad secreta a la que dieron el nombre de La Trinitaria. Se llamaba así pues sus integrantes estaban formados en grupos de tres. Los miembros de un grupo no conocían a los miembros de otro. Así evitaban que si descubrían a alguien los demás también fueran descubiertos. Los que formaban parte de La Trinitaria debían comunicarse a través de señales secretas.

Cuando vuelvo a leer, veo que Duarte fundó esa sociedad para reunir a quienes querían luchar por la independencia y la libertad. De esto puedo inferir que él era un hombre valiente que amaba a su pueblo.

COLABORA

Tu turno

¿Por qué Juan Pablo Duarte fue tan importante para lograr la independencia de la República Dominicana? Vuelve a leer el primer párrafo de la página 211 y responde. Recuerda usar la estrategia de volver a leer cuando sea necesario.

Punto de vista del autor

El punto de vista del autor es su opinión o actitud sobre el tema de la selección. Mirar de cerca las razones y evidencias presentadas en el texto te ayudará a saber de qué manera se siente el autor sobre el tema.

 Busca evidencias en el texto

Cuando vuelvo a leer la página 209 de "Duarte y la libertad", puedo encontrar detalles que me muestran qué siente el autor hacia Juan Pablo Duarte y su lucha por la independencia de su país.

Detalle

Juan Pablo Duarte quería la libertad para su patria.

Detalle

Para preparar el camino para la libertad reunió a sus mejores amigos y les enseñó distintas disciplinas.

Detalle

Punto de vista del autor

Tu turno

Vuelve a leer "Duarte y la libertad". Encuentra más detalles que te ayuden a inferir el punto de vista del autor acerca de Juan Pablo Duarte. Escribe los detalles y el punto de vista del autor en el organizador gráfico.

¡Conéctate!
Usa el organizador gráfico interactivo.

Biografía

"Duarte y la libertad" es una biografía.

Una biografía:

- Es la historia de la vida de una persona real escrita por otra persona.
- Suele presentar los sucesos en orden cronológico.
- Puede incluir pies de foto y mapas.

Busca evidencias en el texto

"Duarte y la libertad" es una biografía. Habla de la vida de una persona real muy importante: Juan Pablo Duarte.

página 209

Llegó el momento en que decidió volver a su tierra. Era el año 1832. Duarte regresaba hecho un joven, lleno de ideas y deseos de cambiar la vida de su país. Durante su recibimiento, un amigo le hizo la pregunta que siempre se le hace a alguien que regresa de un largo viaje:

—¿Qué fue lo que más te impresionó?

—La libertad —fue su respuesta. La libertad que algún día esperaba dar a su patria.

Para preparar el camino de la libertad, empezó a reunir a los mejores de sus jóvenes amigos y a darles clases de idiomas, de matemáticas, de literatura y de filosofía. También les dio clases de esgrima. Pero todo eso no era suficiente: los gobernantes haitianos no iban a permitir que el pueblo dominicano fuera libre.

En esa época, Haití tenía un millón de habitantes, mientras que Santo Domingo tenía solo unas setenta mil personas. Por eso, la mayoría de los dominicanos pensaba en aquellos tiempos que era imposible liberarse del dominio haitiano. Juan Pablo Duarte creía que la independencia era posible y que para eso había que organizarse y prepararse cuidadosamente.

209

Los jóvenes conspiradores se preparan para la independencia.

Océano Atlántico
Haití
República Dominicana
Mar Caribe

Características del texto

Pies de foto Los pies de foto dan información adicional acerca de las imágenes.

Mapas Los mapas permiten ubicar un lugar geográficamente.

Tu turno

COLABORA

Encuentra otro pie de foto en "Duarte y la libertad". Comenta qué aprendiste gracias al mismo.

Sufijos griegos y latinos

Un sufijo es la parte de una palabra que se pone al final para cambiar su significado. Algunos vienen del latín, como:

-mente = el acto o proceso de

-ante = agente

Otros sufijos vienen del griego, como:

-sofía = disciplina o creencia

 ## Busca evidencias en el texto

Al leer la página 209 de "Duarte y la libertad", no sé qué significa cuidadosamente. *La palabra base* cuidado *significa* atención. *El sufijo* -mente *significa* el proceso de.

> Juan Pablo Duarte creía que la independencia era posible y que para eso había que organizarse y prepararse cuidadosamente.

Tu turno

Aplica tus conocimientos sobre sufijos para encontrar el significado de las siguientes palabras:

gobernantes, *página 209*

filosofía, *página 209*

libremente, *página 210*

De lectores...

Un ensayo o artículo con frecuencia termina con un buen final que resume las ideas u opiniones del autor. Vuelve a leer el último párrafo de "Duarte y la libertad".

Buen final

Identifica la **conclusión** que resume la opinión del autor con respecto a Juan Pablo Duarte.

Ejemplo modelo

En su patria, sus aliados continuaron la lucha hasta que dio frutos. En la mañana del 28 de febrero de 1844, todos pudieron ver ondeando la bandera que Duarte había creado. Esa bandera anunciaba que la hora de la libertad para los dominicanos había llegado. Ese fue el día más feliz en la vida del Padre de la patria dominicana. Por fin sus sueños de libertad se habían hecho realidad.

a escritores

Maya escribió una biografía sobre su mamá. Lee las correcciones que hizo a la conclusión de su escrito.

Marcas de corrección

⌐⌐ cambiar el orden

∧ insertar

∧ insertar coma

⋏ raya de diálogo

(ort.) revisar ortografía

≡ mayúscula

Manual de gramática

Página 448
Imperfecto de verbos regulares

Ejemplo del estudiante

La verdadera historia

Aunque ella tenía mucha tristeza de dejar a su familia en colombia, solo les decía con una sonrisa:

—Tengo que hacerlo por mis hijos.

Finalmente, la explicación que dio me mi mamá sobre sus razones para haberse mudado a este país, que ahora es nuestra patria, me hicieron valorar sus esfuerrzos por mi hermano, mi hermana y por mí.

Espero algún día poder acer algo tan valiente por mi familia.

Tu turno

COLABORA

☑ Identifica la conclusión de Maya.

☑ Identifica el imperfecto de un verbo regular.

☑ ¿Cómo mejoró el texto con las correcciones?

¡Conéctate!
Escribe en el rincón del escritor.

Pregunta esencial

¿En qué medida los avances científicos pueden ser útiles o perjudiciales?

¡Conéctate!

TIME FOR KIDS®

ALIMENT🍎S para PENSAR

Los descubrimientos científicos han creado variedades de maíz, arroz y otros cultivos que son resistentes a las enfermedades. Algunas personas creen que estos descubrimientos ayudarán a resolver el hambre mundial. Otros creen que estos nuevos alimentos causarán más daños que beneficios.

▶ ¿Por qué sería una buena idea que los científicos ayudaran a los granjeros a cultivar cosechas más saludables?

▶ ¿Por qué sería una mala idea que los científicos interfirieran con la naturaleza?

Coméntalo

Escribe palabras que describan lo positivo y lo negativo de los avances de la ciencia. Luego comenta con un compañero o una compañera cuál es tu opinión sobre el tema.

Avances científicos

Vocabulario

Mira las fotos y lee las oraciones para comentar cada palabra con un compañero o una compañera.

agricultura

El granjero estudió **agricultura** para poder sembrar cultivos más sanos.

¿Qué otra cosa podrías aprender si estudias agricultura?

avance

Nuevos **avances** en la tecnología han hecho que las antenas parabólicas sean más eficientes.

Da ejemplos de avances científicos.

desacuerdo

Las dos niñas están en **desacuerdo** sobre a quién le tocaba escoger el siguiente juego.

¿Cuál es un antónimo de desacuerdo?

frecuente

Las tormentas de nieve son **frecuentes** y se extienden por todo el norte.

¿Qué plantas son frecuentes en tu vecindario?

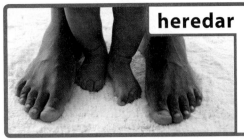

heredar

El bebé de Sergio **heredó** los pies de su papá.

¿Qué otras características podemos heredar de nuestros padres?

peculiaridad

Las espinas y los pétalos de colores brillantes son dos **peculiaridades** de las rosas.

¿Qué peculiaridades tiene un gato?

preocupación

El médico compartió su **preocupación** sobre la salud del paciente.

¿Qué preocupaciones tendrías si fueras a una escuela nueva?

resistencia

La atleta crea **resistencia** a enfermedades al tomar mucha agua y al ejercitarse.

¿Qué puede fortalecer tu resistencia a enfermedades durante el invierno?

COLABORA

Tu turno

Elige tres palabras y escribe tres preguntas para tu compañero o compañera.

¡Conéctate! Usa el glosario digital ilustrado.

(t) Marili Forastieri/Photodisc/Getty; (ct) F Schussler/PhotoLink/Getty Images; (cb) LajosRepasi/Vetta/Getty; (b) liquidlibrary/PictureQuest

(bkgd) John Lamb/Stone/Getty Images

¿? **Pregunta esencial**

¿En qué medida los avances científicos pueden ser útiles o perjudiciales?

Lee cómo la ciencia ha ayudado a producir mejores cosechas de alimentos.

Pelea de alimentos

¿Es seguro interferir con la madre naturaleza?

Algo increíble ocurre con nuestros alimentos. Algunos científicos usan una técnica llamada modificación genética para que la calidad de las cosechas sea superior, esto implica la alteración de los genes de las semillas. Los genes son los "códigos de instrucciones" que todos los seres vivos tienen dentro de sus células. El código genético dice qué **peculiaridades** va a **heredar** cuando crezca y se convierta en una planta. Es decir, qué tanto crecerá y los nutrientes que tendrá.

Durante miles de años, los granjeros hicieron mejores cultivos por medio del cruce de plantas. Agregaban polen de las plantas de melón más dulces a las flores de las plantas que producían los melones más grandes. Esto creaba nuevas plantas con melones grandes y dulces. Aunque no siempre funciona. Pues el ciclo del cruce tarda años en dar buenos resultados.

Sin embargo, los avances en la ciencia genética han creado atajos sorprendentes. Los científicos han podido poner el gen de un ser vivo en otro.

Ese ser vivo puede ser una planta, una bacteria, un virus o un animal. Estos alimentos son genéticamente modificados o alimentos GM. La meta es que puedan sobrevivir a los insectos o a condiciones duras, o que puedan crecer más rápido. Pero, ¿estos **avances** en la **agricultura** son buenos para nosotros?

A favor de los superalimentos

Los científicos piensan que las nuevas técnicas crean cultivos con **resistencia** a pestes y a enfermedades. El maíz Bt está genéticamente modificado.

Tiene un gen que proviene de una bacteria y mata los insectos. Los granjeros que cultivan maíz Bt usan menos químicos mientras que sus cultivos crecen. Esto es bueno para el granjero y para el medioambiente.

Algunos superalimentos son más nutritivos. El arroz dorado

La papa GM resistente a enfermedades se conoció de 1990 a 2000.

se ha modificado con tres genes diferentes: un gen es una forma de bacteria. Los otros dos son de narcisos. Estos genes ayudan a que produzca un nutriente que previene algunas formas de ceguera.

Superalimentos

Estos alimentos parecen comunes. Pero, ¿sabías que las versiones GM tienen poderes especiales?

Arroz

El arroz contiene ácido fítico, que en grandes cantidades puede ser perjudicial para las personas. Así que se ha generado un nuevo tipo de arroz con un bajo nivel de ácido fítico.

Salmón

Para crear salmón de gran tamaño, los científicos cambiaron el gen que controla el crecimiento. El salmón alterado genéticamente crece dos veces más rápido que sus parientes que están en la naturaleza.

Tomates

Los tomates genéticamente modificados se pueden recolectar cuando están maduros y no se magullan cuando se transportan. Una compañía de alimentos intentó usar el gen del pez platija ártica para crear un tomate que pudiera sobrevivir congelado. El pez-tomate no tuvo éxito.

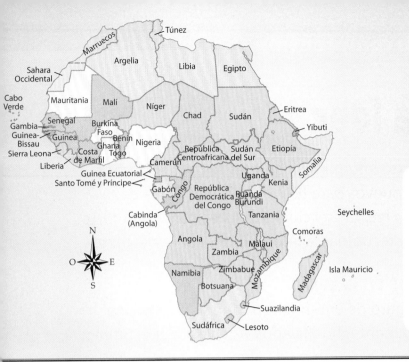

Hambre en África

LEYENDA DEL MAPA
Porcentaje de personas que no obtienen suficientes alimentos

- Más del 35%
- 20-34%
- 10-19%
- 5-9%
- Menos del 5%
- No hay datos suficientes

Cuestión de seguridad

Muchos están en **desacuerdo** con que los alimentos GM son buenos. Les preocupa el daño al medioambiente y a las personas. Una **preocupación** es que las plantas con genes nuevos sean cruzadas con maleza para que estas últimas sean resistentes a los pesticidas; otra es que pueden provocar alergias.

Las cosechas GM son **frecuentes** en Estados Unidos. Algunas personas no las compran por motivos de salud. Y aunque no hay evidencia física de sus daños, muchas empresas evitan los alimentos GM.

El tiempo lo dirá

Los alimentos GM no le han hecho daño a nadie. Muchos investigadores genéticos piensan que si llegan a surgir problemas, serán manejables. Es importante seguir investigando los alimentos GM, ya que pueden afrontar mejor los problemas de hambre crónicos del mundo.

Haz conexiones

Comenta sobre las ventajas y desventajas de los alimentos GM. **PREGUNTA ESENCIAL**

¿Comprarías alimentos GM?
EL TEXTO Y TÚ

Mapping Specialists

Volver a leer

Cuando lees un texto informativo, puedes encontrar hechos y detalles que son nuevos para ti. Mientras lees "Pelea de alimentos", vuelve a leer las secciones difíciles para asegurarte de que entiendes y recuerdas la información nueva del texto.

Busca evidencias en el texto

Quizás no estás seguro de entender por qué se crearon los alimentos genéticamente modificados. Vuelve a leer el último párrafo de la página 223 de "Pelea de alimentos", donde se explican cuáles son sus objetivos.

página 223

Algo increíble ocurre con nuestros alimentos. Algunos científicos usan una técnica llamada modificación genética para que la calidad de las cosechas sea superior, esto implica la alteración de los genes de las semillas. Los genes son los "códigos de instrucciones" que todos los seres vivos tienen dentro de sus células. El código genético dice qué **características** va a **heredar** cuando crezca y se convierta en una planta. Es decir, qué tanto crecerá y los nutrientes que tendrá.

Durante miles de años, los granjeros hicieron mejores cultivos por medio del cruce de plantas. Agregaban polen de las plantas de melón más dulces a las flores de las plantas que producían los melones más grandes. Esto creaba nuevas plantas con melones grandes y dulces. Aunque no siempre funciona. Pues el ciclo del cruce tarda años en dar buenos resultados.

Sin embargo, los avances en la ciencia genética han creado atajos sorprendentes. Los científicos han podido poner el gen de un ser vivo en otro.

Ese ser vivo puede ser una planta, una bacteria, un virus o un animal. Estos alimentos son genéticamente modificados o alimentos GM. La meta es que puedan sobrevivir a los insectos o a condiciones duras, o que puedan crecer más rápido. Pero, ¿estos **avances** en la **agricultura** son buenos para nosotros?

Leí que el objetivo es crear alimentos que puedan sobrevivir a los insectos y a condiciones duras. De esto, puedo deducir que los científicos están tratando de ayudar a los granjeros.

Tu turno

 COLABORA

¿Por qué algunas personas piensan que los alimentos GM no son buenos? Vuelve a leer "Cuestión de seguridad" en la página 225 para responder esta pregunta. Mientras lees, recuerda usar la estrategia de volver a leer.

Punto de vista del autor

Los autores tienen una posición o un punto de vista con respecto a los temas sobre los que escriben. Busca detalles en el texto, como las razones y la evidencia que el autor decide presentar. Esto te ayudará a descubrir su punto de vista.

 ## Busca evidencias en el texto

Cuando vuelvo a leer la página 224 de "Pelea de alimentos", puedo identificar detalles en el texto que explican y sustentan la posición del autor. Ahora puedo descubrir su punto de vista.

Detalles
Los granjeros que cultivan maíz Bt usan menos químicos.
Usar menos químicos es bueno para el medioambiente.
Algunos alimentos GM se han creado para ser extranutritivos.

↓

Punto de vista del autor

Busca la evidencia que el autor presenta.

Tu turno

Vuelve a leer la página 225. Busca detalles importantes de la sección y haz una lista de ellos en tu organizador gráfico. Usa estos detalles para determinar el punto de vista del autor.

¡Conéctate!
Usa el organizador gráfico interactivo.

Artículo persuasivo

"Pelea de alimentos" es un artículo persuasivo.

Un artículo persuasivo:

- Es un texto de no ficción que expone la opinión del autor sobre un tema.
- Proporciona hechos y ejemplos que persuaden al lector para que esté de acuerdo con la opinión del autor.
- Incluye características del texto como tablas y mapas.

 Busca evidencias en el texto

"Pelea de alimentos" es un artículo persuasivo. Expone la opinión del autor sobre los alimentos GM. Incluye hechos que sustentan su opinión y características del texto como encabezados y mapas.

página 225

TIME FOR KIDS

Hambre en África

LEYENDA DEL MAPA
Porcentaje de personas que no obtienen suficientes alimentos
- ☐ Más del 35%
- ☐ 20-34%
- ☐ 10-19%
- ☐ 5-9%
- ☐ Menos del 5%
- ☐ No hay datos suficientes

Cuestión de seguridad

Muchos están en **desacuerdo** con que los alimentos GM son buenos. Les preocupa el daño al medioambiente y a las personas. Una **preocupación** es que las plantas con genes nuevos sean cruzadas con maleza para que estas últimas sean resistentes a los pesticidas; otra es que pueden provocar alergias.

Las cosechas GM son **frecuentes** en Estados Unidos. Algunas personas no las compran por motivos de salud. Y aunque no hay evidencia física de sus daños, muchas empresas evitan los alimentos GM.

El tiempo lo dirá

Los alimentos GM no le han hecho daño a nadie. Muchos investigadores genéticos piensan que si llegan a surgir problemas, serán manejables. Es importante seguir investigando los alimentos GM, ya que pueden afrontar mejor los problemas de hambre crónicos del mundo.

Haz conexiones

Comenta sobre las ventajas y desventajas de los alimentos GM. **PREGUNTA ESENCIAL**

¿Comprarías alimentos GM? **EL TEXTO Y TÚ**

225

Característica del texto

Mapas Los mapas muestran la ubicación geográfica de áreas específicas del mundo. Usualmente incluyen la leyenda del mapa y una rosa de los vientos.

 COLABORA

Tu turno

Busca dos características del texto en "Pelea de alimentos". Comenta qué información aprendiste con cada característica.

Raíces griegas

Conocer las raíces griegas te puede ayudar a descubrir los significados de las palabras que no sepas. Estas son algunas raíces griegas comunes que te pueden ayudar mientras lees "Pelea de alimentos".

gen = raza, especie; fisi = naturaleza; crono = tiempo

Busca evidencias en el texto

Cuando leo la palabra ciclo *en la página 223, sé que la raíz griega* cicl- *significa* círculo. Ciclo *significa* una serie de eventos que se vuelven a repetir con regularidad.

Aunque no siempre funciona. Pues el ciclo del cruce tarda años en dar buenos resultados.

Tu turno

Usa las raíces griegas y las claves de contexto para encontrar los significados de las siguientes palabras de "Pelea de alimentos".

gen, *página 223*
física, *página 225*
crónicos, *página 225*

De lectores...

Los escritores tienen un propósito, o razón, por el cual escriben. Puede ser para entretener, informar o persuadir. También piensan en su público, las personas que leerán sus escritos. Vuelve a leer el siguiente fragmento de "Pelea de alimentos".

Propósito y público

Usa claves del texto para identificar su **propósito** y su **público**. ¿Por qué el autor escribió este texto?¿Quién es el público?

Ejemplo modelo

Los científicos piensan que las nuevas técnicas crean cultivos con resistencia a pestes y a enfermedades. El maíz Bt está genéticamente modificado.

Tiene un gen que proviene de una bacteria y mata los insectos. Los granjeros que cultivan maíz Bt usan menos químicos mientras que sus cultivos crecen. Esto es bueno para el granjero y para el medioambiente.

a escritores

Marcas de corrección

⊓ cambiar el orden

∧ insertar

⌃ insertar coma

ɤ eliminar

(ort.) revisar ortografía

≡ mayúscula

Lee las correcciones de Julio a una sección de su ensayo sobre el campamento de ciencias.

Manual de gramática

Página 448

Futuro de verbos regulares

Ejemplo del estudiante

VERANO CIENTÍFICO

va a terminar
Hoy terminará el campamento de

Fue
ciencias. Es una manera emocionante

de pasar el verano. El campamento

comenzó
comenzado con la semana de la

naturaleza donde estudiamos

diferentes plantas e insectos. aprendí

(ort.)
que algunas espesies de saltamontes

tienen oídos en sus delanteras patas.

Después estudiamos biología marina y

toqué la piel de un delfín en el acuario.

Voy a aprender
Aprenderé del tema cuando crezca.

Tu turno

COLABORA

- ☑ Identifica el público y el propósito de Julio.
- ☑ Identifica los futuros de verbos regulares.
- ☑ Comenta cómo las correcciones mejoraron su escrito.

¡Conéctate!
Escribe en el rincón del escritor.

¡Realidad o ficción?

La gran idea

¿Cómo tratan el mismo tema distintos escritores?

Los loros disfrazados

En Ecuador hay una montaña que se estira y crece en la época de lluvias, así se resguarda de las inundaciones. Chonta y Pila son dos pequeños hermanos que se refugiaron en esa montaña. Pero tenían mucha hambre porque no había nada para comer.

Para su sorpresa, encontraron una canasta llena de frutas y comieron hasta saciarse. Esto ocurría todas las mañanas, tras despertarse encontraban toda esa comida. Una noche quisieron averiguar quién era que les dejaba la comida. Así descubrieron que eran unos loros muy graciosos y divertidos.

Después de un tiempo, bajó el agua y volvieron a su casa, y los loros se convirtieron en un muchacho y una muchacha bellos y generosos, con quienes se casaron cuando fueron mayores.

Mito ecuatoriano

Pregunta esencial

¿Por qué necesitamos gobierno?

¡Conéctate!

JUSTICIA
PARA TODOS

El sistema de justicia es un ejemplo del trabajo del gobierno. Los jueces son nombrados por funcionarios elegidos o por los votantes. Los jurados son ciudadanos que escuchan la evidencia que presentan los dos lados.

▶ ¿Cuál es otro ejemplo del trabajo del gobierno?

▶ ¿Qué servicios ofrece tu gobierno estatal?

▶ ¿Qué pasaría si no hubiera gobierno?

Coméntalo

Escribe palabras que describan las diferentes funciones del gobierno. Luego comenta por qué necesitamos gobierno.

Gobierno

Vocabulario

Mira las fotos y lee las oraciones para comentar cada palabra con un compañero o una compañera.

acuerdo

Sam y su papá llegaron a un **acuerdo** sobre cuándo Sam cortaría el pasto.

Describe una situación en la que sentiste que tuviste que llegar a un acuerdo.

aprobar

Mis padres **aprobaron** la universidad que elegí para estudiar.

¿Qué decisión no te han aprobado tus padres?

compromiso

Los dos muchachos hicieron el **compromiso** de practicar su canción para el espectáculo de talentos.

¿Qué compromiso has hecho?

democracia

En una **democracia**, es importante que las personas voten durante las elecciones.

¿En qué se diferencia una democracia a un gobierno dirigido por un rey?

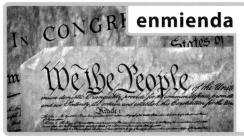

enmienda

Una de las **enmiendas** a la Constitución le dio a la mujer el derecho al voto.

¿Por qué necesitamos enmiendas?

legislación

El Congreso aprobó la **legislación** que protege a quienes sufren accidentes.

¿Por qué sería importante aprobar una nueva legislación?

privilegio

Mi abuela siente que salir a comer con la familia una vez a la semana es un **privilegio** que se merece.

¿Qué privilegio te gustaría tener?

trozo

Dividimos la pizza en ocho **trozos** para que toda la familia pudiera comer.

¿Qué otro objeto puedes dividir en trozos?

COLABORA

Tu turno

Elige tres palabras y escribe tres preguntas para tu compañero o compañera.

¡Conéctate! *Usa el glosario digital ilustrado.*

un mundo sin reglas

Cerrado

¿? **Pregunta esencial**

¿Por qué necesitamos gobierno?

Lee cómo el gobierno y las leyes ayudan a protegernos todos los días.

R. G. Roth

238

Tal vez algunas veces te hayas preguntado si las reglas se hicieron para impedir que te divirtieras y para decirte qué hacer. ¿Pero qué pasaría si no tuviéramos ninguna regla? ¡Nadie te volvería a decir qué hacer jamás! Suena genial, ¿verdad? Bueno, veamos cómo sería vivir en un mundo sin reglas. ¡Puede que cambies de idea!

Una mañana extraña

Comencemos en la casa. Tu reloj despertador se apaga. ¿Pero por qué apresurarse? Sin reglas no tienes que ir a la escuela. Luego bajas al primer piso y encuentras a tu hermano menor comiendo galletas en la cocina. ¡Ya que no hay reglas, puedes comer galletas en el desayuno! Pero te preguntas si debes comer algo razonable, como un plato de cereal. Llegas a un **acuerdo** contigo misma: vas a desmenuzar las galletas y poner los **trozos** sobre tu cereal. En este nuevo mundo, no tendrás que volver a cepillarte los dientes. Pero, cuando vayas al dentista, es posible que tengas caries.

Una comunidad en desorden

Ahora sales de tu casa. Decides ir al parque, porque no hay ley que diga que tienes que ir a la escuela. No hay un policía de tránsito para ayudarte a atravesar la calle. Sin leyes de tráfico, los autos pasan volando a gran velocidad tocando la bocina y no hay un policía. No hay alternativa segura para cruzar. Además, es posible que cuando mires el parque, decidas que no vale la pena tomar el riesgo de ser atropellado. Columpios rotos cuelgan; hay basureros repletos de botellas plásticas, paquetes de meriendas y bolsas de papel. Hay una rama inmensa sobre el tobogán. Como resultado de que no hay servicios estatales ni federales, nadie está a cargo de cuidar el parque.

Ahora piensa en hacer todas las otras cosas que te gustan. ¿Quieres ir a la playa? No habrá salvavidas para mantenerte a salvo. ¿Quieres jugar fútbol en el parque? Los gobiernos estatales y locales no existen para hacer mantenimiento a los parques, entonces nunca encontrarás un lugar para jugar. ¿Tienes ganas de almorzar afuera? Debido a la contaminación, la calidad del aire es tan mala que probablemente tengas que usar una máscara de gas todos los días.

¿Has pensado alguna vez en que otro país invada el nuestro? Recuerda, el gobierno dirige al ejército. Sin el gobierno, no hay ejército que nos proteja en caso de que otro país decida apoderarse del nuestro.

De regreso a la realidad

Afortunadamente, esa versión de nuestro mundo no es real. Vivimos en una **democracia** en la que tenemos el **privilegio** de votar por las personas que queremos que dirijan el país. Nuestro gobierno electo aprueba la **legislación**, o las leyes, hecha para ayudarnos y protegernos. Si una ley antigua ya no sirve, el gobierno puede **aprobar enmiendas** para esa ley. Los trabajadores comunitarios, como los policías que ayudan a pasar las calles, y los salvavidas, trabajan para mantenerte a salvo, mientras que las agencias gubernamentales, como la Agencia de Protección Ambiental, han hecho un **compromiso** para inspeccionar el aire y el agua en busca de contaminación. Y no te olvides de las fuerzas armadas, que fueron creadas para proteger nuestra nación.

Nuestro gobierno y las leyes se diseñaron para mantenerte a salvo y asegurar un trato justo para todos. Sin ellos, el mundo sería un lugar diferente.

¿? Haz conexiones

Comenta sobre cómo el gobierno nos ayuda a mantener el orden y a preservar nuestra libertad. PREGUNTA ESENCIAL

¿Cuáles son algunas de las maneras en las que el gobierno te protege todos los días? EL TEXTO Y TÚ

Hacer y responder preguntas

Cuando lees un texto informativo, puedes encontrarte con ideas y hechos nuevos para ti. Detente y hazte preguntas que te ayuden a entender y a recordar la información. Luego lee el texto detenidamente para encontrar las respuestas.

 ## Busca evidencias en el texto

Cuando leíste por primera vez la sección "De regreso a la realidad" en "Un mundo sin reglas", tal vez te preguntaste qué función desempeña la Agencia de Protección Ambiental para mantener a las personas a salvo.

página 240

De regreso a la realidad

Afortunadamente, esa versión de nuestro mundo no es real. Vivimos en una **democracia** en la que tenemos el **privilegio** de votar por las personas que queremos que dirijan el país. Nuestro gobierno electo aprueba la **legislación**, o las leyes, hecha para ayudarnos y protegernos. Si una ley antigua ya no sirve, el gobierno puede **aprobar enmiendas** para esa ley. Los trabajadores comunitarios, como los policías que ayudan a pasar las calles, y los salvavidas, trabajan para mantenerte a salvo, mientras que las agencias gubernamentales como la Agencia de Protección Ambiental han hecho un **compromiso** para inspeccionar el aire y el agua en busca de contaminación. Y no te olvides de las fuerzas armadas, que fueron creadas para proteger nuestra nación.

Nuestro gobierno y las leyes se diseñaron para mantenerte a salvo y asegurar un trato justo para todos. Sin ellos, el mundo sería un lugar diferente.

A medida que leo, encuentro la respuesta a mi pregunta. La función de la Agencia de Protección Ambiental es inspeccionar nuestro aire y agua, y asegurarse de que estén limpios.

 COLABORA

Tu turno

Piensa en dos preguntas sobre "Un mundo sin reglas". Luego lee para hallar las respuestas. A medida que lees, recuerda usar la estrategia de hacer y responder preguntas.

Causa y efecto

Los autores usan la estructura del texto para organizar la información de una obra de no ficción. Causa y efecto es un tipo de estructura del texto. Una causa es la razón por la que algo sucede. Un efecto es lo que sucede. Palabras conectoras como *porque*, *entonces*, *ya que* y *como resultado* te pueden ayudar a identificar relaciones de causa y efecto.

 ## Busca evidencias en el texto

Cuando vuelva a leer la sección "Una mañana extraña" en la página 239, buscaré causas y efectos. También buscaré palabras conectoras.

Causa	→	Efecto
Sin reglas	→	No tienes que ir a la escuela.
Sin reglas	→	Puedes desayunar con *galletas*.
No tienes que cepillarte los dientes.	→	Puedes tener caries.

El efecto es lo que sucede como resultado de una acción.

Tu turno
COLABORA

Vuelve a leer "Una comunidad en desorden" en las páginas 239 y 240. Identifica las causas y los efectos. Haz una lista de ellos en el organizador gráfico.

¡Conéctate!
Usa el organizador gráfico interactivo.

Narrativa de no ficción

"Un mundo sin reglas" es narrativa de no ficción.

La narrativa de no ficción:
- Narra en forma de relato.
- Puede expresar la opinión del autor sobre un tema.
- Presenta hechos y puede incluir palabras en negrillas.

 Busca evidencias en el texto

"Un mundo sin reglas" es narrativa de no ficción. El autor narra un relato e incluye palabras en negrillas. El autor también expresa una opinión y la sustenta con hechos y ejemplos.

página 239

Tal vez algunas veces te hayas preguntado si las reglas se hicieron para impedir que te divirtieras y para decirte qué hacer. ¿Pero qué pasaría si no tuviéramos ninguna regla? ¡Nadie te volvería a decir qué hacer jamás! Suena genial, ¿verdad? Bueno, veamos cómo sería vivir en un mundo sin reglas. ¡Puede que cambies de idea!

Una mañana extraña

Comencemos en la casa. Tu reloj despertador se apaga. ¿Pero por qué apresurarse? Sin reglas no tienes que ir a la escuela. Luego bajas al primer piso y encuentras a tu hermano menor comiendo galletas en la cocina. ¡Ya que no hay reglas, puedes comer galletas en el desayuno! Pero te preguntas si debes comer algo razonable, como un plato de cereal. Llegas a un **acuerdo** contigo misma: vas a desmenuzar las galletas y poner los **trozos** sobre tu cereal. En este nuevo mundo, no tendrás que volver a cepillarte los dientes. Pero, cuando vayas al dentista, es posible que tengas caries.

Una comunidad en desorden

Ahora sales de tu casa. Decides ir al parque, porque no hay ley que diga que tienes que ir a la escuela. No hay un policía de tránsito para ayudarte a atravesar la calle. Sin leyes de tráfico, los autos pasan volando a gran velocidad tocando la bocina y no hay un policía. No hay alternativa segura para cruzar. Además, es posible que cuando mires el parque, decidas que no vale la pena tomar el riesgo de ser atropellado. Columpios rotos cuelgan; hay basureros repletos de botellas plásticas, paquetes de meriendas y bolsas de papel. Hay una rama inmensa sobre el tobogán. Como resultado de que no hay servicios estatales ni federales, nadie está a cargo de cuidar el parque.

239

Características del texto

Palabras en negrillas Las palabras en negrillas muestran las palabras clave en el texto.

 COLABORA

Tu turno

Vuelve a leer "Un mundo sin reglas". ¿Qué opina el autor del gobierno? Encuentra evidencia en el texto para sustentar tu respuesta.

Raíces latinas

Conocer raíces latinas te ayuda a descifrar el significado de palabras desconocidas. Busca estas raíces latinas a medida que lees "Un mundo sin reglas".

dent = diente   *com* = común   *spec* = observar

Busca evidencias en el texto
Cuando leo el tercer párrafo de la página 239, en la sección "Una comunidad en desorden", veo la palabra alternativa. *La raíz latina* alter *significa* otro. *Esto me ayudará a descifrar el significado de* alternativa.

No hay alternativa segura para cruzar.

Tu turno

Usa las claves de contexto y raíces latinas para descifrar los significados de las siguientes palabras en "Un mundo sin reglas".

dentista, *página 239*
comunitarios, *página 240*
inspeccionar, *página 240*

RG Roth

De lectores...

Los escritores construyen párrafos bien escritos enunciando la idea principal en una oración temática. También incluyen oraciones de apoyo que dan más información sobre la idea principal. Vuelve a leer el siguiente fragmento de "Un mundo sin reglas".

Ejemplo modelo

Párrafos bien escritos

Identifica la **oración temática** y las **oraciones de apoyo.** ¿De qué manera los hechos y ejemplos sustentan la idea principal?

Vivimos en una democracia en la que tenemos el privilegio de votar por las personas que queremos que dirijan el país. Nuestro gobierno electo aprueba la legislación, o las leyes, hecha para ayudarnos y protegernos. Si una ley antigua ya no sirve, el gobierno puede aprobar enmiendas para esa ley. Los trabajadores comunitarios, como los policías que ayudan a pasar las calles, y los salvavidas, trabajan para mantenerte a salvo, mientras que las agencias gubernamentales como la Agencia de Protección Ambiental han hecho un compromiso para inspeccionar el aire y el agua en busca de contaminación.

R. G. Roth

a escritores

Marcas de corrección

⊓ cambiar el orden

∧ insertar

⌃ insertar coma

ℐ eliminar

(ort.) revisar ortografía

≡ mayúscula

Esteban escribió un ensayo sobre las reglas.
Lee sus correcciones de una de las secciones.

Ejemplo del estudiante

Manual de gramática

Página 448
**Condicional de
verbos regulares**

Reglas

no serán divertidas, pero son útiles.
Las reglas ~~son buenas.~~ Ayudan a
∧   ¿Te imaginas la locura que sería
si las personas solo hicieran lo que quisieran?
mantener nuestra sociedad en orden. ∧

Ellas te mantienen a salvo. por ejemplo ⌃
                        ≡

sin reglas en la piscina, los niños se

resbalarían en el piso o se lastimarían

al practicar un clavado. Las reglas te

(ort.)
alludan a saber cómo comportarte.

    las
Si ∧ sigues ~~las reglas~~, sabrás que estás

actuando de la manera más correcta en

lugar o situación determinado.

Tu turno

COLABORA

- ☑ Identifica la oración temática de Esteban.
- ☑ Identifica dos condicionales.
- ☑ Explica cómo las correcciones de Esteban hacen que su párrafo esté mejor escrito.

¡Conéctate!
Escribe en el rincón del escritor.

¿? **Pregunta esencial**

¿Por qué se postulan las personas para cargos públicos?

¡Conéctate!

TOMAR PARTIDO

Durante la Gran Depresión, hubo innumerables marchas del hambre. En todo el país, las personas marchaban para protestar por el desempleo, la falta de seguro médico y el estado de la economía. Esta fotografía se tomó en 1932 durante una de esas marchas.

▶ Si hubieras sido un político que se postuló para la presidencia en 1932, ¿qué les hubieras dicho a los votantes?

▶ ¿Qué cualidades debe tener un buen líder?

Coméntalo

Escribe palabras que hayas aprendido sobre liderazgo. Luego habla con un compañero o una compañera sobre los motivos por los que te gustaría postularte para un cargo público.

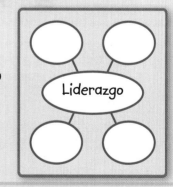

Liderazgo

Vocabulario

Mira las fotos y lee las oraciones para comentar cada palabra con un compañero o una compañera.

abrumador

El número de libros que Carlos tenía que cargar era **abrumador**.

¿Cuál es un antónimo de abrumador?

acompañar

El perro de Camilo lo **acompaña** en sus viajes en auto.

¿Cuál es un sinónimo de acompañar?

campaña

La mujer firmó para trabajar en la **campaña** del Sr. Soto para el senado.

¿Cuáles son algunas actividades que hace un político durante una campaña?

cansado

El bombero estaba **cansado** después de apagar un incendio que duró 10 horas.

¿Por qué otra razón podría estar cansada una persona?

gobernador

La **gobernadora** habló en el ayuntamiento sobre el presupuesto estatal.

¿De qué maneras un gobernador puede ayudar a las personas de su estado?

opositor

Luisa y su hermano derrotaron al **opositor** en línea contra el que estaban jugando un videojuego.

¿Cuál es un antónimo de opositor?

pretender

El ratón **pretende** comerse la uva.

¿Qué pretendes hacer mañana?

tolerar

Los osos polares pueden **tolerar** aguas extremadamente frías.

¿Qué clase de animal tolera vivir en un clima desértico cálido?

Tu turno

COLABORA

Elige tres palabras y escribe tres preguntas para tu compañero o compañera.

¡Conéctate! Usa el glosario digital ilustrado.

Los lentes del tiempo 3000

Pregunta esencial

¿Por qué se postulan las personas para cargos públicos?

Lee cómo Miguel toma la decisión de postularse para presidente de la clase.

15 de septiembre

Querido abuelito:

Acabo de regresar de la salida de campo a Washington, D. C. de nuestra clase y tengo mucho que contarte. La ida a Washington ayudó a que me decidiera a postularme para presidente de la clase.

Todo se lo debo a tu invento, ¡los lentes del tiempo 3000! Para no alargar el cuento, me sirvieron para recibir consejos sobre mi problema. **Pretendo** contarte todo el sábado, pero por ahora adjunté mis notas de la salida en este correo electrónico para que entiendas lo mucho que funcionó tu invento.

NOTAS DE LA SALIDA: **DÍA 1**

Uso los lentes del tiempo 3000 en el monumento a Washington. Nuestra guía nos **acompaña** a todos lados, y mientras ella habla, yo me pongo los lentes. El diseño necesita un pequeño ajuste, por eso mi amigo Leonardo me susurró: "¡Esas son gafas de cerebrito, socio!".

Veo el monumento en el pasado. Observo la ceremonia de cuando pusieron la piedra angular en 1848, y todos llevan puestos sombreros largos y graciosos, y atuendos de otra época. Cuando me los quito, me doy cuenta de que mis compañeros se van a almorzar, y voy corriendo tras ellos.

Regresamos al National Mall, que no se parece al centro comercial Mall Brookfield con todas sus tiendas. Este queda en el exterior y tiene un gran espejo de agua. Mi profesor no **tolera** el comportamiento inmaduro de algunos de mis compañeros que corren arrojando piedritas en el agua. Me siento **cansado** de todo el ruido y preferiría aprender sobre historia por mi cuenta. Así que me pongo los lentes del tiempo 3000 y recorro el Monumento a Lincoln.

Veo cómo luce de majestuosa la estatua de Lincoln y me pregunto si alguna vez podré ayudar a la gente como él lo hizo. Esto me hace pensar de nuevo si debería postularme para la presidencia de la clase. De repente, una voz sale de la nada:

—Disculpa, jovencito. ¿Piensas postularte para presidente?

Apenas miro hacia arriba, me doy cuenta de que la estatua me habla. Es tan **abrumador** que me quedo allí de pie sin saber qué decir por un minuto. Finalmente, tartamudeo:

—¿Presidente… Lincoln?

—Tal vez primero deberías postularte para la alcaldía —me dice la estatua—. ¿O para **gobernador**? Una vez le cojas el truco, podrías postularte para presidente.

—En realidad, es para la presidencia de mi clase de cuarto grado —le digo.

Supongo que como Lincoln me presta atención, debo pedirle algún consejo.

—Tengo un problema. No me gusta escribir ni dar discursos, pero mi **opositor**, Nicolás, nunca mete la pata al hacerlo.

—¿Qué clase de **campaña** harías? —preguntó Lincoln.

—Tengo muchas ideas para nuestra escuela —le dije—. Por ejemplo, quiero que en la cafetería se consuman frutas y verduras del mercado de los granjeros locales. También quiero comenzar una campaña de donación de libros.

—Ese es tu discurso —dice él—. Diles a las personas tus ideas con honestidad, integridad y entusiasmo, y será pan comido.

—Gracias, señor Presidente —le dije—. ¡Creo que puedo hacerlo!

Abuelito, tengo muchas ganas de verte el sábado porque tengo que contarte sobre nuestra visita al Museo de Historia Natural.

Tu nieto y futuro presidente de la clase,
Miguel

PD: No te aconsejo que uses los lentes del tiempo 3000 mientras miras huesos de dinosaurios.

 Haz conexiones

Habla sobre por qué Miguel decide postularse para presidente de la clase. **PREGUNTA ESENCIAL**

¿Qué harías por tu escuela si fueras presidente de la clase? **EL TEXTO Y TÚ**

Chris Boyd

Hacer predicciones

Cuando lees, usa detalles del cuento para hacer predicciones sobre lo que crees que sucederá. A medida que leas "Los lentes del tiempo 3000", haz predicciones sobre el cuento, confírmalas o revísalas.

 ## Busca evidencias en el texto

¿Qué clase de invento predijiste que eran los lentes del tiempo 3000? Vuelve a leer el comienzo del correo electrónico en la página 253. ¿Cuáles detalles te ayudaron a hacer tu predicción?

página 253

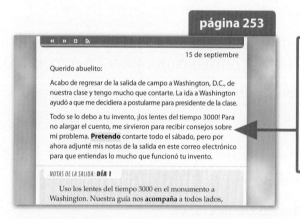

15 de septiembre

Querido abuelito:

Acabo de regresar de la salida de campo a Washington, D.C., de nuestra clase y tengo mucho que contarte. La ida a Washington ayudó a que me decidiera a postularme para presidente de la clase.

Todo se lo debo a tu invento, ¡los lentes del tiempo 3000! Para no alargar el cuento, me sirvieron para recibir consejos sobre mi problema. **Pretendo** contarte todo el sábado, pero por ahora adjunté mis notas de la salida en este correo electrónico para que entiendas lo mucho que funcionó tu invento.

NOTAS DE LA SALIDA: **DÍA 1**

Uso los lentes del tiempo 3000 en el monumento a Washington. Nuestra guía nos **acompaña** a todos lados,

Cuando leí la página 253 de "Los lentes del tiempo 3000", predije que el invento sería una clase especial de lentes debido a su nombre.

Tu turno

COLABORA

Lee la página 255 de "Los lentes del tiempo 3000". ¿Qué claves hallaste en el texto que te llevaron a predecir que las palabras de Abraham Lincoln le ayudarían a Miguel a resolver su problema?

Punto de vista

El punto de vista del narrador es la forma en que el narrador piensa o siente acerca de un personaje o suceso del cuento. Un texto puede tener un narrador en primera persona o en tercera persona.

Busca evidencias en el texto

Al leer la página 253 de "Los lentes del tiempo 3000", veo que un niño le escribe un correo a su abuelo. Veo los pronombres me *y* mi, *así sé que es un narrador en primera persona. Encuentro detalles en el cuento para saber el punto de vista del narrador.*

Detalles
El narrador estaba cansado del ruido y quería aprender historia por su cuenta.
El narrador se pregunta si alguna vez podrá ayudar a la gente como Lincoln lo hizo.

↓

Punto de vista
El narrador es un niño de cuarto grado emocionado por aprender historia. No está seguro si debe postularse para presidente de la clase.

Tu turno

Encuentra otros detalles de "Los lentes del tiempo 3000" que te digan cuál es el punto de vista del narrador. Escribe la información en el organizador gráfico.

¡Conéctate!
Usa el organizador gráfico interactivo.

Fantasía

"Los lentes del tiempo 3000" es fantasía.

La fantasía:

- Es un tipo de cuento de ficción.
- Tiene personajes, ambiente o sucesos que no podrían existir en la vida real.
- Por lo general incluye ilustraciones.

 Busca evidencias en el texto

"Los lentes del tiempo 3000" es fantasía. El personaje de Miguel es realista, pero cuando usa los lentes del tiempo 3000, puede ver cosas que sucedieron en el pasado. También, algunas de las ilustraciones muestran hechos que no podrían haber sucedido en la vida real.

---

página 253

15 de septiembre

Querido abuelito:

Acabo de regresar de la salida de campo a Washington, D.C., de nuestra clase y tengo mucho que contarte. La ida a Washington ayudó a que me decidiera a postularme para presidente de la clase.

Todo se lo debo a tu invento, ¡los lentes del tiempo 3000! Para no alargar el cuento, me sirvieron para recibir consejos sobre mi problema. **Pretendo** contarte todo el sábado, pero por ahora adjunté mis notas de la salida en este correo electrónico para que entiendas lo mucho que funcionó tu invento.

NOTAS DE LA SALIDA: **DÍA 1**

Uso los lentes del tiempo 3000 en el monumento a Washington. Nuestra guía nos **acompaña** a todos lados, y mientras ella habla, yo me pongo los lentes. El diseño necesita un pequeño ajuste, por eso mi amigo Leonardo me susurró: "¡Esas son gafas de cerebrito, socio!".

Veo el monumento en el pasado. Observo la ceremonia de cuando pusieron la piedra angular en 1848, y todos llevan puestos sombreros largos y graciosos y atuendos de otra época. Cuando me los quito, me doy cuenta de que mis compañeros se van a almorzar, voy corriendo tras ellos.

Ilustraciones Las ilustraciones muestran los sucesos del cuento. Acá podemos ver cómo se veía el mundo a través de los lentes del tiempo 3000.

Tu turno

Busca en el texto dos ejemplos más que muestren que "Los lentes del tiempo 3000" es fantasía. Comenta estos ejemplos con tu compañero o compañera.

Modismos

Un modismo es una frase o expresión cuyo significado no se puede entender a partir de las palabras por separado. Si no estás seguro del significado de un modismo, usa las frases y oraciones cercanas como ayuda para descifrarlo.

 Busca evidencias en el texto

La frase será pan comido *de la página 255 es un modismo. Sé que en realidad no significa que se va a comer un pan. Lincoln dice que todo será más fácil si es honesto e íntegro. Creo que* será pan comido *significa que será muy fácil.*

Diles a las personas tus ideas con honestidad, integridad y entusiasmo, y será pan comido.

Tu turno

COLABORA

Usa claves de contexto para descifrar los significados de los siguientes modismos de "Los lentes del tiempo 3000".

piedra angular, *página 253*

le cojas el truco, *página 254*

mete la pata, *página 255*

Chris Boyd

De lectores...

Los escritores usan diálogos para mostrar lo que un personaje siente y piensa. También se interesan por la forma en que el personaje dice el diálogo. Vuelve a leer el siguiente fragmento de "Los lentes del tiempo 3000".

Ejemplo modelo

Crear un personaje

Identifica el **diálogo**. ¿De qué manera estas palabras te ayudan a comprender cómo se siente Miguel cuando habla con Abraham Lincoln?

—Tengo un problema. No me gusta escribir ni dar discursos, pero mi opositor, Nicolás, nunca mete la pata al hacerlo.

—¿Qué clase de campaña harías? —preguntó Lincoln.

—Tengo muchas ideas para nuestra escuela —le dije—. Por ejemplo, quiero que en la cafetería se consuman frutas y verduras del mercado de los granjeros locales. También quiero comenzar una campaña de donación de libros.

—Ese es tu discurso —dice él—. Diles a las personas tus ideas con honestidad, integridad y entusiasmo, y será pan comido.

Chris Boyd

a escritores

Nina escribió un texto de fantasía. Lee sus correcciones a una sección de su cuento.

Marcas de corrección

⌐⌐ cambiar el orden

∧ insertar

∧ insertar coma

✓ eliminar

ort. revisar ortografía

≡ mayúscula

Manual de gramática

Página 448
Verbo auxiliar *haber*

Ejemplo del estudiante

El señor Jay

Sally y su gato, el señor Jay, fueron
de la ciudad
al parque. Ella pensó en qué sucedería

si el señor Jay hubiera saltado al

esenario; si él se hubiera acercado al

alcalde para decirle:

—soy el señor Jay y estoy me

postulando para la alcaldía.

El alcalde le diría:

—¿Cómo te atreves?

Pensó Sally: "Eso habría sido una

locura".

Tu turno
COLABORA

- ☑ Identifica el **diálogo** en el cuento. ¿Cómo ayuda esto a que Nina desarrolle los personajes?
- ☑ Identifica los verbos auxiliares *haber* en el texto.
- ☑ Di cómo las revisiones ayudaron a mejorar el escrito de Nina.

¡Conéctate!
Escribe en el rincón del escritor.

Pregunta esencial

¿Cómo afectan tu vida los inventos y la tecnología?

¡Conéctate!

Cambios vitales

Los nuevos inventos y la tecnología avanzada les brindan a algunas personas una manera de realizar sus sueños. Para el hombre de la foto es posible competir en los Paralímpicos ahora que tiene una pierna artificial para correr distancias largas.

▶ ¿Cómo piensas que los inventos y la tecnología ayudan a mejorar nuestra vida?

▶ ¿De qué tecnología o invento dependes más? ¿Por qué?

Coméntalo

Escribe palabras que describan cómo los inventos y la tecnología afectan tu vida. Luego comenta con un compañero o una compañera una invención que te gustaría diseñar que tuviera un gran impacto en tu vida.

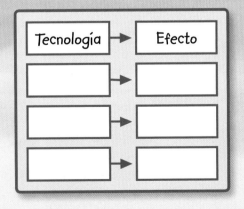

Tecnología	→	Efecto
	→	
	→	
	→	

(bkgd) Michael Svoboda/the Agency Collection/Getty Images; (tr) McGraw-Hill Companies

Vocabulario

Mira las fotos y lee las oraciones para comentar cada palabra con un compañero o una compañera.

aventurero

Durante el viaje en bote, Ángela y David buscaron delfines, pues son muy **aventureros**.

¿Conoces a alguien que sea aventurero?

boceto

Antes de pintar un cuadro, la pintora hace un **boceto** de su obra.

¿Sobre qué paisaje te gustaría hacer un boceto?

desconocido

En nuestro sistema solar existen lugares aún **desconocidos** para la humanidad.

¿Cuál es un antónimo de desconocido?

excéntrico

A Elena le gusta la ropa con colores **excéntricos**.

¿Cuál es un sinónimo de excéntrico?

exitoso

Queremos celebrar que la empresa es muy **exitosa** y las ganancias son altas.

¿Qué otras palabras se relacionan con exitoso?

ingeniería

Me parece que el puente Golden Gate es una grandiosa obra de **ingeniería**.

¿Qué otra estructura se construyó gracias a la ingeniería?

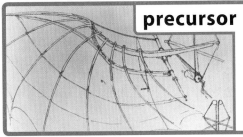

precursor

Los dibujos de Da Vinci muestran que fue un **precursor** de la aviación.

¿Sobre qué otros precursores has escuchado hablar?

tecnología

A comienzos del siglo XX, el teléfono fue considerado una nueva **tecnología**.

¿Cuáles son algunos ejemplos de nueva tecnología en la actualidad?

Tu turno

COLABORA

Elige tres palabras y escribe tres preguntas para tu compañero o compañera.

¡Conéctate! *Usa el glosario digital ilustrado.*

La brújula oportuna

Ayer en la mañana, mi nieto Alejandro me dijo con tristeza que ya no quería volver a la escuela porque unos niños grandes le hacían pasar muy malos ratos. Así que decidí contarle una aventura que tuve con una extraña brújula.

Pregunta esencial

¿Cómo afectan tu vida los inventos y la tecnología?

Lee y descubre cómo una brújula mejoró la vida de un abuelo y su nieto.

Gustavo Rodriguez

Le dije que cuando tenía su edad, unos niños más grandes me acosaban también. Intenté preguntarles por qué lo hacían, pero ellos no querían dialogar. Traté de contarle a mi madre lo que pasaba, pero no quería alarmarla. Decidí entonces buscar un escondite para los recesos. Un refugio en donde nadie me encontrara.

Luego de caminar por la escuela, se me ocurrió una idea genial: el escritorio de mi maestro Raúl. Era un mueble grande que parecía una caja con patas. Como yo era un niño **aventurero**, llevé mi linterna para poder leer, porque debajo del escritorio estaba muy oscuro.

—Abuelito Orlando, qué lugar tan **excéntrico** para leer.

Alejandro me escuchaba atentamente porque estaba viviendo algo similar en su escuela.

Le conté que seguí regresando a mi **exitoso** escondite durante varios meses. Lo disfrutaba mucho porque me imaginaba que era una cueva secreta donde ocurrían los cuentos que leía. Nadie se daba cuenta de nada. Pero un día, mi maestro Raúl entró al salón mucho antes de que sonara el timbre y me encontró debajo de su escritorio. Yo me asusté mucho, pero mi maestro se sentó a mi lado y me preguntó qué pasaba.

Le conté toda la historia. Él me escuchó y cuando terminé de hablar tomó su maleta y sacó un aparato **desconocido** para mí entonces. Me dijo que se llamaba brújula. Pero que no era una brújula cualquiera: había hecho ese dispositivo con una **ingeniería** fantástica. Hablaba como un **precursor** e inventor de épocas pasadas. Me dijo que la brújula podía transportar a quien la portara a otro lugar, y que funcionaba solamente en situaciones de absoluta necesidad. Mi maestro la había creado cuando era niño porque le fascinaba la **tecnología**, y aunque había comenzado como un simple **boceto** en un papel, con la ayuda de su padre la construyó y perfeccionó.

Gustavo Rodríguez

Acepté el regalo de mi maestro y el día siguiente a la
hora del receso, agarré ese artefacto y decidí poner
a prueba sus supuestos poderes. Cuando vi acercarse a mis
compañeros, tomé la brújula entre mis manos y deseé con
todas mis fuerzas aparecer en la cancha de baloncesto. Para
mi sorpresa y la de los niños que me perseguían, el invento
del maestro Raúl había funcionado: aparecí en el lugar
que había anhelado unos segundos antes. Era increíble. Yo
estaba maravillado.

—Y ahora la brújula es tuya, Alejandro. Úsala solo en
caso de necesidad.

Haz conexiones

¿Cómo afectó el invento de la brújula
oportuna a Orlando y a su nieto?
PREGUNTA ESENCIAL

Piensa en un invento y cuenta de qué
forma ha afectado tu vida. **EL TEXTO Y TÚ**

Hacer predicciones

Cuando leas, usa claves de contexto en el cuento que te ayuden a hacer predicciones acerca de lo que va a suceder más adelante. A medida que leas, puedes revisar y confirmar tus predicciones.

 ## Busca evidencias en el texto

¿Cuál fue tu predicción acerca de lo que pasaría con Orlando cuando tomó la brújula en sus manos? ¿Qué te ayudó a confirmar tu predicción? Vuelve a leer el primer párrafo de la página 269 de "La brújula oportuna".

página 269

Acepté el regalo de mi maestro y el día siguiente a la hora del receso, agarré ese artefacto y decidí poner a prueba sus supuestos poderes. Cuando vi acercarse a mis compañeros, tomé la brújula entre mis manos y deseé con todas mis fuerzas aparecer en la cancha de baloncesto. Para mi sorpresa y la de los niños que me perseguían, el invento del maestro Raúl había funcionado: aparecí en el lugar que había anhelado unos segundos antes. Era increíble. Yo estaba maravillado.

—Y ahora la brújula es tuya, Alejandro. Úsala solo en caso de necesidad.

Predije que Orlando iba a aparecer en otro lugar gracias a la brújula. La evidencia en el párrafo confirmó mi predicción.

Tu turno

COLABORA

¿Qué claves en el texto te ayudaron a predecir la reacción de los compañeros de Orlando cuando desapareció? Mientras lees, recuerda usar la estrategia de hacer predicciones.

Punto de vista

El punto de vista del narrador es lo que este piensa o siente sobre los personajes o sucesos del cuento. Un cuento puede tener un narrador en primera persona o en tercera persona.

 ## Busca evidencias en el texto

Cuando leo la página 267, veo que el narrador usa los pronombres yo y me *para narrar lo que le sucedía en la escuela. Este cuento tiene un punto de vista del narrador en primera persona. Puedo encontrar detalles en el texto acerca del punto de vista del narrador.*

Detalles
Luego de caminar por la escuela, se me ocurrió una idea genial.
Como yo era un niño aventurero, llevé mi linterna para poder leer.

↓

Punto de vista
El narrador cuenta lo que le sucedió a él cuando era pequeño.

 COLABORA

Tu turno

Vuelve a leer "La brújula oportuna". Encuentra otros detalles del cuento que te digan cuál es el punto de vista del narrador. Usa el organizador gráfico para escribir los detalles.

¡Conéctate!
Usa el organizador gráfico interactivo.

Fantasía

"La brújula oportuna" es fantasía.

Un cuento de fantasía:

- Incluye personajes y sucesos inventados.
- Tiene sucesos que no podrían ocurrir en la realidad.
- Usualmente contiene ilustraciones.

 ## Busca evidencias en el texto

"La brújula oportuna" es un texto de fantasía. El abuelo y el nieto pueden ser personas reales, pero la desaparición de Orlando gracias a la brújula es un hecho inventado e irreal. El cuento contiene ilustraciones.

página 269

Ilustraciones Los autores utilizan ilustraciones para dar ideas más vívidas de los sucesos del cuento.

Acepté el regalo de mi maestro y el día siguiente a la hora del receso, agarré ese artefacto y decidí poner a prueba sus supuestos poderes. Cuando vi acercarse a mis compañeros, tomé la brújula entre mis manos y deseé con todas mis fuerzas aparecer en la cancha de baloncesto. Para mi sorpresa y la de los niños que me perseguían, el invento del maestro Raúl había funcionado: aparecí en el lugar que había anhelado unos segundos antes. Era increíble. Yo estaba maravillado.

—Y ahora la brújula es tuya, Alejandro. Úsala solo en caso de necesidad.

Tu turno COLABORA

Encuentra tres ejemplos que muestren que "La brújula oportuna" es un texto de fantasía.

Gustavo Rodríguez

Sinónimos

Al leer "La brújula oportuna", es posible que encuentres una palabra desconocida. Algunas veces el autor usará otra palabra o frase que tenga el mismo significado o uno similar al de la palabra desconocida. Las palabras que tienen el mismo significado o uno similar son **sinónimos**.

Busca evidencias en el texto

Cuando leí el final del primer párrafo de "La brújula oportuna" en la página 267, no estaba seguro del significado de la palabra escondite. *Luego, la palabra* refugio *me ayudó a descifrar su significado.*

Decidí entonces buscar un escondite para los recesos. Un refugio en donde nadie me encontrara.

Tu turno

Usa los sinónimos y otras claves de contexto para averiguar el significado de las siguientes palabras de "La brújula oportuna". Escribe un sinónimo y una oración de ejemplo para cada palabra.

alarmarla, *página 267*

aparato, *página 268*

anhelado, *página 269*

De lectores...

Los escritores desarrollan la trama de un cuento incluyendo detalles específicos acerca del ambiente. Vuelve a leer el siguiente fragmento de "La brújula oportuna".

Desarrollo de la trama

Identifica detalles que te den pistas acerca del **ambiente** del cuento. ¿Cómo te ayudan los detalles del ambiente a entender la **trama** del cuento?

Ejemplo modelo

Le dije que cuando tenía su edad, unos niños más grandes me acosaban también. Intenté preguntarles por qué lo hacían, pero ellos no querían dialogar. Traté de contarle a mi madre lo que pasaba, pero no quería alarmarla. Decidí entonces buscar un escondite para los recesos. Un refugio en donde nadie me encontrara.

Luego de caminar por la escuela, se me ocurrió una idea genial: el escritorio de mi maestro Raúl. Era un mueble grande que parecía una caja con patas. Como yo era un niño aventurero, llevé mi linterna para poder leer, porque debajo del escritorio estaba muy oscuro.

—Abuelito Orlando, qué lugar tan excéntrico para leer.

Alejandro me escuchaba atentamente porque estaba viviendo algo similar en su escuela.

Gustavo Rodríguez

a escritores

Marcas de corrección

\# espacio

∧ insertar

⊼ raya de diálogo

⸺ eliminar

(ort.) revisar ortografía

≡ mayúscula

Leo escribió sobre una familia que usa la televisión teletransportadora por primera vez. Lee las correcciones a una sección del cuento.

Manual de gramática

Página 448
Formas no personales del verbo

Ejemplo del estudiante

La televisión teletransportadora

Luis estaba sentándose en el piso gris

de acero

frente a una caja grande que tenía una
        ∧

muy emocionado

pequeña pantalla de vidrio y dijo:
                              ∧

—siempre he querido viajar por medio
 ≡

de la teletransportación.

                              \#
—¡Pues hoy es el día de AñoNuevo de
⊼

vamos   (ort.)

2053 y voy a estrenar la television
        ⸺∧

teletransportadora para que nos lleve

                              (ort.)

a Times Square en un avrir y cerrar

de ojos! —dijo el papá de luis.
                              ≡

Tu turno   COLABORA

☑ ¿Cómo ayudaron los detalles del ambiente a que Leo desarrollara la trama?

☑ Identifica ejemplos de formas no personales de verbos que haya usado.

☑ ¿Cómo mejoró el texto con las correcciones?

¡Conéctate!
Escribe en el rincón del escritor.

Pregunta esencial

¿Cómo explicas lo que ves en el cielo?

 ¡Conéctate!

El ESPECTÁCULO de LUCES

Durante siglos, la gente ha inventado historias para explicar lo que ve en el cielo nocturno. Esta foto muestra la aurora boreal, acerca de la cual leerás muy pronto. Los inuit, quienes vivían en la parte baja del río Yukón, creían que la aurora boreal era en realidad los espíritus de animales que bailaban en el cielo.

▶ Si hubieras vivido hace quinientos años, ¿cómo habrías explicado la aurora boreal?

▶ ¿Qué has observado en el cielo durante la noche?

Coméntalo

Escribe palabras que nombren o describan cosas que aparecen en el cielo nocturno. Luego comenta sobre las estrellas, los planetas, los cometas y los eclipses.

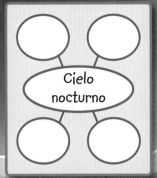

Cielo nocturno

Vocabulario

Mira las fotos y lee las oraciones para comentar cada palabra con un compañero o una compañera.

astrónomo

El **astrónomo** señaló el cráter en el planeta.

¿Qué podría observar un astrónomo en el cielo nocturno?

creciente

Cuando la luna está en cuarto **creciente**, tiene forma de "C".

¿Qué otras cosas tienen forma de luna creciente?

específico

El niño sostiene un tipo **específico** de naranja que se usa para hacer jugo.

¿Cuál es el tipo específico de pan que más te gusta?

fase

Durante una de las **fases** de la Luna, esta aparece completamente redonda.

Nombra dos fases de la Luna.

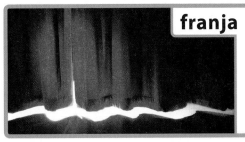

franja

Una delgada **franja** de luz se asomaba por debajo de las cortinas.

¿Cuál es un antónimo de franja?

rotar

El hámster gira y **rota** su rueda de ejercicios.

¿Qué otra cosa rota?

serie

Esta **serie** de fotografías muestra lo que pasó después de que regué la flor.

¿Tienes una serie de libros favorita?

telescopio

El niño observaba los botes en el puerto a través del **telescopio**.

¿Qué más puedes ver con un telescopio?

COLABORA

Tu turno

Elige tres palabras y escribe tres preguntas para tu compañero o compañera.

¡Conéctate! Usa el glosario digital ilustrado.

Maravillas del cielo nocturno

¿? Pregunta esencial

¿Cómo explicas lo que ves en el cielo?

Lee sobre las causas de algunas de las cosas que ves en el cielo.

A medida que la Tierra **rota** sobre su eje, el día se transforma en noche. De repente, ¡se revela toda una galería de luces! Tal vez veas una hermosa luna **creciente** o una de las otras **fases** de la Luna. Incluso podrías ver una **serie** de luces que se despliegan en el cielo como cintas de colores. Durante miles de años, la gente ha disfrutado mirar el cielo en la noche; y por casi el mismo tiempo, los científicos han estado tratando de explicar lo que ellos ven.

La aurora boreal

Una vez cada pocos años, se ve un impresionante show de luces en los cielos cercanos al Polo Norte. Este se conoce como "las luces del norte" o aurora boreal. Brillantes franjas de luces verdes, amarillas, rojas y azules aparecen allí.

Las personas solían creer que el reflejo de la luz del Sol en los casquetes polares producía estas luces. La teoría era que cuando la luz rebotaba en los casquetes se creaban patrones en el cielo. En realidad, las luces aparecen debido a la atracción magnética.

Constantemente, el Sol envía una corriente de partículas cargadas con electricidad en todas las direcciones. Estos trozos de materia casi invisibles se unen a una corriente denominada viento solar y, a medida que la Tierra recorre su órbita alrededor del Sol, este alcanza el campo magnético terrestre. Como resultado, ocurren cargas eléctricas que en ocasiones son lo suficientemente fuertes como para que se vean desde la Tierra. Estas cargas eléctricas provocan las coloridas franjas de luces en el cielo.

La aurora boreal sobre Hammerfest (Noruega)

núcleo

cola

coma

Este diagrama muestra las partes de un cometa. Las colas de algunos cometas pueden tener millones de millas de longitud.

Los cometas

Un cometa es otro tipo de luz que podrías ver moverse a través del cielo nocturno. La palabra *cometa* viene de una palabra griega que significa "tener pelo largo". Esto surgió del filósofo griego **Aristóteles**, quien pensaba que los cometas parecían estrellas con cabellera.

Hace mucho tiempo, la gente temía a estas rayas misteriosas, porque creían que traerían guerra o enfermedades. Hoy, los cometas no son tan misteriosos, ya que sabemos que son una mezcla de roca, polvo, hielo y gases congelados que orbitan alrededor del Sol.

Los cometas se mueven alrededor del Sol en una órbita oval. Cuando se acercan al Sol sale empujada una "cola" de gas y polvo detrás del cometa. Esta larga cola es lo que las personas ven desde la Tierra.

Los científicos piensan que los cometas son unos de los objetos más antiguos del espacio. Pueden rastrear cometas **específicos** y predecir cuándo se verán de nuevo desde la Tierra.

Los meteoros

¿Has mirado al cielo y has visto una estrella fugaz? Esas líneas de luz no son realmente estrellas, son, en general, **meteoros**. Meteoro es otro nombre para los desechos y fragmentos rocosos que penetran la atmósfera de la Tierra. En ocasiones, nuestro planeta pasa por un área en el espacio con gran cantidad de desechos y entonces ocurre una lluvia de meteoros. En una noche de lluvia de meteoros se pueden ver cientos de "estrellas fugaces".

Lluvia de meteoros Perseidas

En la actualidad, un **astrónomo** o cualquier persona con un **telescopio** portátil puede plantear nuevas preguntas sobre el espacio. ¿Qué ves cuando miras el cielo nocturno? Ya sea que veas una **franja** de la Luna o un show de luces fantástico, estarás viendo algo realmente asombroso.

¿? Haz conexiones

Habla sobre las causas de algunas de las cosas que ves en el cielo nocturno. PREGUNTA ESENCIAL

¿Qué te preguntas cuando miras el cielo en la noche? EL TEXTO Y TÚ

Hacer y responder preguntas

Cuando lees un texto informativo, con frecuencia encuentras hechos e ideas nuevas. Hacer preguntas y leer para encontrar la respuesta te ayuda a comprender la información nueva. A medida que lees "Maravillas del cielo nocturno", haz preguntas acerca del texto y respóndelas.

 ## Busca evidencias en el texto

Posiblemente, la primera vez que leíste "Maravillas del cielo nocturno" te preguntaste qué causaba la aurora boreal.

> **página 281**
>
> las otras fases de la Luna. Incluso podrías ver una serie de luces que se despliegan en el cielo como cintas de colores. Durante miles de años, la gente ha disfrutado mirar el cielo en la noche; y por casi el mismo tiempo, los científicos han estado tratando de explicar lo que ellos ven.
>
> **La aurora boreal**
> Una vez cada pocos años, se ve un impresionante show de luces en los cielos cercanos al Polo Norte. Este se conoce como "las luces del norte" o aurora boreal. Brillantes franjas de luces verdes, amarillas, rojas y azules aparecen allí.
>
> Las personas solían creer que el reflejo de la luz del Sol en los casquetes polares producía estas luces. La teoría era que cuando la luz rebotaba en los casquetes se creaban patrones en el cielo. En realidad, las luces aparecen debido a la atracción magnética.
>
> Constantemente, el Sol envía una corriente de partículas cargadas con electricidad en todas las direcciones. Estos trozos de materia casi invisibles se unen a una corriente

Cuando leí esta sección del texto, encontré la respuesta a mi pregunta. La aurora boreal la causan las partículas cargadas con electricidad que el Sol despide.

Tu turno

Piensa en dos preguntas que tengas acerca de los meteoros. Vuelve a leer la sección "Los meteoros" en la página 283 y responde tus propias preguntas. A medida que leas, recuerda usar la estrategia de hacer y responder preguntas.

Causa y efecto

La estructura del texto es la forma en que los autores organizan la información de un escrito. Causa y efecto es un tipo de estructura textual. Una causa es el por qué ocurre algo y un efecto es lo que ocurre.

 Busca evidencias en el texto

Cuando vuelvo a leer la sección "La aurora boreal" en la página 281 de "Maravillas del cielo nocturno", busco causas y sus efectos. Palabras conectoras como dado que, porque *y* como resultado *me dicen que se está explicando una relación causa-efecto.*

Causa	→	Efecto
El Sol envía una corriente de partículas cargadas con electricidad.	→	Las partículas se juntan a un viento solar.
Los vientos solares alcanzan los campos magnéticos terrestres.	→	Como resultado, las cargas eléctricas se ven desde la Tierra.

Tu turno COLABORA

Vuelve a leer la página 282 de "Maravillas del cielo nocturno". ¿Qué sucede cuando un cometa se acerca al Sol? Usa el organizador gráfico para hacer una lista de causas y efectos.

¡Conéctate!
Usa el organizador gráfico interactivo.

285

Texto expositivo

"Maravillas del cielo nocturno" es un texto expositivo.

El texto expositivo:

- Explica hechos e información acerca de un tema.
- Puede incluir diagramas y palabras en negrillas.

Busca evidencias en el texto

Sé que "Maravillas del cielo nocturno" es un texto expositivo porque brinda muchos hechos acerca del cielo en la noche e incluye palabras en negrillas y un diagrama.

página 282

Características del texto

Diagramas Los diagramas muestran las partes de algo.

Palabras en negrillas Las palabras en negrillas muestran las palabras clave del texto.

Tu turno

Encuentra dos características del texto en "Maravillas del cielo nocturno". Di lo que aprendiste de cada característica.

Claves de contexto

A medida que lees la información de "Maravillas del cielo nocturno", puedes encontrar palabras que no conoces. Para comprender el significado de una palabra desconocida, mira las palabras o frases que estén cerca de ella para encontrar claves.

 Busca evidencias en el texto

Cuando leo el tercer párrafo de la página 281 de "Maravillas del cielo nocturno", la frase la luz rebotaba *me ayuda a comprender lo que significa* reflejo.

Las personas solían creer que el reflejo de la luz del Sol en los casquetes polares producía estas luces. La teoría era que cuando la luz rebotaba en los casquetes se creaban patrones en el cielo.

Tu turno

Usa claves de contexto para encontrar el significado de las siguientes palabras en "Maravillas del cielo nocturno". Escribe una definición corta y una oración de ejemplo para cada palabra.

partículas, *página 281*
mezcla, *página 282*
desechos, *página 283*

De lectores...

Los escritores usan lenguaje figurado como símiles y metáforas para ayudar al lector a imaginarse la información que se está presentando. Vuelve a leer el comienzo de la página 281 de "Maravillas del cielo nocturno" a continuación.

Ejemplo modelo

Lenguaje figurado

Identifica el **lenguaje figurado** en el texto. ¿Cómo usa el autor un símil para ayudar al lector a visualizar el texto?

A medida que la Tierra rota sobre su eje, el día se transforma en noche. De repente, ¡se revela toda una galería de luces! Tal vez veas una hermosa luna creciente o una de las otras fases de la Luna. Incluso podrías ver una serie de luces que se despliegan en el cielo como cintas de colores. Durante miles de años, la gente ha disfrutado mirar el cielo en la noche; y por casi el mismo tiempo, los científicos han estado tratando de explicar lo que ellos ven.

Picture Press/Alamy

a escritores

Carla escribió acerca de las constelaciones. Lee la revisión que hizo Carla a una sección de su texto.

Cuentos del cielo nocturno

He estado interesa^da en las

constelaciones desde que recibí ~~mío~~ mi

primer telescopio a los 9 años. Hasta

entonces, me había gustado imajinarme (ort.)

mi constelación favorita, la osa mayor,

como un jarro lleno de leche

alzando en brazos a la luna. Para mí,

~~constelaciones~~ ~~algunas~~ no se ven como

lo que se supone que son. Orión se ve

más como una fila de puntos ~~quien~~ que

como un cazador con su cinturón.

Marcas de corrección

⊓ cambiar el orden

∧ insertar

⌃ insertar coma

✓ eliminar

(ort.) revisar ortografía

≡ mayúscula

Manual de gramática

Página 448
Tiempos compuestos verbo *haber*

Tu turno

COLABORA

☑ Identifica el **lenguaje figurado** que usó Carla.

☑ Identifica los tiempos compuestos con el verbo *haber*.

☑ Di cómo las correcciones mejoraron el escrito de Carla.

¡Conéctate!
Escribe en el rincón del escritor.

Pregunta esencial

¿Cómo los poetas miran al éxito de diferentes formas?

¡Conéctate!

Para alcanzar el éxito

Que un equipo de la Liga Infantil gane un campeonato es un tipo de logro. Y aunque no pareciera ser un logro que una persona acaricie un perro, sí lo es si esa persona les ha temido a los perros toda su vida.

▶ ¿Piensas que el éxito siempre es algo positivo? ¿Por qué?

▶ ¿Cuáles historias conoces en donde el personaje alcance algún tipo de éxito?

Coméntalo

Escribe palabras que describan lo que piensas acerca del éxito. Luego habla con un compañero o una compañera sobre cómo defines el éxito.

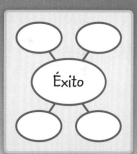

Vocabulario

**Mira las fotos y lee las oraciones para comentar
cada palabra con un compañero o una compañera.**

gloria

El mayor momento de **gloria** para Dora fue cuando llegó a la cumbre.

¿Cuál sería un momento de gloria para ti?

jolgorio

La celebración de Año Nuevo fue todo un **jolgorio**.

¿En qué otras situaciones se puede usar la palabra jolgorio?

pasear

La familia García va a **pasear** al campo todos los fines de semana.

¿Cuál es tu sitio favorito para ir a pasear?

triunfal

Todo el equipo de fútbol posa **triunfal** para la foto con su trofeo.

¿Has hecho alguna vez una entrada triunfal a algún lugar?

Términos de poesía

estrofa

Una **estrofa** es dos o más versos de poesía que forman juntos una unidad del poema.

Explica cómo sabes cuándo se termina una estrofa.

denotación

La **denotación** es la definición básica de una palabra.

¿Cuál es la denotación de la palabra pequeño?

connotación

La **connotación** de una palabra es un significado sugerido y adicional a su significado literal.

¿Cuál es la connotación de la palabra escuálido?

repetición

Los poetas que repiten palabras o frases en un poema usan la **repetición**.

¿Cómo podría la repetición añadir significado a un poema?

Tu turno

COLABORA

Elige tres palabras y escribe tres preguntas para tu compañero o compañera.

¡Conéctate! *Usa el glosario digital ilustrado.*

Pregunta esencial

¿Cómo los poetas miran al éxito de diferentes formas?

Lee cómo dos poetas describen historias de logros.

Texto ©2004 Elías Nandino. Ilustración: María Mantilla

Mamá Gallina

Se cansó de poner huevos,
y quiso hacer poesía.
Yo soy más que una gallina, decía.
"¡Poesía, poesía!" cacareaba triunfal
con sus pollitos,
mientras corría y corría,
incubando palabras todo el día.
Qué jolgorio, madre mía.
"Sol de maíz, planeta de calabaza,
nube de frijol, luna de papa".
Y dicen que rima a rima, verso a verso,
para sus pollitos construyó un universo.

Mara Mahía

En un velero de ensueño

En un velero de ensueño,
cargando todas las letras,
de viaje se va el poeta
y del mar se siente dueño.

Lleva su canto a otras tierras.
Trae el amor en su pecho,
y en el morral que se ha hecho,
felices viajan las letras.

Que su nombre otros repitan,
que sus poemas aprendan
y que su recuerdo no pierdan
será el triunfo del poeta.

Ernesto Ariel Suárez

Illustration: María Mantilla

Haz conexiones

Comenta acerca de las formas en que los poetas escriben acerca de la gloria o el éxito. **PREGUNTA ESENCIAL**

Compara cómo se sienten los personajes de cada poema a cómo te sientes tú cuando logras una meta. **EL TEXTO Y TÚ**

Poema narrativo

Un poema narrativo:

- Cuenta una historia y tiene personajes.
- Puede usar frases en sentido figurado.
- Por lo general está escrito en estrofas.

 Busca evidencias en el texto

Puedo decir que los dos poemas "Mamá Gallina" y "En un velero de ensueño" son poemas narrativos porque los dos cuentan historias y tienen personajes.

página 295

Se cansó de poner huevos,
y quiso hacer poesía.
Yo soy más que una gallina, decía.
"¡Poesía, poesía!" cacareaba triunfal
con sus pollitos,
mientras corría y corría,
incubando palabras todo el día.
Qué jolgorio, madre mía.
"Sol de maíz, planeta de calabaza,
nube de frijol, luna de papa".
Y dicen que rima a rima, verso a verso,
para sus pollitos construyó un universo.

Mara Mahía

Personaje La gallina es el personaje principal del poema. El poeta describe cómo la gallina quiere darle un mundo mejor a sus pollitos.

 COLABORA

Tu turno

Vuelve a leer el poema "En un velero de ensueño". Identifica los elementos que te indican que es un poema narrativo.

María Mantilla

Tema

El tema es el mensaje principal o la lección de un poema. Al identificar los detalles clave que tiene un poema, puedes determinar su tema.

 Busca evidencias en el texto

Voy a volver a leer el poema "En un velero de ensueño" de la página 296. Voy a observar las palabras y acciones del narrador que me ayuden a identificar el tema.

Los detalles clave te ayudan a identificar el tema.

Detalle
cargando todas las letras, de viaje se va el poeta

Detalle
Lleva su canto a otras tierras.

Detalle
y que su recuerdo no pierdan será el triunfo del poeta.

Tema
La poesía es un viaje. La meta es quedar en el recuerdo de los lectores.

 COLABORA

Tu turno

Vuelve a leer el poema "Mamá Gallina" en la página 295. Encuentra los detalles clave y escríbelos en el organizador gráfico. Usa los detalles para determinar el tema del poema.

¡Conéctate!
Usa el organizador gráfico interactivo.

Estrofa y repetición

Una **estrofa** se constituye de dos o más versos de poesía que forman juntos una unidad dentro del poema. Es posible que las estrofas tengan la misma extensión y un esquema de rima, o que varíen en extensión y no rimen.

La **repetición** es el uso de palabras o frases en más de una ocasión en un poema. Los poetas usan la repetición para efectos de ritmo y énfasis.

Busca evidencias en el texto

Vuelve a leer el poema "En un velero de ensueño" en la página 296. Identifica las estrofas y escucha palabras o frases que estén repetidas.

página 296

En un velero de ensueño,
cargando todas las letras,
de viaje se va el poeta
y del mar se siente dueño.

Lleva su canto a otras tierras.
Trae el amor en su pecho,
y en el morral que se ha hecho,
felices viajan las letras.

Que su nombre otros repitan,
que sus poemas aprendan
y que su recuerdo no pierdan
será el triunfo del poeta.

Ernesto Ariel Suárez

Estrofa Cada uno de estos grupos de versos es una estrofa.

Repetición El poema menciona en las dos primeras estrofas de esta página la palabra "letras".

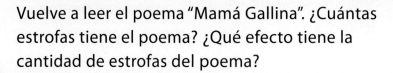

Tu turno

Vuelve a leer el poema "Mamá Gallina". ¿Cuántas estrofas tiene el poema? ¿Qué efecto tiene la cantidad de estrofas del poema?

María Mantilla

Connotación y denotación

La **connotación** es una idea o sentimiento asociado con una palabra. La **denotación** es la definición que el diccionario da de una palabra.

 Busca evidencias en el texto

Cuando leo el poema "Mamá Gallina", yo sé que además del significado literal de algunas palabras, otras provocan ciertos sentimientos. En su única estrofa, la palabra incubando *significa "empollando". Las connotaciones de* incubando *podrían ser desarrollando, creando.*

"¡Poesía, poesía!" cacareaba
triunfal con sus pollitos,
mientras corría y corría,
incubando palabras todo el día.

Tu turno

COLABORA

Encuentra un ejemplo de connotación y denotación en el poema "En un velero de ensueño". Escribe las connotaciones de la palabra y su denotación.

María Mantilla

301

 # De lectores...

En un poema, los escritores usan detalles sensoriales para describir cómo se ven algunas cosas, o cómo suenan, huelen, saben o qué textura tienen. Lee el poema "Mamá Gallina".

Ejemplo modelo

Lenguaje sensorial

Identifica el **lenguaje sensorial** en Mamá Gallina. ¿Cómo te ayuda el lenguaje a imaginarte lo que pasa?

Se cansó de poner huevos,
y quiso hacer poesía.
Yo soy más que una gallina, decía.
"¡Poesía, poesía!" cacareaba triunfal
con sus pollitos,
mientras corría y corría,
incubando palabras todo el día.
Qué jolgorio, madre mía.
"Sol de maíz, planeta de calabaza,
nube de frijol, luna de papa".
Y dicen que rima a rima, verso a verso,
para sus pollitos construyó un universo.

Mara Mahía

Maria Mantilla

a escritores

Enrique escribió un poema acerca del océano. Lee las correcciones que hizo a su poema.

El océano

mi hermano está usando un pijama. *aguamarina*

En la noche, ~~el pijama~~ ^es^ del color

de un océano gris y enojado

que grita ~~muy fuerte~~ estreyándose *y aúlla* (ort.)

contra la cama.

"¡Ay, QUIERO ~~no~~ ir a dormir!".

En la mañana, ~~es del~~ *refleja el*

color de un mar azul y tranquilo

que va a la deriva a tierra *soñoliento*

para desayunar.

Marcas de corrección

⌐⌐ cambiar el orden

∧ insertar

⌃ insertar coma

✐ eliminar

(ort.) revisar ortografía

≡ mayúscula

Manual de gramática

Página 448
**Verbos copulativos
(*estar, ser*)**

Tu turno COLABORA

✔ Identifica el lenguaje sensorial que usó Enrique.

✔ Identifica el verbo copulativo que utilizó.

✔ ¿Cómo mejoró el texto con las correcciones?

¡Conéctate!
Escribe en el rincón del escritor.

Para entender mejor

Mónica Chávez

304

Los muñecos quitapenas

Los muñecos (o muñecas) quitapenas son unos muñequitos muy pequeños, originarios de Guatemala. Si una persona (normalmente un niño o una niña) no puede dormir, puede contarle sus problemas al muñeco y guardarlo bajo la almohada antes de acostarse.

De acuerdo con el folclore, el muñeco se preocupará por el problema en lugar de la persona, permitiéndole dormir tranquilamente. Cuando la persona se despierte, lo hará sin sus problemas, que se los habrá quedado el muñequito.

Los muñecos miden de 15 a 50 milímetros y están fabricados a mano a partir de una base de madera o alambre, con ropa de algodón y cartón para la cara, aunque también pueden estar hechos de barro. Los muñecos quitapenas se suelen vender en las ferias y son elementos muy populares de la cultura guatemalteca.

Mito guatemalteco

Mónico Chávez

305

Concepto semanal Hacer algo realidad

Pregunta esencial

¿De qué formas las personas muestran que les importan los demás?

¡Conéctate!

hana/Datacraft/Getty Images.

Muestra que te importa

Las personas muestran que les importan los demás de diferentes maneras. Ayudar a alguien con sus tareas, hacer una tarjeta especial para un amigo o una amiga, o recoger las hojas del patio de un vecino mayor son algunos ejemplos de cómo las personas demuestran que los demás les importan.

▶ ¿Qué piensas que siente el niño de la foto por el señor que está en la silla de ruedas? ¿Cómo lo sabes?

▶ ¿En qué formas puedes mostrar que tus amigos y tu familia te importan?

Coméntalo

Escribe palabras que hayas aprendido sobre cómo mostrar que algo o alguien te importa. Habla con un compañero o una compañera acerca de lo que puedes hacer para ayudar a los demás.

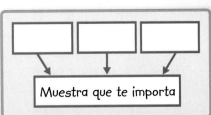

Muestra que te importa

Vocabulario

Mira las fotos y lee las oraciones para comentar cada palabra con un compañero o una compañera.

ahorrar

A Julia le gusta **ahorrar** monedas en su alcancía.

¿Te gusta ahorrar? ¿Recuerdas para qué ahorraste alguna vez?

carcajada

Todas se reían a **carcajadas** de los chistes de sus amigas.

¿Cuándo fue la última vez que te reíste a carcajadas? ¿Qué lo causó?

delicadeza

Linda lleva los huevos con mucha **delicadeza** para que no se rompan.

¿Cuál es un antónimo de delicadeza?

emoción

La sorpresa es una **emoción** tan fuerte que las personas con frecuencia la expresan gritando.

¿Qué emociones has sentido hoy?

interrumpir

Los espectadores están en silencio para no **interrumpir** la obra de teatro.

¿Qué otras palabras están relacionadas con interrumpir?

paciencia

El señor Acevedo se arregló su corbata con **paciencia** hasta que el nudo quedó perfecto.

¿Tienes paciencia para hacer las cosas que no te gustan?

soberano

En la obra de teatro, Roberto era el **soberano** de todo un reino.

¿Sabes en qué países los reyes siguen siendo los soberanos?

trono

El **trono** del emperador es símbolo de lujo y poder.

¿Con qué material te gustaría hacer un trono?

Tu turno

COLABORA

Elige tres palabras y escribe tres preguntas para tu compañero o compañera.

¡Conéctate! *Usa el glosario digital ilustrado.*

El granjero solitario

Pregunta esencial

¿De qué formas las personas muestran que les importan los demás?

Lee y descubre cómo los vecinos de un granjero solitario le ofrecen la compañía que necesita.

Henry González

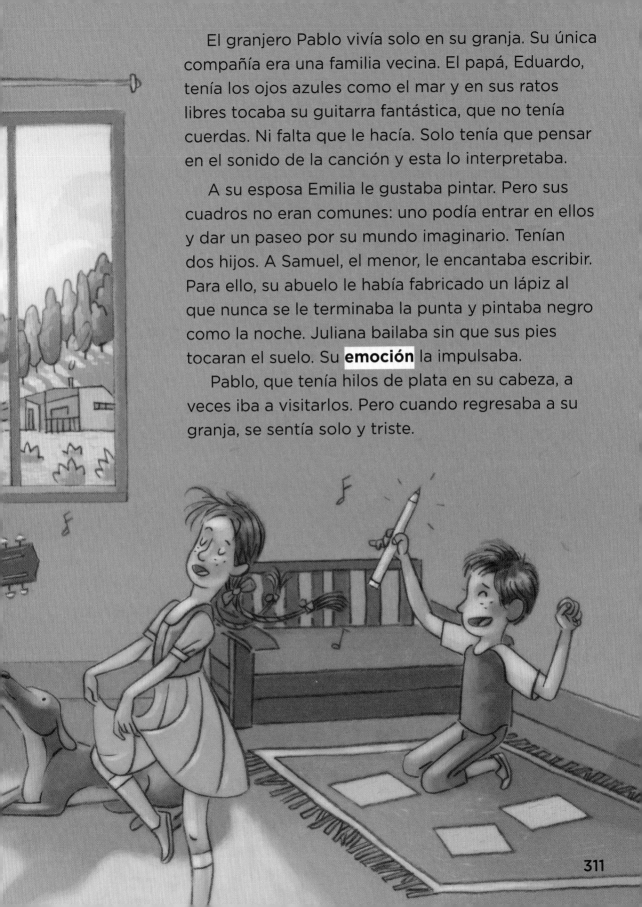

El granjero Pablo vivía solo en su granja. Su única compañía era una familia vecina. El papá, Eduardo, tenía los ojos azules como el mar y en sus ratos libres tocaba su guitarra fantástica, que no tenía cuerdas. Ni falta que le hacía. Solo tenía que pensar en el sonido de la canción y esta lo interpretaba.

A su esposa Emilia le gustaba pintar. Pero sus cuadros no eran comunes: uno podía entrar en ellos y dar un paseo por su mundo imaginario. Tenían dos hijos. A Samuel, el menor, le encantaba escribir. Para ello, su abuelo le había fabricado un lápiz al que nunca se le terminaba la punta y pintaba negro como la noche. Juliana bailaba sin que sus pies tocaran el suelo. Su **emoción** la impulsaba.

Pablo, que tenía hilos de plata en su cabeza, a veces iba a visitarlos. Pero cuando regresaba a su granja, se sentía solo y triste.

El único pariente de Pablo era un primo que le
escribía cartas contándole que iba a **ahorrar** dinero
para poder ir a visitarlo. El granjero leía las cartas y
esperaba con **paciencia** la visita.

Un día, Emilia decidió **interrumpir** su tarea y ver qué
pasaba en la granja de Pablo. Y fue grande su sorpresa
al encontrarlo blanco como una hoja de papel. Pidió
ayuda y Samuel salió en busca del médico.

Entre tanto, llegó Eduardo y con mucha **delicadeza**
levantó a Pablo y lo llevó a la sala de la granja. Cuando
llegó el médico, Pablo se sentía un poco mejor. Luego
de examinarlo, dijo que no era nada grave.

Antes de marcharse, el médico habló con los vecinos
y les dio algunas instrucciones para la recuperación de
Pablo. Además les dijo:

—Su vecino necesita compañía y diversión. Se me
ocurre que podemos organizar una fiesta para que se
sienta mejor.

—Me parece muy buena idea —dijo Emilia.

El gran día llegó. Eduardo fue a la granja de Pablo a invitarlo a cenar en familia. Pablo aceptó pensando que iba a participar en una comida casera esa noche. Pero cuando se acercaban a la granja, vio que había mucha gente adentro. Al entrar a la casa, lo recibieron con un grito: "¡Sorpresa!". El granjero estaba muy emocionado y reía a **carcajadas**. Emilia le entregó un hermoso cuadro donde se veía a toda la familia, así él podría entrar cuando se volviera a sentir solo. La guitarra fantástica de Eduardo interpretó melodías preciosas. Y los niños prepararon un **trono** para Pablo, en el cual se sentó como un **soberano** a contemplar cómo sus vecinos y amigos se preocupaban por él y lo hacían pasar un buen rato.

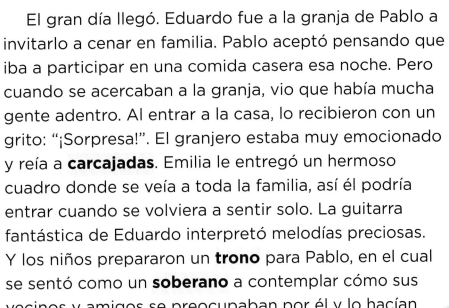

❔ Haz conexiones

Comenta de qué forma los vecinos de Pablo le mostraron que les importaba. **PREGUNTA ESENCIAL**

¿Por quién te preocupas de la misma manera que los vecinos por el granjero? Explica cómo le muestras que te importa. **EL TEXTO Y TÚ**

Visualizar

Cuando lees, te formas una imagen mental de los personajes, los sucesos importantes y el ambiente del cuento. Mientras lees "El granjero solitario", detente y visualiza los sucesos que te ayuden a comprender mejor el cuento.

Busca evidencias en el texto

Después de volver a leer la página 312 de "El granjero solitario", puedo usar los detalles para imaginarme los sucesos que se describen en el cuento.

página 312

El único pariente de Pablo era un primo que le escribía cartas contándole que iba a **ahorrar** dinero para poder ir a visitarlo. El granjero leía las cartas y esperaba con **paciencia** la visita.

Un día, Emilia decidió **interrumpir** su tarea y ver qué

Visualizo al granjero solo en su granja sin nadie con quien hablar o simplemente leyendo las cartas de su primo. Esto me ayuda a entender por qué estaba triste.

COLABORA

Tu turno

Vuelve a leer la página 313 de "El granjero solitario". Visualiza la fiesta sorpresa que le hicieron sus vecinos al granjero. ¿Qué palabras en el texto te ayudan a imaginarte la escena? Mientras lees, recuerda usar la estrategia de visualizar.

Henry González

314

Problema y solución

Identificar el problema y la solución de un cuento puede ayudarte a comprender los personajes, el ambiente y la trama. El problema es lo que los personajes quieren hacer, cambiar o descifrar. La solución es cómo se resuelve el problema.

 ## Busca evidencias en el texto

Cuando vuelvo a leer de la página 311 a la 313, puedo ver que el granjero Pablo tiene un problema. Voy a hacer una lista de los sucesos importantes del cuento y entonces comprenderé cómo los vecinos del granjero encontraron una solución.

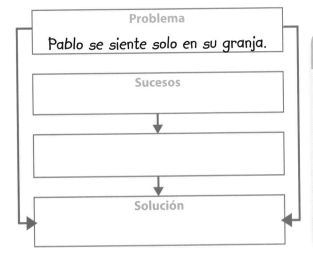

Personajes
El granjero Pablo
La familia vecina

Ambiente
La granja donde vive Pablo
La granja vecina

Problema
Pablo se siente solo en su granja.

Sucesos

Solución

Tu turno COLABORA

Vuelve a leer "El granjero solitario". Encuentra otros dos sucesos importantes en el cuento. Con estos sucesos, identifica la solución.

¡Conéctate!
Usa el organizador gráfico interactivo.

Fantasía

"El granjero solitario" es un cuento de fantasía.

La fantasía:

- Es una historia inventada.
- Tiene personajes, ambientes o situaciones que no podrían existir en la vida real.
- Puede contener elementos como la prefiguración.

 Busca evidencias en el texto

"El granjero solitario" es fantasía. El personaje del granjero Eduardo es realista, pero cuando hace sonar la guitarra, esta suena con sus pensamientos, lo cual no sucede en la vida real. En el cuento también se incluye la prefiguración.

página 313

El gran día llegó. Eduardo fue a la granja de Pablo a invitarlo a cenar en familia. Pablo aceptó pensando que iba a participar en una comida casera esa noche. Pero cuando se acercaban a la granja vio que había mucha gente adentro. Al entrar a la casa, lo recibieron con un grito: "¡Sorpresa!". El granjero estaba muy emocionado y reía a **carcajadas**. Emilia le entregó un hermoso cuadro donde se veía a toda la familia, así él podría entrar cuando se volviera a sentir solo. La guitarra fantástica de Eduardo interpretó melodías preciosas. Y los niños prepararon un **trono** para Pablo, en el cual se sentó como un **soberano** a contemplar cómo sus vecinos y amigos se preocupaban por él y lo hacían pasar un buen rato.

Prefiguración La prefiguración es una insinuación de lo que va a suceder sin contar toda la acción. Cuando Pablo acepta la invitación de Eduardo a comer y ve que hay mucha gente adentro, el autor da una pista de la sorpresa que va a llevarse Pablo.

COLABORA

Tu turno

Encuentra y escribe dos ejemplos más que muestren que "El granjero solitario" es fantasía.

Símiles y metáforas

Un **símil** compara dos cosas con las palabras *como* o *cual*.
Una **metáfora** es una comparación sin usar *como* o *cual*.

Busca evidencias en el texto

Veo un símil en el primer párrafo de "El granjero solitario" en la página 311: "El papá, Eduardo, tenía los ojos azules como el mar…". En esta oración, el color de los ojos de Eduardo es comparado con el color del mar.

El papá, Eduardo, tenía los ojos azules como el mar y en sus ratos libres tocaba su guitarra fantástica, que no tenía cuerdas. Ni falta que le hacía.

Tu turno

Encuentra los símiles y las metáforas en las siguientes frases. Señala qué comparan.

"… pintaba negro como la noche…", página 311

"Pablo, que tenía hilos de plata en su cabeza…", página 311

"… blanco como una hoja de papel", página 312

Henry González

De lectores...

Los escritores redactan buenos comienzos o principios interesantes para llamar la atención del lector. Esto lo hacen mediante el uso de verbos o adjetivos expresivos. Vuelve a leer el primer párrafo de "El granjero solitario" a continuación.

Principio interesante

Identifica los adjetivos y verbos del **principio interesante** del cuento. ¿Qué hace que quieras seguir leyendo?

Ejemplo modelo

El granjero Pablo vivía solo en su granja. Su única compañía era una familia vecina. El papá, Eduardo, tenía los ojos azules como el mar y en sus ratos libres tocaba su guitarra fantástica, que no tenía cuerdas. Ni falta que le hacía. Solo tenía que pensar en el sonido de la canción y esta lo interpretaba.

A su esposa Emilia le gustaba pintar. Pero sus cuadros no eran comunes: uno podía entrar en ellos y dar un paseo por su mundo imaginario. Tenían dos hijos. A Samuel, el menor, le encantaba escribir. Para ello, su abuelo le había fabricado un lápiz al que nunca se le terminaba la punta y pintaba negro como la noche.

a escritores

Elsa escribió un comienzo para un cuento. Lee la corrección que le hizo al texto.

Marcas de corrección

¶ nuevo párrafo

∧ insertar

⌄ insertar coma

✗ eliminar

(ort.) revisar ortografía

≡ mayúscula

Manual de gramática

Página 448
Pronombres y antecedentes

Ejemplo del estudiante

EL AUTOMÓVIL ESCOLAR FANTÁSTICO

todas
Todas las mañanas y las tardes, el

y a las niñas
señor ramos veía pasar a los niños

(ort.)
del pueblo muy cansados llendo y

viniendo de la escuela que quedaba en

el siguiente pueblo. ¶A él no le gustaba

salir de su casa o hablar con mucha

gente, pero su hija le había regalado

(ort.)
un automóvil que viajaba más rápido

que un cohete ~~lunar~~ espacial así que

un día se le ocurrió una idea.

Tu turno

COLABORA

- ☑ Indica cómo el principio del cuento de Elsa llama la atención del lector.

- ☑ Identifica un pronombre y un antecedente.

- ☑ Explica cómo las correcciones mejoraron el escrito.

¡Conéctate!
Escribe en el rincón del escritor.

319

Concepto semanal La mudanza

Pregunta esencial

¿Cuáles son algunos de los motivos por los que la gente se muda a otro lugar?

¡Conéctate!

Nuevos comienzos

A lo largo de la historia de nuestra nación, las personas se han mudado al Oeste. Los pioneros se mudaron allá para tener la oportunidad de cultivar y de ser dueños de tierras. Los buscadores fueron a lavar oro. Durante los años del Cuenco de Polvo, las personas se mudaron al Oeste en busca de trabajo y por la esperanza de una vida mejor.

▶ ¿Por qué otras razones las personas deciden mudarse a otros lugares?

▶ ¿Cuáles son algunos de los relatos que has leído sobre personas que se mudan?

Coméntalo

Escribe algunas de las palabras que describen por qué las personas se mudan. Comenta sobre las esperanzas que pueden tener las personas cuando comienzan su viaje.

La mudanza

Vocabulario

**Mira las fotos y lee las oraciones para comentar
cada palabra con un compañero o una compañera.**

asentarse

Cuando los pioneros se mudaron al Oeste, hicieron muchas construcciones para **asentarse** en su nuevo hogar.

¿Qué riesgos suponía asentarse en el Oeste en el siglo XIX?

curiosidad

La **curiosidad** de la científica la llevó a descubrir nuevas formas de vida.

¿Qué cosas te causan curiosidad?

demente

Algunos dicen que Ignacio arriesga su vida como un **demente** con tal de conseguir las mejores fotos.

¿Cuál es un antónimo de demente?

necio

La hija de mi tía es muy **necia** y no le hace caso a su mamá.

¿Qué consecuencias puede haber cuando se es necio o necia?

persistente

Un buscador de oro debe ser muy **persistente** para encontrar oro en el río.

¿Eres persistente cuando intentas aprender algo nuevo?

poderoso

Los guerreros de terracota representan lo **poderoso** que era el emperador.

¿Qué otras palabras se relacionan con la palabra poderoso?

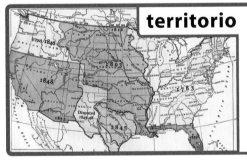

territorio

Los pioneros quedaron impresionados por el tamaño de los **territorios** del oeste del río Mississippi.

¿En qué se convirtieron los territorios del oeste del Mississippi con el tiempo?

visionario

Desde niña, Yolanda demostró ser una **visionaria** en cuestiones de tecnología.

¿Qué personaje histórico te parece que fue un visionario o una visionaria?

Tu turno

COLABORA

Elige tres palabras y escribe tres preguntas para tu compañero o compañera.

¡Conéctate! *Usa el glosario digital ilustrado.*

(t) Richard Ashworth/Robert Harding/Getty Images; (ct) George Clerk/Vetta/Getty Images; (cb) North Wind/North Wind Picture Archives; (b) Fuse/Getty Images

Una nueva aventura

AMBIENTE

Casa de Laura
y Domingo

PERSONAJES

La alpaca Pancha
(narradora)

Laura

Domingo

Teresa
(mamá de Domingo)

Escena I

PANCHA: ¡Hola, amiguitos! Hoy les voy a contar la historia de la hermosa Laura y su noble esposo Domingo. Cuando se casaron, usaron anillos de alpaca. Y en su primer aniversario, Domingo trajo a su casa a Pancha, su mascota alpaca. Que soy yo.

Pregunta esencial

¿Cuáles son algunos de los motivos por los que la gente se muda a otro lugar?

Lee y descubre por qué una pareja decide mudarse a otro país.

(*Laura entra al escenario saltando de felicidad*).

LAURA: Hoy te traigo una buena noticia.

DOMINGO (*emocionado*)**:** ¿Compraste otra alpaca?

LAURA: Ya tenemos suficiente con Pancha.

(*Pancha pasa caminando altiva por su lado*).

PANCHA: Además, no hay otra alpaca como yo.

LAURA (*apartando a Pancha para que se siente a su lado*)**:** Ojalá te quedaras quieta y me dejaras hablar.

DOMINGO: Dime cuál es la noticia, que se me está saliendo el corazón de la **curiosidad**.

LAURA: Es hora de probar los sabores de otro país. Es posible que en otro **territorio** los higos, el mango, la guaraná y la lima sepan diferente.

(*Laura pone en las manos de Domingo unos boletos de avión*).

DOMINGO (*se levanta de su silla como un **demente** y comienza a empacarlo todo*)**:** ¿Cuándo nos vamos?

LAURA: En un mes. Todavía tenemos tiempo para organizar el viaje.

(En la sala de la casa de la mamá de Domingo).

PANCHA *(hablando con el público)*: Ahora veremos a alguien a quien le va a gustar menos la noticia que a mí.

DOMINGO: Hola, mamá. Queremos contarte que trasladaron a Laura. *(La madre se pone pálida como un papel).*

LAURA *(nerviosa y con las manos temblorosas)*: Así que usted, Domingo y yo viviremos en Estados Unidos.

TERESA: ¡¿Qué?! Pero si allí solo comen hamburguesas, toman sodas y la comida es muy cara.

LAURA: Teresa, ¿usted ha visitado Estados Unidos?

TERESA: Eh... pues no.

DOMINGO: ¿Ves? Entonces no puedes juzgar un lugar sin antes conocerlo. Además es una oportunidad única que solo le ofrecieron a Laura. Hay un motivo **poderoso** para viajar.

LAURA: Este es nuestro sueño. Tiene que ser **visionaria**, Teresa, y pensar en todas las cosas nuevas que podemos vivir. Pueden pasar muchas cosas maravillosas cuando uno conoce un país y una cultura diferentes.

Catalina Acelas

TERESA: Lo lamento, pero yo ya me **asenté** en este lugar hace años. Además, ¿dónde van a dejar a Pancha?

(El matrimonio se mira sin saber qué responder).

PANCHA *(mirando al público y moviendo la cabeza con desaprobación):* Como ven, nadie había pensado en mí.

TERESA: Yo me quedaré con Pancha, la **necia**. Pero quiero que vayan y tengan todas las aventuras que puedan. Tomen muchas fotos, conozcan lugares nuevos. Me llaman, me escriben y me cuentan. ¿Cuándo se van?

DOMINGO *(con una gran sonrisa):* El próximo domingo.

(Teresa, Laura y Domingo ríen sin parar, felices de estar juntos antes del viaje).

PANCHA *(dirigiéndose al público):* Doña Teresa me llamó "necia", pero tengo que agradecerle que se quede conmigo. Al final, todos conseguimos lo que queríamos. Yo deseaba seguir con esta familia en Perú, y Laura y Domingo demostraron que si uno es **persistente** puede lograr su meta, así sea mudarse a otro hemisferio.

 Haz conexiones

Habla acerca de por qué Laura y Domingo se quieren mudar a Estados Unidos.
PREGUNTA ESENCIAL

Si te pudieras mudar a otro lugar, ¿a dónde irías? ¿Por qué? **EL TEXTO Y TÚ**

Visualizar

Cuando visualizas, empleas detalles descriptivos del cuento para crear una imagen mental de lo que sucede. Al leer "Una nueva aventura", visualiza los personajes y los sucesos clave para que te ayuden a comprender, disfrutar y recordar el cuento.

 Busca evidencias en el texto

En la página 324, leo unas características de cómo es la pareja de Domingo y Laura. Esto realmente me ayuda a visualizarlos.

página 324

PANCHA: ¡Hola, amiguitos! Hoy les voy a contar la historia de la hermosa Laura y su noble esposo Domingo. Cuando se casaron, usaron anillos de alpaca. Y en su primer aniversario, Domingo trajo a su casa a Pancha, su mascota alpaca. Que soy yo.

Puedo crear una imagen mental de Laura como una mujer hermosa y de Domingo llevando a Pancha a la casa. Esto me ayuda a visualizarlos.

COLABORA

Tu turno

Lee la página 327 de "Una nueva aventura". ¿Qué sucesos del texto puedes visualizar? Mientras lees, recuerda usar la estrategia de visualizar.

Causa y efecto

Una causa es un suceso o una acción que hace que algo ocurra. Un efecto es lo que ocurre a causa de ese suceso o esa acción. Identificar las causas y los efectos en "Una nueva aventura" te puede ayudar a entender mejor la secuencia de los sucesos de la obra de teatro.

 Busca evidencias en el texto

Cuando vuelvo a leer la página 327 de "Una nueva aventura", puedo buscar relaciones importantes de causa y efecto. Esto me ayudará a comprender mejor la trama.

Causa	→	Efecto
Laura y Domingo le cuentan a Teresa que a Laura la trasladaron.	→	Domingo y Laura quieren que Teresa se vaya a vivir con ellos.
Teresa nunca ha querido mudarse de su país.	→	Teresa se queda con Pancha en Perú.
	→	

COLABORA

Tu turno

Vuelve a leer "Una nueva aventura". Encuentra más ejemplos de relaciones de causa y efecto en el texto. Escribe la información en el organizador gráfico.

¡Conéctate!
Usa el organizador gráfico interactivo.

Obra de teatro

"Una nueva aventura" es una obra de teatro.

Las obras de teatro:

- Tienen una lista de personajes y están escritas en diálogo.
- Están divididas en partes llamadas *actos* o *escenas*.
- Incluyen la ambientación y dirección de las escenas.

Busca evidencias en el texto

"Una nueva aventura" es una obra de teatro. Tiene una lista de personajes y ambientes. Las direcciones de las escenas les indican a los actores qué deben hacer. El diálogo corresponde a las líneas que los actores dicen en la obra.

página 325

(Laura entra al escenario saltando de felicidad).

LAURA: Hoy te traigo una buena noticia.

DOMINGO *(emocionado)*: ¿Compraste otra alpaca?

LAURA: Ya tenemos suficiente con Pancha.

(Pancha pasa caminando altiva por su lado).

PANCHA: Además, no hay otra alpaca como yo.

LAURA *(apartando a Pancha para que se siente a su lado)*: Ojalá te quedaras quieta y me dejaras hablar.

DOMINGO: Dime cuál es la noticia, que se me está saliendo el corazón de la **curiosidad**.

LAURA: Es hora de probar los sabores de otro país. Es posible que en otro **territorio** los higos, el mango, la guaraná y la lima sepan diferente.

(Laura pone en las manos de Domingo unos boletos de avión).

DOMINGO *(se levanta de su silla como un **demente** y comienza a empacarlo todo)*: ¿Cuándo nos vamos?

Diálogo Los nombres de los personajes aparecen en mayúsculas antes de las líneas que deben decir.

COLABORA

Tu turno

Encuentra y escribe otros dos ejemplos que muestren que "Una nueva aventura" es una obra de teatro. Indica cómo estos rasgos te ayudan a comprender el texto.

330

Homógrafos

Los homógrafos son palabras que se escriben igual, pero tienen significados y orígenes diferentes. Las claves de contexto te ayudarán a descubrir los significados de los homógrafos de la obra de teatro "Una nueva aventura".

Busca evidencias en el texto

Cuando leo la palabra alpaca *dos veces en la página 324, puedo saber que es un homógrafo. Aunque se escriba igual en los dos lugares, tiene significados diferentes. Voy a usar las claves de contexto para descubrir los significados.*

PANCHA: ¡Hola, amiguitos! Hoy les voy a contar la historia de la hermosa Laura y su noble esposo Domingo. Cuando se casaron, usaron anillos de alpaca. Y en su primer aniversario, Domingo trajo a su casa a Pancha, su mascota alpaca. Que soy yo.

Tu turno

Usa claves de contexto para encontrar los significados de los siguientes homógrafos de "Una nueva aventura".

Domingo, *página 324*
mango, *página 325*
lima, *página 325*

Catalina Acelas

 **De lectores...**

Los escritores varían la extensión de sus oraciones dentro de un relato para hacerlo más interesante. Vuelve a leer este fragmento de "Una nueva aventura".

Ejemplo modelo

Tipos de oraciones

Identifica la **variedad de la extensión de las oraciones** en el siguiente fragmento. ¿Cómo esta variedad en las oraciones ayuda a que fluyan naturalmente de una a otra?

LAURA *(apartando a Pancha para que se siente a su lado)*: Ojalá te quedaras quieta y me dejaras hablar.

DOMINGO: Dime cuál es la noticia, que se me está saliendo el corazón de la curiosidad.

LAURA: Es hora de probar los sabores de otro país. Es posible que en otro territorio los higos, el mango, la guaraná y la lima sepan diferente.

(Laura pone en las manos de Domingo unos boletos de avión).

DOMINGO *(se levanta de su silla como un demente y comienza a empacarlo todo)*: ¿Cuándo nos vamos?

LAURA: En un mes. Todavía tenemos tiempo para organizar el viaje.

Catalina Acelas

a escritores

Marcas de corrección

\# espacio

∧ insertar

∧ insertar coma

✓ eliminar

(ort.) revisar ortografía

≡ mayúscula

Felipe escribió una obra de teatro sobre la migración. Lee las correcciones que Felipe le hizo a una parte de su obra de teatro.

Manual de gramática

Página 448
Tipos de pronombres

Ejemplo del estudiante

Temporada en el Sur

MAMÁ GANSO: ¿Ya empacaste todo lo que necesitas para el biage (ort.) de la bandada Blanquito?

BLANQUITO (enojado): todavía no.

Yo ~~todavía~~ sigo sin entender por qué tenemos que irnos de Canadá.

MAMÁ GANSO (tomando a su hijo entre sus alas): porque ya está empezando ~~la primavera~~ el otoño y el frío debemos migrar porque no es bueno para nosotros los gansos vlancos (ort.). Pero volveremos en verano como todos los años.

Tu turno

COLABORA

- ☑ Identifica la **variedad de la extensión de las oraciones**.
- ☑ Identifica los pronombres que utilizó Felipe en su escrito.
- ☑ Explica cómo las correcciones mejoraron su escrito.

¡Conéctate!
Escribe en el rincón del escritor.

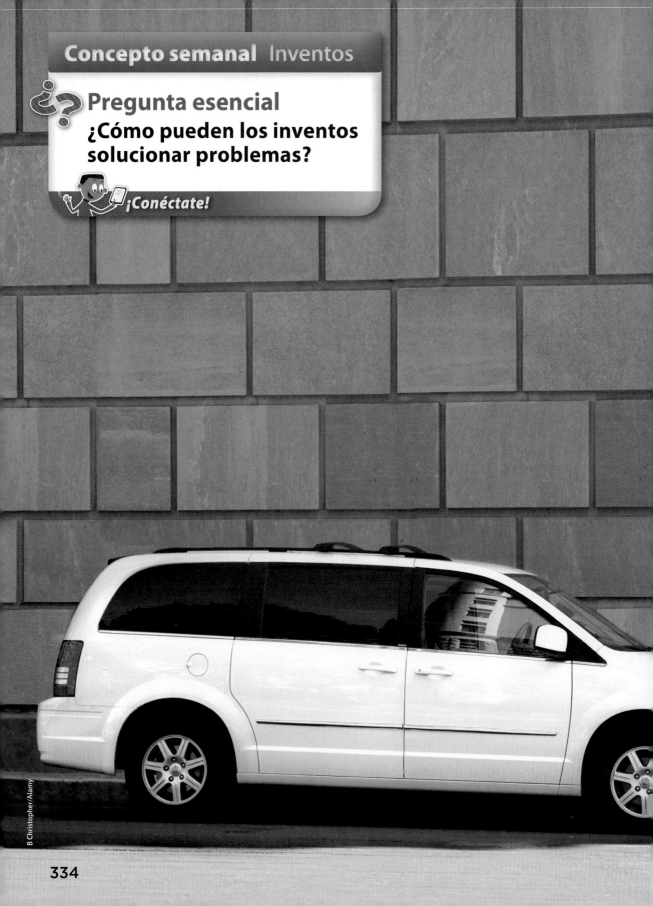

Pregunta esencial

¿Cómo pueden los inventos solucionar problemas?

¡Conéctate!

SOLUCIONES INTELIGENTES

¿Has oído el proverbio "La necesidad es la madre de la invención"? Los inventos se crean para solucionar problemas. Por ejemplo, el aumento del precio de la gasolina ha llevado a los fabricantes de automóviles a desarrollar autos más pequeños y más eficientes que usen menos gasolina.

▶ ¿Qué problema te gustaría ver que se solucione?

▶ ¿Qué tipo de invento podría solucionar este problema?

Coméntalo

Escribe palabras que describan cómo los inventos solucionan problemas. Luego habla con un compañero o una compañera sobre un invento que admires.

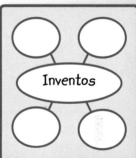

Inventos

Vocabulario

Mira las fotos y lee las oraciones para comentar cada palabra con un compañero o una compañera.

actualmente

Actualmente, muchas personas conducen carros más pequeños para ahorrar gasolina.

Explica por qué actualmente muchas personas no usan teléfonos públicos.

divertidísimo

La película **divertidísima** hizo que el público se riera sin parar.

¿Cuál es un antónimo de divertidísimo?

experimento

Germán hizo un **experimento** en clase para determinar la acidez de un líquido.

¿Por qué los científicos hacen experimentos?

mareado

Noé se sintió **mareado** después de dar muchas vueltas sobre el pasto.

¿Qué cosas te hacen sentir mareado?

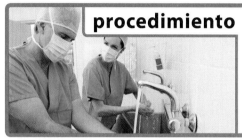

político

La **política** tiene la esperanza de que los votantes la elijan para el senado estatal.

¿Por qué la opinión de los votantes es importante para los políticos?

procedimiento

Los cirujanos siguieron el **procedimiento** del hospital para esterilizar sus manos.

¿Por qué es importante seguir los pasos en un procedimiento?

travesura

El perro hizo una **travesura** al morder el cojín del sofá.

¿Qué tipo de travesura puede hacer un gato con una bola de hilo?

verdadero

¿Estas dos pinturas del museo son **verdaderas** o falsas?

¿Cuál es un sinónimo de verdadero?

Tu turno

Elige tres palabras y escribe tres preguntas para tu compañero o compañera.

¡Conéctate! *Usa el glosario digital ilustrado.*

Stephanie Kwolek:
INVENTORA

¿? Pregunta esencial

¿Cómo pueden los inventos solucionar problemas?

Lee cómo Stephanie Kwolek inventó una fibra superfuerte que salva vidas.

Kevlar® se usa en chalecos protectores para policías y perros policías.

S i pudieras inventar un material para un superhéroe, ¿cómo sería? Tendría que ser ligero, fuerte, a prueba de balas y a prueba de fuego, ¿cierto? De hecho, la química Stephanie Kwolek inventó un material que es así. Se llama Kevlar®. Los superhéroes no lo usan, pero los héroes del común, como los oficiales de policía y los bomberos, sí.

Cómo se convirtió en química

Desde que era joven, a Stephanie le interesaron las matemáticas y las ciencias. No era la clase de estudiante que hacía **travesuras**, además trabajaba muy duro en la escuela. Sus profesores descubrieron su talento y le hablaron de las carreras en ciencias. Con su estímulo, estudió química en la universidad. Aunque habría deseado ingresar a la escuela de medicina, no podía pagarla.

En consecuencia, consiguió trabajo en un laboratorio textil. Planeaba ahorrar suficiente dinero para así poder pagarse la escuela de medicina. En el laboratorio, descubrió que tenía un **verdadero** amor por la química. Aprendió a hacer cadenas de moléculas llamadas polímeros que se podían hilar para producir telas y plásticos.

Stephanie disfrutaba tanto hacer **experimentos** que decidió no estudiar medicina.

(l) Michael Branscom, courtesy of the Lemelson-MIT Program; (tr) Science & Society Picture Library/Getty Images; (tl) Tom Vickers/Splash/Newscom;

Un líquido extraño

En 1964, el supervisor del laboratorio de Stephanie le pidió que trabajara en la creación de una fibra fuerte y rígida. Estados Unidos enfrentaba una posible escasez de combustible y los científicos querían ayudar. Creían que si reforzaban los neumáticos con una fibra liviana en lugar de hacerlo con pesados alambres de acero, los autos y los aviones consumirían menos gasolina. Stephanie comenzó a experimentar mezclando polímeros. Un día, hizo una solución, o mezcla, inusual. Las soluciones de polímeros usualmente son espesas como melaza. Pero, esta era acuosa y turbia.

Stephanie le llevó su extraño líquido al trabajador que hilaba los líquidos para convertirlos en fibras. Él miró la solución y se rió; pensó que era **divertidísimo** que ella creyera que eso se podría convertir en fibra. Se parecía demasiado al agua e incluso podría atascar la máquina de hilado. Sin embargo, ella siguió insistiéndole, hasta que él finalmente aceptó. Cuando siguió el **procedimiento**, se empezó a formar una fibra fuerte. La cabeza de Stephanie le daba vueltas y se sintió **mareada** de la emoción.

CRONOLOGÍA DE LOGROS

1923	1946	1964	1971	1995
Nació en Nueva Kensington, Pennsylvania	Obtuvo un título en Química de la Universidad Carnegie Mellon	Descubrió las fibras para Kevlar®	Kevlar® se comercializa por primera vez	Admitida en el Salón de la Fama de Inventores

Kevlar® se usa en autos, como este vehículo solar de carreras.

Más fuerte que el acero

Stephanie probó la fibra en el laboratorio y descubrió que era a prueba de fuego. También que era más fuerte y liviana que el acero. Ella creía que con esas cualidades la fibra podría volverse un material útil. Estaba en lo cierto. El material se conoce como Kevlar®.

Los bomberos utilizan trajes hechos con Kevlar®.

Después del descubrimiento de Stephanie, se necesitó casi una década de trabajo en equipo para desarrollar el Kevlar®. Algunos pasaron horas hablando en el teléfono con la oficina de patentes; y otros tuvieron que pensar en formas de usarlo y venderlo. **Actualmente**, casi toda la gente usa Kevlar®. El presidente y otros **políticos** visten ropa protectora hecha con él, al igual que leñadores, bomberos y oficiales de policía. Kevlar® también se usa en neumáticos, bicicletas, naves espaciales y esquís. Con el desarrollo de Kevlar®, Stephanie había hallado una forma de hacer ropa y equipo protector que fuera a la vez liviano y fuerte.

Su invento ha salvado muchas vidas a lo largo de los años. Ella fue admitida en el Salón de la Fama de Inventores Nacionales por su trabajo, y su fotografía ha aparecido en la cubierta de un libro y en publicidad para Kevlar®. Ella dice que nunca esperó ser una inventora, pero que le encanta que su trabajo haya ayudado a tantas personas.

Haz conexiones

¿Qué problemas resolvió el invento de Stephanie? PREGUNTA ESENCIAL

¿Qué objeto harías tú con el Kevlar®? Explica por qué. EL TEXTO Y TÚ

©Bernard Annebicque/Sygma/Corbis

Resumir

Cuando resumes, vuelves a contar los detalles más importantes de un párrafo o fragmento. Para resumir, primero identifica los detalles clave y después vuelve a contarlos en tus propias palabras. Vuelve a leer "Stephanie Kwolek: Inventora" y resume secciones del texto para asegurarte de que las entiendes.

Busca evidencias en el texto

Vuelve a leer "Un líquido extraño" en la página 340. Resume las ideas más importantes de la sección.

---

página 340

Un líquido extraño

En 1964, el supervisor del laboratorio de Stephanie le pidió que trabajara en la creación de una fibra fuerte y rígida. Estados Unidos enfrentaba una posible escasez de combustible y los científicos querían ayudar. Creían que si reforzaban los neumáticos con una fibra liviana en lugar de hacerlo con pesados alambres de acero, los autos y los aviones consumirían menos gasolina. Stephanie comenzó a experimentar mezclando polímeros. Un día, hizo una solución, o mezcla, inusual. Las soluciones de polímeros usualmente son espesas como melaza. Pero, esta era acuosa y turbia.

Stephanie le llevó su extraño líquido al trabajador que hilaba los líquidos para convertirlos en fibras. Él miró la solución y se rió; pensó que era **divertidísimo** que ella creyera que eso se podría convertir en fibra. Se parecía demasiado al agua e incluso podría atascar la máquina de hilado. Sin embargo, ella siguió insistiéndole, hasta que él finalmente aceptó. Cuando siguió el **procedimiento**, se empezó a formar una fibra fuerte. La cabeza de Stephanie le daba vueltas y se sintió **mareada** de la emoción.

Le pidieron a Kwolek que hiciera una fibra fuerte. Ella hizo una solución inusual acuosa de polímero que hilaron hasta que resultó en una fibra fuerte.

Tu turno

COLABORA

Vuelve a leer la sección "Más fuerte que el acero" y resume por qué el Kevlar® es útil. Mientras lees otras selecciones, usa la estrategia de resumir.

Problema y solución

Los autores usan una estructura del texto para organizar la información de un texto de no ficción. Problema y solución es un tipo de estructura del texto. Presenta un problema y luego explica los pasos que se siguieron para solucionarlo.

 Busca evidencias en el texto

Mientras vuelvo a leer "Stephanie Kwolek: Inventora", identificaré los problemas y las acciones que se tomaron para solucionarlos. También buscaré palabras que indiquen una solución: por ejemplo consecuencia *y* resultado.

Problema	Solución
Stephanie Kwolek no podía pagar la escuela de medicina.	En consecuencia, trabajó en un laboratorio textil para ganar dinero.
Un compañero de trabajo no quería convertir la solución en fibra.	Stephanie lo convenció de hacerlo.

Tu turno

Vuelve a leer "Stephanie Kwolek: Inventora". Busca otros problemas y soluciones. Escríbelos en una lista en el organizador gráfico.

¡Conéctate!
Usa el organizador gráfico interactivo.

343

Biografía

"Stephanie Kwolek: Inventora" es una biografía.

Una biografía:

- Es la historia verdadera de la vida de una persona real escrita por otra persona.
- Usualmente presenta sucesos en orden cronológico.
- Puede incluir líneas cronológicas y fotografías.

🔍 Busca evidencias en el texto

"Stephanie Kwolek: Inventora" es una biografía. Los sucesos clave de su vida se presentan en el orden en que ocurrieron. Tiene una línea cronológica y fotografías.

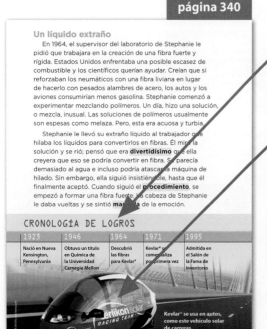

página 340

Un líquido extraño

En 1964, el supervisor del laboratorio de Stephanie le pidió que trabajara en la creación de una fibra fuerte y rígida. Estados Unidos enfrentaba una posible escasez de combustible y los científicos querían ayudar. Creían que si reforzaban los neumáticos con una fibra liviana en lugar de hacerlo con pesados alambres de acero, los autos y los aviones consumirían menos gasolina. Stephanie comenzó a experimentar mezclando polímeros. Un día, hizo una solución, o mezcla, inusual. Las soluciones de polímeros usualmente son espesas como melaza. Pero, esta era acuosa y turbia.

Stephanie le llevó su extraño líquido al trabajador que hilaba los líquidos para convertirlos en fibras. Él miró la solución y se rió; pensó que era **divertidísimo** que ella creyera que eso se podría convertir en fibra. Se parecía demasiado al agua e incluso podría atascar la máquina de hilado. Sin embargo, ella siguió insistiéndole, hasta que él finalmente aceptó. Cuando siguió el **procedimiento**, se empezó a formar una fibra fuerte. La cabeza de Stephanie le daba vueltas y se sintió mareada de la emoción.

CRONOLOGÍA DE LOGROS

1923	1946	1964	1971	1995
Nació en Nueva Kensington, Pennsylvania	Obtuvo un título en Química de la Universidad Carnegie Mellon	Descubrió las fibras para Kevlar®	Kevlar® se comercializa por primera vez	Admitida en el Salón de la Fama de Inventores

Kevlar® se usa en autos, como este vehículo solar de carreras.

340

Características del texto

Línea cronológica La línea cronológica muestra los sucesos en el orden en que acontecieron.

Fotografías y pies de foto Las fotografías te ayudan a imaginar la información del texto. Los pies de foto proporcionan más información.

 COLABORA

Tu turno

Haz una lista con dos características del texto que muestren que "Stephanie Kwolek: Inventora" es una biografía. Explica lo que aprendiste de las características.

Raíces griegas

Conocer las raíces griegas te puede ayudar a descubrir los significados de palabras desconocidas. Busca palabras con estas raíces griegas mientras lees "Stephanie Kwolek: Inventora".

cicl = circular   deca = diez

fot = luz   graf = escribir

Busca evidencias en el texto

Cuando vuelvo a leer la página 341 de "Stephanie Kwolek: Inventora", veo la palabra teléfono. *Sé que la raíz griega* fon *significa* sonido *y el prefijo griego* tele- *significa* lejos. *Esto me ayudará a descubrir el significado de la palabra.*

Algunos pasaron horas hablando en el teléfono con la oficina de patentes.

Tu turno

Usa raíces griegas para descubrir los significados de las siguientes palabras de "Stephanie Kwolek: Inventora".

década, *página 341*

bicicletas, *página 341*

fotografía, *página 341*

De lectores...

Los escritores usan palabras o frases de transición para organizar una secuencia de sucesos o para ir de una idea a otra. Vuelve a leer el siguiente párrafo de "Stephanie Kwolek: Inventora".

Ejemplo modelo

Transiciones

Identifica las **transiciones** que conectan las oraciones. ¿Cómo conectan estas palabras y frases una idea con la siguiente?

Después del descubrimiento de Stephanie, se necesitó casi una década de trabajo en equipo para desarrollar el Kevlar®. Algunos pasaron horas hablando en el teléfono con la oficina de patentes; y otros tuvieron que pensar en formas de usarlo y venderlo. Actualmente, casi toda la gente usa Kevlar®. El presidente y otros políticos visten ropa protectora hecha con él, al igual que leñadores, bomberos y oficiales de policía. Kevlar® también se usa en neumáticos, bicicletas, naves espaciales y esquís. Con el desarrollo de Kevlar®, Stephanie había hallado una forma de hacer ropa y equipo protector que fuera a la vez liviano y fuerte.

a escritores

Marcas de corrección

⌐┘ cambiar el orden

∧ insertar

⌃ insertar coma

⟍ eliminar

(ort.) revisar ortografía

≡ mayúscula

Braulio escribió sobre su hermana Laura. Lee las correcciones que hizo a una sección de su texto.

Manual de gramática

Página 448
Concordancia de verbo y pronombre

Ejemplo del estudiante

Mi hermana

Mi hermana Laura tiene un ~~corazón~~ buen~~o~~, así que la semana pasada decidió adoptar un gato ~~muy lindo~~. Pero a mi papá le molestaba que arruinara todos los

de la casa

muebles y las cortinas⌃

Por eso⌃ ella decidió in(ort.)bentar un muñeco que pudiera rasguñar. Primero, él ni siquiera lo miraba, pero ahora ~~tiene nuevos detalles y~~ es lo único que usa. ≡finalmente, mi hermana es ahora una inventora.

Tu turno

- ☑ Identifica las palabras y frases de transición.
- ☑ Identifica la concordancia de verbos y pronombres.
- ☑ Comenta cómo otras correcciones mejoraron su escritura.

¡Conéctate!
Escribe en el rincón del escritor.

Pregunta esencial

¿Qué puedes descubrir cuando miras algo de cerca?

¡Conéctate!

MIRA MÁS DE CERCA

Mira una pluma de pavo real y verás anillos de colores. Ahora mira la misma pluma bajo un microscopio y, de repente, verás que parece una piña de pino.

- ► ¿Qué descubres cuando miras un objeto desde lejos y luego de cerca?

- ► ¿Por qué los científicos examinan las cosas de cerca?

- ► ¿Qué te gustaría examinar bajo un microscopio?

Coméntalo

Escribe palabras que describan lo que ocurre cuando miras algo de cerca. Luego mira un objeto y di lo que ves.

De cerca

Vocabulario

Mira las fotos y lee las oraciones para comentar cada palabra con un compañero o una compañera.

aferrarse

La rana **se aferra** a la rama del árbol gracias a sus largas ancas.

¿Cuál es un sinónimo de aferrarse?

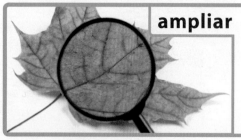

ampliar

Se puede **ampliar** una hoja para ver sus detalles más de cerca.

¿En qué se parecen las palabras ampliar y agrandar?

arenoso

La textura de la planta de sus pies es **arenosa**.

¿Qué otras cosas son arenosas?

característico

La temperatura helada en Alaska es algo **característico** de esa región.

Describe el clima característico de tu región.

detalle

En esta fotografía podemos ver los **detalles** de los colores de estos tres pingüinos.

¿Qué palabras se relacionan con detalle?

disolverse

La tableta **se disuelve** rápidamente en el agua.

¿Cómo se ve el azúcar cuando se disuelve en el agua?

húmedo

Me gusta la sensación tropical que da el aire **húmedo** de la selva tropical.

¿Cuál es un antónimo de húmedo?

microscopio

Los científicos usaron un **microscopio** para estudiar las células vegetales.

¿Qué te gustaría ver a través de un microscopio?

COLABORA

Tu turno

Elige tres palabras y escribe tres preguntas para tu compañero o compañera.

¡Conéctate! **Usa el glosario digital ilustrado.**

Tu mundo de cerca

Pregunta esencial

¿Qué puedes descubrir cuando miras algo de cerca?

Lee sobre una herramienta que nos permite ver de cerca objetos cotidianos.

Compara estos granos **arenosos** de azúcar con el cristal de azúcar ampliado.

¿La foto de la izquierda muestra un diamante o un prisma de cristal? Mira más de cerca. Retrocede un poco, estás *demasiado* cerca.

Es la foto de un cristal de azúcar. Este primer plano tan cercano se tomó con un microscopio eléctronico de electrones. Una herramienta que **amplía** el tamaño de un objeto miles de veces.

Las fotos que se toman con un microscopio electrónico de alta tecnología se llaman fotomicrografías. El cristal de azúcar de la izquierda puede parecer inmenso, pero la palabra *micro* significa pequeño, así que aquí estamos viendo de cerca una pequeña parte del cristal.

La fotomicrografía data de 1840 cuando un científico llamado Alfred Donné fotografió por primera vez imágenes con un microscopio. Hacia 1852, un farmacéutico alemán hizo la primera versión de una cámara que tomaba fotomicrografías. En 1882, Wilson "Copo de nieve" Bentley, de Vermont, se convirtió en la primera persona en usar una cámara con un **microscopio** incorporado para tomar fotografías de los copos de nieve. Sus fotos mostraron que no existe un copo de nieve **característico** y que cada uno es único. En la actualidad, tenemos micrografías de electrones.

Las fotografías de "Copo de nieve" Bentley mostraron que los copos de nieve tienen forma de hexágono.

Los microscopios livianos que usas en la escuela no son tan poderosos y no muestran muchos **detalles**. Un microscopio electrónico es una herramienta mucho más potente y les permite a los científicos ver cosas que no podemos ver con nuestros propios ojos, como las células de la piel o los ácaros del polvo.

La siguiente foto es un primer plano de la piel humana y muestra el detalle que puede capturar un microscopio electrónico. Entre más se amplíe una imagen, mayor será el detalle que verás en la fotografía. La mayor ampliación que una fotomicrografía puede capturar es aproximadamente de dos millones de veces el tamaño original de la imagen.

Las imágenes ampliadas han ayudado a los científicos a ver lo que causa las enfermedades. Y, con el tiempo, han podido aprender también cómo se comportan. Al mirar a través de los microscopios hemos incluso aprendido lo que hay dentro de una célula o cómo **se disuelve** un copo de nieve en una gota de agua.

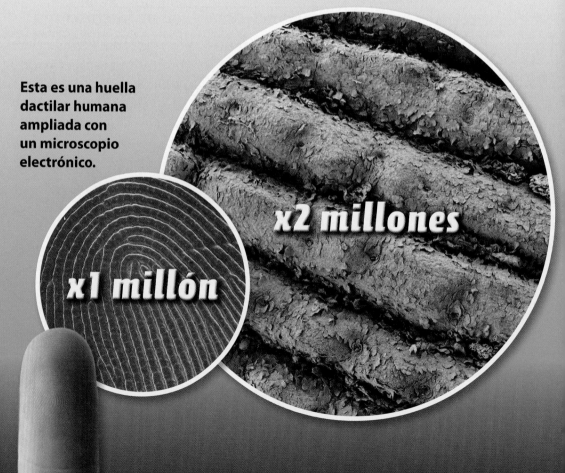

Esta es una huella dactilar humana ampliada con un microscopio electrónico.

x2 millones

x1 millón

Cuando se mira el moho que hay sobre una fresa bajo un microscopio electrónico, este parece un racimo de uvas.

Los científicos usan las micrografías de electrones para ver cómo cambian los objetos con el tiempo. Por ejemplo, podemos mirar un trozo de fruta para ver cómo se descompone. Primero, la fruta luce fresca. Después de unos días, comienza a ablandarse. Luego, las manchitas de moho aparecen y **se aferran** a ella. Los días pasan y, finalmente, el moho cubre toda la fruta. Podemos ver estos cambios bajo el microscopio mucho antes de lo que podemos verlos solo con nuestros ojos.

Imagina que estás con unos amigos en un día **húmedo** al aire libre. ¿Cómo se vería ampliado el sudor en tu piel? Las posibilidades son infinitas si examinas tu mundo de cerca.

¿?Haz conexiones

¿Cómo ayudan los microscopios electrónicos a los científicos? **PREGUNTA ESENCIAL**

¿Qué objetos de tu salón de clase te gustaría mirar bajo un microscopio? **EL TEXTO Y TÚ**

Resumir

Para resumir un párrafo o toda una sección, vuelve a decir con tus propias palabras las ideas o los detalles clave. Vuelve a leer "Tu mundo de cerca" y resume secciones del texto para asegurarte de que las entiendes.

Busca evidencias en el texto

Vuelve a leer el cuarto párrafo de la página 353. Identifica y resume los detalles clave del párrafo.

página 353

Es la foto de un cristal de azúcar. Este primer plano tan cercano se tomó con un microscopio eléctronico de electrones. Una herramienta que **amplía** el tamaño de un objeto miles de veces.

Las fotos que se toman con un microscopio electrónico de alta tecnología se llaman fotomicrografías. El cristal de azúcar de la izquierda puede parecer inmenso, pero la palabra *micro* significa pequeño, así que aquí estamos viendo de cerca una pequeña parte del cristal.

La fotomicrografía data de 1840 cuando un científico llamado Alfred Donné fotografió por primera vez imágenes con un microscopio. Hacia 1852, un farmacéutico alemán hizo la primera versión de una cámara que tomaba fotomicrografías. En 1882, Wilson "Copo de nieve" Bentley, de Vermont, se convirtió en la primera persona en usar una cámara con un **microscopio** incorporado para tomar fotografías de los copos de nieve. Sus fotos mostraron que no existe un copo de nieve **característico** y que cada uno es único. En la actualidad, tenemos micrografías de electrones.

En 1882, Wilson Bentley fue la primera persona en tomar fotos de cerca de los copos de nieve. Usó una cámara unida a un microscopio. Sus fotografías mostraron que cada copo de nieve es único.

Tu turno

COLABORA

Vuelve a leer la página 354 de "Tu mundo de cerca" y resume los detalles clave. Mientras lees, recuerda usar la estrategia de resumir.

Secuencia

Los autores usan la estructura del texto para organizar la información de un texto de no ficción. La secuencia es un tipo de estructura del texto. Los autores que usan esta estructura presentan la información ordenada cronológicamente y usan palabras que indican el tiempo.

 ### Busca evidencias en el texto

En la página 355 de "Tu mundo de cerca", leo cómo la fruta se descompone con el tiempo. Buscaré palabras que indiquen secuencia como primero *y* después.

Primero, la fruta se ve fresca.
↓
Después de unos días se ablanda y luego aparece el moho.
↓
Pasan más días y el moho cubre toda la fruta.

Tu turno

Vuelve a leer la página 353 de "Tu mundo de cerca". Completa tu organizador gráfico con detalles acerca del desarrollo de la fotomicrografía.

¡Conéctate!
Usa el organizador gráfico interactivo.

Texto expositivo

"Tu mundo de cerca" es un texto expositivo.

El texto expositivo:

- Brinda hechos e información sobre un tema.
- Puede incluir fotografías y pies de foto.

Busca evidencias en el texto

Puedo afirmar que "Tu mundo de cerca" es un texto expositivo. Veo fotografías y pies de foto. Además, veo una serie de fotografías que me ayudan a entender mejor el texto.

página 355

Cuando se mira el moho que hay sobre una fresa bajo un microscopio electrónico, este parece un racimo de uvas.

Los científicos usan las micrografías de electrones para ver cómo cambian los objetos con el tiempo. Por ejemplo, podemos mirar un trozo de fruta para ver cómo se descompone. Primero, la fruta luce fresca. Después de unos días, comienza a ablandarse. Luego, las manchitas de moho aparecen y **se aferran** a ella. Los días pasan y, finalmente, el moho cubre toda la fruta. Podemos ver estos cambios bajo el microscopio mucho antes de lo que podemos verlos solo con nuestros ojos.

Imagina que estás con unos amigos en un día **húmedo** al aire libre. ¿Cómo se vería ampliado el sudor en tu piel? Las posibilidades son infinitas si examinas tu mundo de cerca.

Haz conexiones

¿Cómo ayudan los microscopios electrónicos a los científicos? PREGUNTA ESENCIAL

¿Qué objetos de tu salón de clase te gustaría mirar bajo un microscopio? EL TEXTO Y TÚ

355

Características del texto

Fotografías y pies de foto

Las fotografías ayudan a ilustrar la información descrita en el texto. Los pies de foto explican las imágenes y agregan otra información importante acerca del tema.

COLABORA

Tu turno

Encuentra y enumera dos características del texto de "Tu mundo de cerca". Dile a tu compañero o compañera qué información aprendiste con cada característica.

Antónimos

Mientras lees "Tu mundo de cerca", puedes encontrar una palabra que no conoces. Algunas veces el autor usará un **antónimo**, es decir, otra palabra o frase que significa lo opuesto de la palabra desconocida.

 Busca evidencias en el texto

En la página 353 de "Tu mundo de cerca", no estoy seguro de qué significa inmenso. *Puedo usar la palabra* pequeño *para que me ayude a comprender el significado de* inmenso.

El cristal de azúcar de la izquierda puede parecer inmenso, pero la palabra *micro* significa pequeño, así que aquí estamos viendo de cerca una pequeña parte del cristal.

Tu turno

COLABORA

Usa claves de contexto y antónimos para encontrar el significado de estas palabras en "Tu mundo de cerca".

único, *página 353*

poderosos, *página 354*

descompone, *página 355*

Norbert Porta Sciencedoku/ScienceFoto/Getty Images

De lectores...

Los escritores usan un lenguaje y una voz apropiados para su audiencia y propósito. Cuando escriben un texto expositivo, los escritores usan un lenguaje y una voz formales. Vuelve a leer el siguiente fragmento de "Tu mundo de cerca".

Ejemplo modelo

Voz formal

Identifica palabras y frases que muestren una **voz formal**. ¿Qué información comparten estas palabras y frases con el lector?

La mayor ampliación que una fotomicrografía puede capturar es aproximadamente de dos millones de veces el tamaño original de la imagen.

Las imágenes ampliadas han ayudado a los científicos a ver lo que causa las enfermedades. Y, con el tiempo, han podido aprender también cómo se comportan. Al mirar a través de los microscopios hemos incluso aprendido lo que hay dentro de una célula o cómo se disuelve un copo de nieve en una gota de agua.

x2 millones

a escritores

Marcas de corrección

⌐⌐ cambiar el orden

∧ insertar

∧ insertar coma

⌐ eliminar

(ort.) revisar ortografía

≡ mayúscula

Leo escribió acerca de un objeto. Lee la revisión que hizo a una sección de su ensayo.

Manual de gramática

Página 448
Pronombres posesivos

Ejemplo del estudiante

OBJETO MISTERIOSO

Cuando uses esta ~~cosa~~ herramienta, debes

asegurar te de que el objeto que quieres

ampliar es tan pequeño (para como)

que quepa bajo tu lente. una hebra

de pelo mío o un pedazo de papel

~~tuyo~~ serían muy apropiados. ~~serían asombrosos.~~ Centrar

la (ort.) atensión cuidadosa mente en el objeto

mostrará el más detalle s en el lente.

Algunas de estas herramientas

tienen lentes poderosos, que muestran

el máximo
~~más~~ detalle. ~~¡Y eso es genial!~~ Y eso es una gran proeza.

Tu turno

☑ Identifica ejemplos de voz formal en el ensayo de Leo.

☑ Identifica usos correctos de pronombres posesivos.

☑ Explica cómo las correcciones de Leo mejoraron su escrito.

¡Conéctate!
Escribe en el rincón del escritor.

361

Concepto semanal   Desenterrar el pasado

Pregunta esencial

¿De qué manera aprender sobre el pasado sirve para entender el presente?

¡Conéctate!

(bkgd) ©Jeffrey L. Rotman/Corbis; (tr) Jeffrey L. Rotman/Peter Arnold/Getty Images; (br) ©Jeffrey Rotman/Corbis

362

TIME FOR KIDS®

TESOROS del PASADO

Los arqueólogos buscan restos que expliquen cómo vivían las personas del pasado. Estas claves del pasado son un valioso tesoro de información sobre las bases de nuestro país y de otros países también.

► ¿Cuáles son algunos lugares donde los arqueólogos buscan restos?

► ¿Por qué es importante aprender sobre el pasado? ¿Cómo puede ayudarnos a comprender el presente?

Coméntalo

COLABORA

Escribe palabras que describan por qué el pasado es importante. Luego habla con un compañero o una compañera sobre un período de la historia sobre el que les interese aprender y expliquen por qué.

El pasado

Vocabulario

**Mira las fotos y lee las oraciones para comentar
cada palabra con un compañero o una compañera.**

arqueología

El estudiante de posgrado en **arqueología**
ayudó a descubrir un templo antiguo.

*¿De qué manera la arqueología nos
ayuda a aprender sobre el pasado?*

documentar

Helena escribe en su diario para
documentar lo que le ocurrió en el día.

*¿Cómo podría documentar una
exploradora sus viajes?*

época

El alunizaje en 1969 dio comienzo a una
nueva **época** en la exploración espacial.

*¿Qué invento puso fin a la época del
caballo y el carruaje?*

evidencia

Los detectives buscaban **evidencias**
en la escena del crimen.

*¿Por qué los detectives buscan
evidencias?*

expedición

El biólogo forestal dirigió una **expedición** para explorar la selva.

¿Qué clase de expedición te gustaría dirigir?

fuerte

El **fuerte** estaba cerca de la bahía para proteger la ciudad de ataques piratas.

¿Qué fuertes fueron importantes en la independencia de Estados Unidos?

permanente

Las pirámides se construyeron con rocas enormes para que fueran firmes y **permanentes**.

¿Cuál es un sinónimo de permanente?

tremendo

Puedo ver un **tremendo** número de estrellas en el cielo nocturno.

¿Cuál es un antónimo de tremendo?

COLABORA

Tu turno

Elige tres palabras y escribe tres preguntas para tu compañero o compañera.

¡Conéctate! **Usa el glosario digital ilustrado.**

(t) Brian Bailey/Taxi/Getty Images; (ct) Travel Images/UIG/Universal Images Group/Getty Images; (cb) Adrian Pope/Photographer's Choice/Getty Images; (b) Stocktrek/Digital Vision/Getty Images

En el lugar donde todo comenzó

Pregunta esencial

¿De qué manera aprender sobre el pasado sirve para entender el presente?

Lee acerca del asentamiento de Jamestown.

Construcción de la colonia de Jamestown (Virginia), 1607

Realiza una gira por Jamestown (Virginia), la cuna de Estados Unidos.

Creyeron que estaban perdidos. El *Susan Constant*, el *Godspeed* y el *Discovery* habían zarpado de Londres, Inglaterra, el 20 de diciembre de 1606. La **expedición**, compuesta por 144 personas, se dirigía a Virginia.

Finalmente, el 26 de abril de 1607, los barcos entraron en la bahía de Chesapeake. En palabras de un navegante, encontraron "hermosas praderas y árboles considerablemente altos". En una isla sobre un río, construyeron un fuerte que nombraron en honor a su rey, James. Jamestown se convertiría en la primera colonia inglesa exitosa y **permanente** en el Nuevo Mundo.

Lucha por la supervivencia

Hay un proverbio que dice que "la ignorancia es una bendición". En el caso de los 104 hombres y jóvenes que desembarcaron en la costa esto fue cierto. Pues allí debieron afrontar **tremendos** desafíos. El agua del río James no era potable y los alimentos escaseaban. Dos semanas después de su llegada, 200 indígenas atacaron a los colonizadores.

En 1608, John Smith, un militar experimentado, se convirtió en el líder del asentamiento. Él había estado a cargo de encontrar tribus locales dispuestas a intercambiar alimentos por

Pocahontas salvó la vida del capitán John Smith.

cobre y cuentas ingleses. Smith era severo, tanto con los indígenas como con los ingleses. "Quien no trabaje, no comerá", les decía a los colonizadores. Él sabía que una actitud de "sálvese quien pueda" los pondría en peligro.

La región occidental de Chesapeake estaba bajo el control del jefe Powhatan, quien gobernaba un imperio de 14,000 personas de habla algonquina. Su hija, Pocahontas, se convirtió en una aliada y amiga útil de John Smith.

La Pocahontas de la vida real

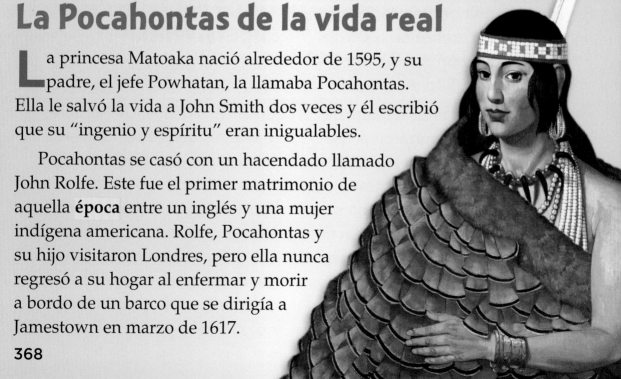

La princesa Matoaka nació alrededor de 1595, y su padre, el jefe Powhatan, la llamaba Pocahontas. Ella le salvó la vida a John Smith dos veces y él escribió que su "ingenio y espíritu" eran inigualables.

Pocahontas se casó con un hacendado llamado John Rolfe. Este fue el primer matrimonio de aquella **época** entre un inglés y una mujer indígena americana. Rolfe, Pocahontas y su hijo visitaron Londres, pero ella nunca regresó a su hogar al enfermar y morir a bordo de un barco que se dirigía a Jamestown en marzo de 1617.

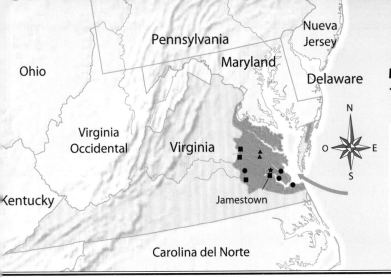

**Mapa del asentamiento de Virginia
1607–1700**

Nueva Jersey
Pennsylvania
Maryland
Delaware
Ohio
Virginia
Occidental
Virginia
Kentucky
Jamestown
Carolina del Norte

N
O   E
S

LEYENDA DEL MAPA

← Inmigrantes (ingleses, franceses, italianos, polacos y africanos)

▬ Extensión del asentamiento, 1700

● Aldea

■ Fuerte

▲ Reserva indígena

★ Capital

Una mirada más de cerca

Los arqueólogos que excavan en Jamestown han descubierto restos indígenas e ingleses, lo cual es una **evidencia** de que los indígenas vivieron en el fuerte por algún tiempo. "Debieron haber tenido una relación muy cercana", dice William Kelso, un experto en **arqueología** colonial estadounidense.

Kelso ha trabajado durante 10 años para **documentar** este lugar. Su equipo ha logrado descubrir más de un millón de artefactos y ha mapeado la forma del **fuerte**, sus cimientos y un cementerio.

Jamestown dejó un registro de codicia y guerra, pero también fue el comienzo del gobierno representativo. Los colonos le legaron a Estados Unidos una base sólida sobre la cual erigirse.

El Dr. William Kelso mientras trabaja en una excavación arqueológica en Jamestown

Haz conexiones

Comenta acerca de lo que los arqueólogos han encontrado en Jamestown.
PREGUNTA ESENCIAL

¿Qué te habría gustado preguntarle a John Smith acerca de Jamestown?
EL TEXTO Y TÚ

Resumir

Para resumir, vuelve a contar con tus palabras, brevemente, la idea principal y los detalles clave. Vuelve a leer "En el lugar donde todo comenzó" y resume secciones del texto para asegurarte de que entiendes la información importante.

 ## Busca evidencias en el texto

Vuelve a leer la nota al margen "La Pocahontas de la vida real" en la página 368. Resume los detalles importantes.

página 368

como con los ingleses. "Quien no trabaje, no comerá", les decía a los colonizadores. Él sabía que una actitud de "sálvese quien pueda" los pondría en peligro.

gobernaba un imperio de 14,000 personas de habla algonquina. Su hija, Pocahontas, se convirtió en una aliada y amiga útil de John Smith.

La Pocahontas de la vida real

La princesa Matoaka nació alrededor de 1595, y su padre, el jefe Powhatan, la llamaba Pocahontas. Ella le salvó la vida a John Smith dos veces y él escribió que su "ingenio y espíritu" eran inigualables.

Pocahontas se casó con un hacendado llamado John Rolfe. Este fue el primer matrimonio de aquella **época** entre un inglés y una mujer indígena americana. Rolfe, Pocahontas y su hijo visitaron Londres, pero ella nunca regresó a su hogar al enfermar y morir a bordo de un barco que se dirigía a Jamestown en marzo de 1617.

368

Pocahontas fue una indígena americana famosa. Era hija del jefe Powhatan y le salvó la vida dos veces a John Smith. Fue la primera indígena americana en casarse con un hombre inglés.

 COLABORA

Tu turno

Vuelve a leer la sección "Una mirada más de cerca" en la página 369 de "En el lugar donde todo comenzó". Resume los detalles más importantes. Cuando leas las otras selecciones, recuerda usar la estrategia de resumir.

Secuencia

La estructura del texto es la manera en que los autores organizan y presentan la información de una selección. La secuencia es un tipo de estructura del texto. Los autores presentan sucesos clave en el orden en que ocurrieron. Busca fechas y palabras que establezcan el orden cronológico.

Busca evidencias en el texto

Cuando vuelvo a leer la página 367 de "En el lugar donde todo comenzó", busco fechas y palabras que indiquen secuencia, como finalmente, luego y después, *para comprender el orden de los sucesos del texto.*

Tres barcos zarparon de Londres en 1606.

Busca palabras que indiquen orden cronológico.

Finalmente, los barcos entraron en la bahía de Chesapeake en 1607.

104 hombres y jóvenes desembarcaron en la costa.

Dos semanas después, los colonos fueron atacados.

Tu Turno

Vuelve a leer "La Pocahontas de la vida real" en la página 368. En tu organizador gráfico escribe en orden cronológico los sucesos clave que encuentres.

¡Conéctate!
Usa el organizador gráfico interactivo.

Artículo informativo

"En el lugar donde todo comenzó" es un artículo informativo.

Un artículo informativo:

- Es un texto de no ficción.
- Brinda información y hechos sobre personas, lugares y objetos.
- Puede incluir notas al margen y mapas.

 Busca evidencias en el texto

"En el lugar donde todo comenzó" es un artículo informativo. Proporciona hechos sobre la historia de Jamestown y el pueblo que vivió allí. El artículo también tiene un mapa y notas al margen.

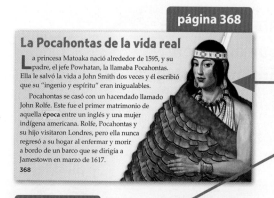

página 368

La Pocahontas de la vida real

La princesa Matoaka nació alrededor de 1595, y su padre, el jefe Powhatan, la llamaba Pocahontas. Ella le salvó la vida a John Smith dos veces y él escribió que su "ingenio y espíritu" eran inigualables.

Pocahontas se casó con un hacendado llamado John Rolfe. Este fue el primer matrimonio de aquella **época** entre un inglés y una mujer indígena americana. Rolfe, Pocahontas y su hijo visitaron Londres, pero ella nunca regresó a su hogar al enfermar y morir a bordo de un barco que se dirigía a Jamestown en marzo de 1617.

368

Características del texto

Notas al margen Estas notas contienen información adicional.

Mapa Los mapas muestran una zona geográfica específica.

página 369

Mapa del asentamiento de Virginia 1607–1700

LEYENDA DEL MAPA

Una mirada más de cerca

Los arqueólogos que excavan en Jamestown han descubierto restos indígenas e ingleses, lo cual es una **evidencia** de que los indígenas vivieron en el fuerte

Tu turno

COLABORA

Vuelve a leer "En el lugar donde todo comenzó". Encuentra dos características del texto e indica qué información aprendiste con cada característica.

Proverbios y refranes

Los proverbios y refranes son dichos cortos o expresiones que se han usado durante mucho tiempo y expresan una verdad general. Cada cultura los tiene. Busca claves de contexto para ayudarte a averiguar los significados de los proverbios y refranes.

Busca evidencias en el texto

En la sección "Lucha por la supervivencia" en la página 367 de "En el lugar donde todo comenzó", veo el proverbio la ignorancia es una bendición. *Las frases* tremendos desafíos, los alimentos escaseaban y 200 indígenas atacaron *me ayudan a entender lo que significa el proverbio.*

> Hay un proverbio que dice que "la ignorancia es una bendición". En el caso de los 104 hombres y jóvenes que desembarcaron en la costa esto fue cierto. Pues allí debieron afrontar tremendos desafíos. El agua del río James no era potable y los alimentos escaseaban. Dos semanas después de su llegada, 200 indígenas atacaron a los colonizadores.

Tu turno

Usa claves de contexto para determinar los significados de los proverbios y refranes que encontraste en "En el lugar donde todo comenzó".

Quien no trabaje, no comerá, página 368
Sálvese quien pueda, página 368

De lectores...

Un artículo informativo por lo general termina con un buen final que resume la idea principal del artículo. Vuelve a leer el siguiente fragmento de "En el lugar donde todo comenzó".

Ejemplo modelo

Buen final

Identifica la **oración de conclusión** que resume la idea principal del artículo.

Jamestown dejó un registro de codicia y guerra, pero también fue el comienzo del gobierno representativo. Los colonos le legaron a Estados Unidos una base sólida sobre la cual erigirse.

a escritores

Marcas de corrección

⌐┐ cambiar el orden

∧ insertar

∧ insertar coma

✤ eliminar

(ort.) revisar ortografía

≡ mayúscula

Elena escribió un artículo sobre Sybil Ludington. Lee las revisiones de Elena de una sección de su artículo.

Manual de gramática

Página 448
Pronombres indefinidos

Ejemplo del estudiante

Sybil Ludington, patriota

Sabes bastante sobre Paul Revere, pero ¿has h(ort.)escuchado algo de Sybil Ludington? Ella tenía solo 16 años‸ pero hizo lo mismo ¡y cabalgó el doble de distancia! ≡muchos pensaban que‸ ~~no era bueno~~ era malo que una joven cabalgara sola en la noche, pero Sybil hizo una ⌐buena cosa┐ esa noche y salvó‸ algunas vidas. ¡≡sybil Ludington fue una verdadera patriota estadounidense!

Tu turno

COLABORA

- ☑ Identifica la oración que ofrece un buen final.
- ☑ Identifica dónde hay pronombres indefinidos.
- ☑ Di cómo otras correcciones mejoraron su escrito.

¡Conéctate!
Escribe en el rincón del escritor.

Pasado, presente y futuro

Una vez que una palabra sale de tu boca,
no la puedes alcanzar
ni con el más veloz de los caballos.

REFRÁN CHINO

La gran idea

¿Cómo puedes construir sobre lo que había antes?

Pregunta esencial

¿Cómo conectan las tradiciones a las personas?

¡Conéctate!

TRADICIONES PARA COMPARTIR

Los cuentos, la música y la danza son parte de la tradición cultural y de la historia de una persona. Las culturas preservan sus tradiciones al enseñárselas a la siguiente generación. Mantener vivas las tradiciones culturales ayuda a conectar el pasado con el presente.

► ¿Qué hace el hombre de la fotografía?

► ¿Por qué es importante preservar nuestras tradiciones?

► ¿Cuáles son algunas tradiciones que disfrutas?

Coméntalo

Escribe palabras que describan diferentes tradiciones. Luego habla con un compañero o una compañera sobre tu tradición preferida.

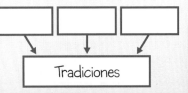

Vocabulario

Mira las fotos y lee las oraciones para comentar cada palabra con un compañero o una compañera.

ancestro

Mi abuela me mostró una fotografía de mis bisabuelos y otros **ancestros**.

¿Quiénes son algunos de tus ancestros?

comunicativo

Luisa y Marina son mujeres muy amables y **comunicativas**.

¿Por qué es importante ser comunicativo?

hipnotizado

Todos quedaron **hipnotizados** por el espectáculo de paracaidismo.

¿Alguna vez has quedado hipnotizado por algo?

honrar

Una manera de **honrar** nuestra bandera y país es pronunciar el juramento de lealtad.

¿Cómo honras a los héroes de tu país?

madrugada

Tengo que levantarme de **madrugada** para llegar temprano al trabajo.

¿Qué palabras se relacionan con madrugada?

percutir

El **percutir** de la batería es rítmico.

¿Qué otros instrumentos puedes percutir?

requintero

Esteban ha sido **requintero** desde pequeño, pues es una tradición familiar.

¿Te gustaría ser un requintero o preferirías tocar otro instrumento?

vigilancia

La **vigilancia** que nos ofrece la universidad nos hace sentir seguros.

¿En qué otros lugares ofrecen una buena vigilancia?

Tu turno

COLABORA

Elige tres palabras y escribe tres preguntas para tu compañero o compañera.

¡Conéctate! *Usa el glosario digital ilustrado.*

Pascual el tamborero

¿? Pregunta esencial

¿Cómo conectan las tradiciones a las personas?

Lee y descubre cómo Pascual y Sara se conocieron gracias a la tradición musical.

382

Pascual vivía en un pueblo llamado Armonía. Allí cada familia se dedicaba a fabricar e interpretar el instrumento que le correspondía según su tradición. Era una manera de **honrar** a sus ancestros.

Así, por ejemplo, los Rodríguez eran estrellas por ser los mejores flautistas. Los Mahecha tocaban el requinto. Es decir, eran una familia de **requinteros**, los mejores de toda la región. Los Linares fabricaban y tocaban el tiple. Los Estrada tocaban la bandola, que es como una guitarra, pero con forma de huevo. La familia Múnera se había dedicado a tocar y fabricar tamboras.

Pascual había nacido en una familia de guitarristas. Su padre le había regalado una guitarra. Pero cada vez que veía la tambora que los Múnera tenían afuera de su tienda, sentía ganas de tocarla. Además, esta le hablaba y le decía: "Pa-Pa-Pa-Pascual, necesito que me toques pa-pa-pa-para poder vivir".

Sin embargo, no le podía contar a nadie su secreto, pues en Armonía todos se conocían y eran muy **comunicativos**. Y si se llegaban a enterar de que prefería tocar la tambora a la guitarra, eso disgustaría a los miembros de su familia.

Una **madrugada** llegaron al pueblo una señora joven y su hija, que estaba en silla de ruedas. Cuando Pascual vio a la niña pensó que era muy linda. Su cabello era color azabache y su piel morena y fresca. Miraba con dos soles grandes y brillantes. Así que se les acercó y les preguntó:

—¿Les puedo ayudar en algo?

La madre contestó:

—Mi nombre es Yoli. Ella es mi hija Sara. Venimos buscando a Roberto Múnera, el fabricante de tamboras.

Pascual las acompañó. Pero quedó **hipnotizado** una vez más en la puerta al escuchar la voz de la tambora que le hablaba. Sara se dio cuenta de su relación con la tambora.

Aunque la **vigilancia** que Yoli le prestaba a Sara era mucha, se dejó llevar por la hermosura de las tamboras. Entonces Sara pudo quedarse con Pascual en la entrada de la tienda.

Sara acercó su silla a la tambora y comenzó a tocarla. Después le dijo a Pascual:

—Ven y toca, sé que quieres hacerlo. La tambora me dijo que quería que la tocaras.

—¿La tambora te habla? —le preguntó Pascual.

384

—Claro, Pascual. Por eso es que cada familia toca un instrumento determinado, porque tiene una relación especial con él. Mi tatarabuelo escuchó hablar a una tambora y desde entonces todos hablamos con ellas y las tocamos. Sé que tú la puedes oír.

—Pero es que mis **ancestros** eran guitarristas.

—Si la tambora te habla, es porque se conectó con tu corazón. Creo que puedes comenzar una nueva tradición tocando dos instrumentos, no solo la guitarra sino también la tambora.

Pascual comenzó a tocarla como si llevara haciéndolo toda su vida. El **percutir** de la tambora se escuchaba en todo el pueblo. Y cuando sus padres lo vieron, se sintieron orgullosos de tener un hijo doblemente musical y talentoso.

¿? Haz conexiones

¿Cómo las tradiciones musicales conectaron a Pascual y a Sara?
PREGUNTA ESENCIAL

¿Qué tradiciones de tu familia te gustan más? **EL TEXTO Y TÚ**

Volver a leer

Al leer un cuento de fantasía, puedes encontrar información o ideas desconocidas. Mientras lees "Pascual el tamborero", detente y vuelve a leer las secciones complejas del texto para asegurarte de que las entiendes y recuerdas los detalles clave.

 ## Busca evidencias en el texto

Quizá no estés seguro de lo que es un requinto y por qué forma parte de una tradición musical. Vuelve a leer los primeros dos párrafos de "Pascual el tamborero" en la página 383.

página 383

Pascual vivía en un pueblo llamado Armonía. Allí cada familia se dedicaba a fabricar e interpretar el instrumento que le correspondía según su tradición. Era una manera de **honrar** a sus ancestros.

Así, por ejemplo, los Rodríguez eran estrellas por ser los mejores flautistas. Los Mahecha tocaban el requinto. Es decir, eran una familia de **requinteros**, los mejores de toda la región. Los Linares fabricaban y tocaban el tiple. Los Estrada tocaban la bandola, que es como una guitarra, pero con forma de huevo. La familia Múnera se había dedicado a tocar y fabricar tamboras.

Pascual había nacido en una familia de guitarristas. Su padre le había regalado una guitarra. Pero cada vez que veía la tambora que los Múnera tenían afuera de su tienda, sentía ganas de tocarla. Además, esta le hablaba y le decía: "Pa-Pa-Pa-Pascual, necesito que me toques pa-pa-pa-para poder vivir".

Leo que el requinto es el instrumento que por tradición toca la familia Mahecha del pueblo Armonía. Puedo inferir que forma parte de una tradición musical porque todos los miembros de una familia comparten el gusto por este instrumento.

Tu turno

COLABORA

¿Por qué Pascual guardaba en secreto su pasión por la tambora? Vuelve a leer "Pascual el tamborero" para contestar la pregunta. Mientras lees, recuerda usar la estrategia de volver a leer.

Tema

El tema de un cuento es el mensaje general o la lección que un autor quiere transmitir. Para identificar el tema, piensa en lo que dicen y hacen los personajes, y en cómo cambian.

Busca evidencias en el texto

Cuando leo "Pascual el tamborero", me entero de que Pascual viene de una familia de guitarristas por tradición, pero se siente contrariado porque tiene una relación especial con la tambora. Creo que estos detalles son pistas que me muestran el tema del cuento.

> **Presta atención a las ideas y los sentimientos de los personajes.**

Detalle
Pascual había nacido en una familia de guitarristas.

↓

Detalle
Tiene una relación especial con la tambora, pues la escucha hablar.

↓

Detalle

↓

Tema

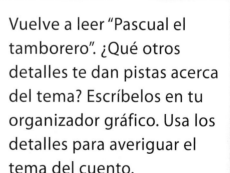

Tu turno

Vuelve a leer "Pascual el tamborero". ¿Qué otros detalles te dan pistas acerca del tema? Escríbelos en tu organizador gráfico. Usa los detalles para averiguar el tema del cuento.

¡Conéctate!
Usa el organizador gráfico interactivo.

Fantasía

El cuento "Pascual el tamborero" es fantasía.

La fantasía:
- Es un tipo de narración de ficción.
- Incluye personajes y sucesos inventados.
- Puede incluir diálogos e ilustraciones.
- Incluye sucesos y situaciones que no podrían ocurrir en la realidad.

Busca evidencias en el texto

Puedo decir que "Pascual el tamborero" es fantasía. Una tambora tiene cara y le habla a Pascual. Esto no sería posible en la vida real.

página 384

Una **madrugada** llegaron al pueblo una señora joven y su hija, que estaba en silla de ruedas. Cuando Pascual vio a la niña pensó que era muy linda. Su cabello era color azabache y su piel morena y fresca. Miraba con dos soles grandes y brillantes. Así que se les acercó y les preguntó:

—¿Les puedo ayudar en algo?

La madre contestó:

—Mi nombre es Yoli. Ella es mi hija Sara. Venimos buscando a Roberto Múnera, el fabricante de tamboras.

Pascual las acompañó. Pero quedó **hipnotizado** una vez más en la puerta al escuchar la voz de la tambora que le hablaba. Sara se dio cuenta de su relación con la tambora.

Aunque la **vigilancia** que Yoli le prestaba a Sara era mucha, se dejó llevar por la hermosura de las tamboras. Entonces Sara pudo quedarse con Pascual en la entrada de la tienda.

Sara acercó su silla a la tambora y comenzó a tocarla. Después le dijo a Pascual:

—Ven y toca, sé que quieres hacerlo. La tambora me dijo que quería que la tocaras.

—¿La tambora te habla? —le preguntó Pascual.

Diálogo El diálogo incluye las palabras textuales que salen de boca de los personajes. El diálogo te ayuda a saber lo que los personajes piensan y sienten.

COLABORA

Tu turno

Encuentra y escribe otros dos ejemplos de "Pascual el tamborero" que muestren que es fantasía.

Connotación y denotación

Connotación es una idea, significado o sentimiento asociado a una palabra. Denotación es la definición literal o la definición que da el diccionario de una palabra.

 Busca evidencias en el texto

Cuando leo la palabra fresca *en la página 384 de "Pascual el tamborero", sé que su connotación es diferente a su denotación. La denotación es* acabado de hacer. *La connotación es* joven y lozana.

Cuando Pascual vio a la niña pensó que era muy linda. Su cabello era color azabache y su piel morena y fresca.

COLABORA

Tu turno

Identifica la connotación y la denotación de las siguientes palabras de "Pascual el tamborero".

estrellas, *página 383*

azabache, *página 384*

soles, *página 384*

Ignacio Noé

De lectores...

Los escritores seleccionan palabras expresivas y descriptivas para que sus escritos sean vívidos e interesantes. Las palabras expresivas resaltan la acción y ayudan al lector a imaginarse lo que sucede. Vuelve a leer el siguiente fragmento de "Pascual el tamborero".

Ejemplo modelo

Palabras expresivas

Identifica las **palabras expresivas** que se usaron en el fragmento. ¿Cómo te ayudan las palabras y las frases descriptivas a imaginarte lo que sucede?

Una madrugada llegaron al pueblo una señora joven y su hija, que estaba en silla de ruedas. Cuando Pascual vio a la niña pensó que era muy linda. Su cabello era color azabache y su piel morena y fresca. Miraba con dos soles grandes y brillantes. Así que se les acercó y les preguntó:

—¿Les puedo ayudar en algo?

La madre contestó:

—Mi nombre es Yoli. Ella es mi hija Sara. Venimos buscando a Roberto Múnera, el fabricante de tamboras.

Pascual las acompañó. Pero quedó hipnotizado una vez más en la puerta al escuchar la voz de la tambora que le hablaba. Sara se dio cuenta de su relación con la tambora.

Ignacio Noé

a escritores

Marcas de corrección

⊓ cambiar el orden

∧ insertar

¶ nuevo párrafo

✄ eliminar

(ort.) revisar ortografía

≡ mayúscula

Clara escribió un cuento de fantasía acerca de una tradición familiar. Lee las correcciones que hizo a una sección de su cuento.

Manual de gramática

Página 448
Adjetivos demostrativos y posesivos

Ejemplo del estudiante

El Día de la
Independencia

Todos los años, el Día de la

                mi familia y yo

independencia, ~~nosotros~~ vamos al
≡

parque a ver el espectáculo de fuegos

    más fantástico del mundo

artificiales. De hecho, todos en el
    ^

    se reúnen para mirar ese

pueblo ~~ven aquel~~ show de luces que
        ^

es muy especial y diferente al de

                          (ort.)

cualquier otro lugar. ¶Cuando aqellos

fuegos artificiales tocan las nubes, se

    (ort.)

comiensan a formar óleos que ilustran

la independencia, como si fuera una

película. Es mi favorita tradición.

Tu turno

COLABORA

☑ Identifica las palabras expresivas y las descripciones del cuento de Clara.

☑ Identifica un adjetivo demostrativo y uno posesivo que haya incluido.

☑ ¿Cómo mejoró el texto con las correcciones?

¡Conéctate!
Escribe en el rincón del escritor.

Pregunta esencial

¿Por qué es importante mantener un registro del pasado?

¡Conéctate!

Historias sin contar

Durante generaciones, las personas han venido a Estados Unidos para comenzar una nueva vida. Sabemos algunas de sus historias gracias a cartas, diarios y fotografías que han sobrevivido a través de los siglos.

▶ ¿Qué sucede cuando no hay un registro del pasado?

▶ ¿Qué sabes sobre tu propia historia familiar?

Coméntalo

Escribe tres palabras o frases que describan por qué es importante mantener un registro del pasado. Luego comenta con un compañero o una compañera qué te gustaría que alguien supiera de ti en 100 años.

Disease Center at Ellis Island

Inspection at Ellis Island

El pasado

©Bettmann/Corbis

Vocabulario

Mira las fotos y lee las oraciones para comentar cada palabra con un compañero o una compañera.

antiguo

Las pirámides de Egipto son construcciones muy **antiguas**.

¿Qué construcciones antiguas te gustaría conocer?

códice

Los manuscritos de los aztecas también se conocen como **códices**.

¿Qué otras civilizaciones usaron los códices?

diverso

La flora y fauna de la selva amazónica son muy **diversas**.

¿Cuál es un sinónimo de diverso?

indicio

El interés de Gabriel en la clase es un **indicio** de que le gusta el tema.

¿Qué otras palabras se relacionan con indicio?

industria

Manuel trabaja en la **industria** automotriz.

¿Qué clase de industrias se desarrollan en tu país?

obediencia

Firulais no demuestra **obediencia** durante su entrenamiento.

¿Cómo se relacionan las palabras obedecer y obediencia?

origen

El **origen** de la escritura se remonta, entre otros, a los jeroglíficos egipcios.

Explica cuál es el origen de la imprenta.

ramificar

Mi árbol genealógico se **ramifica** más en la generación de mis padres.

¿Sabes cómo se ramifica tu árbol genealógico?

COLABORA

Tu turno

Elige tres palabras y escribe tres preguntas para tu compañero o compañera.

¡Conéctate! *Usa el glosario digital ilustrado.*

La importancia de los ancestros para Susy

¿? **Pregunta esencial**

¿Por qué es importante mantener un registro del pasado?

Lee y descubre cómo Susy mantiene el registro del pasado.

Lester Coloma

Susy tiene 10 años. Acaba de regresar de un viaje por México y aunque sus padres nacieron allá, nunca había ido, pues ellos son reporteros internacionales y viven en Estados Unidos. Llevan a Susy a la mayoría de sus viajes de trabajo. Desde que aprendió a escribir, siempre ha seguido el consejo de su sabia madre: llevar un cuaderno de notas para tomar apuntes. Sin embargo, esta vez sería un viaje diferente para Susy. Se decía: "¡Ay!, en esta ocasión voy a aprovechar mi viaje para conocer más de mis ancestros y así conocerme a mí misma". Para eso se hizo las siguientes preguntas que fue contestando en su cuaderno de notas a medida que recorría México.

¿Qué significa la palabra ancestro?

Esta palabra quiere decir padre o madre. Es el antepasado directo del cual proviene una persona. Algunos de los **antiguos** pobladores de México, o sea mis ancestros, eran indígenas que pertenecían a la civilización azteca. Ellos llegaron al territorio mexicano en el año 1325 y comenzaron a **ramificar** su descendencia en su primera ciudad, que llamaron Tenochtitlán. Algunos de los valores que parece que inculcaron a sus hijos fueron la **obediencia** y el respeto a los mayores.

Templo Mayor de México, Tenochtitlán

¿Cómo vivían los ancestros mexicanos?

Los principales cultivos de los aztecas eran: maíz, tabaco, chile, fruta y maguey. Los mexicanos también llaman a este último agave. De su zumo se sacan productos como el aceite y de su savia se saca la aguamiel. La planta de maguey es un **indicio** de que hay terrenos ricos en agua.

Los aztecas también se dedicaban a diferentes artes como la pintura. Así creaban **códices** con imágenes que representaban sus costumbres. Tenían especial talento para diseñar y construir piezas arquitectónicas majestuosas, como por ejemplo las pirámides escalonadas.

Las ruinas de las antiguas ciudades aztecas y las piezas que descansan en los museos del país muestran cómo este tipo de expresiones artísticas fueron una forma de mantener un registro de su vida. Gracias a ellas podemos conocer a nuestros ancestros. Solo tenemos que escuchar y ver atentamente.

En el códice Boturini se registra el camino desde la mítica ciudad de Aztlán hasta Tenochtitlán.

El calendario azteca muestra a sus dioses que representaban los días.

Tenían una **industria** textil en la que trabajaron con tejidos de diferentes clases, como se ve en los trajes que usaban y en el material sobre el que escribían los códices. Utilizaban el algodón y la piel de conejo para fabricar mantas. También fabricaban piezas de metal y cerámica.

Pero lo más interesante de aprender sobre los aztecas y el contexto en el que crecieron mis papás es ver que todavía hoy los mexicanos respetan y recuerdan a sus ancestros. Los habitantes de este país sienten un sumo aprecio por la herencia cultural tan **diversa** que les dejaron y promueven la conservación de sus tradiciones culturales y de su **origen** indígena en las escuelas. Incluso ves que lo hacen en las calles y los mercados, pues siguen haciendo representaciones en cerámica de la cultura de sus antepasados para que las nuevas generaciones y los extranjeros que los visitan no los olviden.

La arquitectura de Xochicalco incluye elementos de la cultura azteca.

¿? Haz conexiones

Comenta cómo las notas del cuaderno de Susy y las expresiones artísticas de los ancestros son importantes para mantener el registro del pasado de los aztecas.
PREGUNTA ESENCIAL

Si pudieras leer las notas de cuaderno de cualquier período histórico, ¿cuál elegirías? ¿Por qué? **EL TEXTO Y TÚ**

(b) Danita Delimont/Gallo Images/Getty Images

Volver a leer

Al leer un texto expositivo, es posible que encuentres hechos e ideas que son nuevos para ti. Mientras lees "La importancia de los ancestros para Susy", detente y vuelve a leer las secciones importantes del texto para asegurarte de que las entiendes y recuerdas los detalles clave.

Busca evidencias en el texto

Tal vez no entiendas por qué para Susy es interesante aprender sobre sus ancestros aztecas. Vuelve a leer el primer párrafo de la página 397 de "La importancia de los ancestros para Susy".

página 397

Susy tiene 10 años. Acaba de regresar de un viaje por México y aunque sus padres nacieron allá, nunca había ido, pues ellos son reporteros internacionales y viven en Estados Unidos. Llevan a Susy a la mayoría de sus viajes de trabajo. Desde que aprendió a escribir, siempre ha seguido el consejo de su sabia madre: llevar un cuaderno de notas para tomar apuntes. Sin embargo, esta vez sería un viaje diferente para Susy. Se decía: "¡Ay!, en esta ocasión voy a aprovechar mi viaje para conocer más de mis ancestros y así conocerme a mí misma". Para eso se hizo las siguientes preguntas que fue contestando en su cuaderno de notas a medida que recorría México.

Cuando vuelvo a leer, comprendo que para Susy es importante investigar sobre sus ancestros porque así puede saber más sobre sí misma. De esto puedo inferir que su identidad se nutre de la cultura y las costumbres de sus padres.

COLABORA

Tu turno

¿Cómo vivían los ancestros de Susy? Vuelve a leer las páginas 398 y 399 para averiguarlo. Cuando leas otras selecciones, recuerda usar la estrategia de volver a leer.

Tema

El tema de un texto es el mensaje o la lección principal que el autor quiere expresarle al lector. Para identificar el tema, presta mucha atención a las palabras y acciones de los personajes.

 ## Busca evidencias en el texto

En la página 397, leo que Susy utiliza su cuaderno de notas para recoger sus experiencias. Cuando voy a su cuaderno y veo lo que escribió en su viaje a México, aprendo que tanto ella como sus ancestros valoran mantener registros de su momento. Estos detalles son pistas del tema.

Detalle

Desde que aprendió a escribir, siempre ha llevado en su morral un cuaderno de notas.

Detalle

Los aztecas creaban códices con imágenes que representaban sus costumbres, rituales y religión.

Detalle

Los habitantes de México reproducen con orgullo la cultura de sus ancestros.

Tema

Tu turno

COLABORA

Vuelve a leer "La importancia de los ancestros para Susy". ¿Qué otros detalles te dan pistas sobre el tema? Escríbelos en el organizador gráfico. Usa detalles para averiguar el tema.

¡Conéctate!
Usa el organizador gráfico interactivo.

Texto expositivo

"La importancia de los ancestros para Susy" es un texto expositivo.

El texto expositivo:

- Explica hechos e información sobre un tema.
- Puede incluir subtítulos, fotografías y pies de foto.

 Busca evidencias en el texto

Puedo decir que "La importancia de los ancestros para Susy" es un texto expositivo. Veo detalles del texto como subtítulos, fotografías y pies de foto que me dan información adicional sobre el tema.

página 398

¿Cómo vivían los ancestros mexicanos?

Los principales cultivos de los aztecas eran: maíz, tabaco, chile, fruta y maguey. Los mexicanos también llaman a este último agave. De su zumo se sacan productos como el aceite y de su savia se saca el aguamiel. La planta de maguey es un **indicio** de que hay terrenos ricos en agua.

Los aztecas también se dedicaban a diferentes artes como la pintura. Así creaban **códices** con imágenes que representaban sus costumbres. Tenían especial talento para diseñar y construir piezas arquitectónicas majestuosas, como por ejemplo las pirámides escalonadas.

Las ruinas de las antiguas ciudades aztecas y las piezas que descansan en los museos del país muestran cómo este tipo de expresiones artísticas fueron una forma de mantener un registro de su vida. Gracias a ellas podemos conocer a nuestros ancestros. Solo tenemos que escuchar y ver atentamente.

En el códice Boturini se registra el camino desde la mítica ciudad de Aztlán hasta Tenochtitlán.

El calendario azteca muestra a sus dioses que representaban los días.

398

Características del texto

Fotografías y pies de foto Las fotografías ayudan a ilustrar la información descrita en el texto. Los pies de foto explican las imágenes y agregan otra información importante acerca del tema.

 COLABORA

Tu turno

Encuentra y escribe características del texto de "La importancia de los ancestros para Susy". Comenta con tu compañero o compañera qué información aprendiste con ellas.

Homófonos

Los homófonos son palabras que suenan igual, pero se escriben de modo diferente y tienen significados distintos. Pares de homófonos, como *hecho* y *echo*, se pueden confundir fácilmente. Presta atención a la manera en que se usa un homófono para averiguar su significado.

 Busca evidencias en el texto

La palabra savia *en el primer párrafo de la página 398 es un homófono. La palabra* sabia *suena igual, pero se escribe diferente y tiene un significado distinto. Sé que la* savia *es un líquido que tienen las plantas.* Sabia *se refiere a una persona con sabiduría.*

Los mexicanos también llaman a este último agave. De su zumo se sacan productos como el aceite y de su savia se saca la aguamiel.

Tu turno

Busca los siguientes homófonos en "La importancia de los ancestros para Susy". Di el significado de la palabra, luego identifica un homófono, di cómo se escribe y su significado.

¡Ay!, *página 397*
zumo, *página 398*
ves, *página 399*

Lester Coloma

 # De lectores...

Los escritores organizan los sucesos de un texto de manera lógica. La secuencia de palabras y frases ayudan a los lectores a entender el momento en que ocurren los sucesos del texto. Vuelve a leer la introducción de "La importancia de los ancestros para Susy" a continuación.

Secuencia

Identifica las palabras y frases de **secuencia**. ¿Cómo te ayudan estas palabras a entender la situación del texto?

Ejemplo modelo

Susy tiene 10 años. Acaba de regresar de un viaje por México y aunque sus padres nacieron allá, nunca había ido, pues ellos son reporteros internacionales y viven en Estados Unidos. Llevan a Susy a la mayoría de sus viajes de trabajo. Desde que aprendió a escribir, siempre ha seguido el consejo de su sabia madre: llevar un cuaderno de notas para tomar apuntes. Sin embargo, esta vez sería un viaje diferente para Susy. Se decía: "¡Ay!, en esta ocasión voy a aprovechar mi viaje para conocer más de mis ancestros y así conocerme a mí misma". Para eso se hizo las siguientes preguntas que fue contestando en su cuaderno de notas a medida que recorría México.

Lester Coloma

a escritores

Marcas de corrección

⌐⌐ cambiar el orden

∧ insertar

∧ insertar coma

⧸ eliminar

(ort) revisar ortografía

espacio

Benjamín escribió acerca del libro de recetas de su abuela. Lee las correcciones que hizo a una sección de su texto.

Manual de gramática

Página 448
Adjetivos comparativos y superlativos

Ejemplo del estudiante

El libro de recetas

Nunca pensé que con los libros de

recetas se podría#aprender tanto de la

familia‸ pero las tradiciones culinarias

me mostraron que tengo ráizes (ort) de

los mejores lugares. ⅄ Primero noté ∧ una receta de

deliciosísimo
goulash‸ que escribió mi bisabuela

Luego, me llamó la atención que hubiera
húngara. Había otra llamada "moros y

cristianos"‸ que mi ⌐cubano tatarabuelo⌐

había rejistrado (ort) en el libro.

Tu turno   COLABORA

☑ Identifica las palabras de secuencia que Benjamín escribió.

☑ Identifica ejemplos de adjetivos comparativos y superlativos.

☑ ¿Cómo mejoró el texto con las correcciones?

¡Conéctate!
Escribe en el rincón del escritor.

Pregunta esencial

¿Cómo han cambiado nuestros recursos energéticos a través de los años?

¡Conéctate!

SOLUCIONES ENERGÉTICAS

El edificio de la izquierda tiene tres turbinas eólicas que ayudan a producir la electricidad que necesita. La energía eólica es un ejemplo de fuente de energía renovable. El petróleo y el gas, o los combustibles fósiles, son fuentes de energía no renovable. Una vez que se agotan, se pierden para siempre.

► ¿Cuál es otro ejemplo de fuente de energía renovable?

► ¿Por qué es importante desarrollar nuevas fuentes de energía?

 Coméntalo COLABORA

Escribe palabras que hayas aprendido acerca de los recursos energéticos. Comenta con un compañero o una compañera lo que puedes hacer para ayudar a ahorrar energía.

Recursos energéticos

Vocabulario

Mira las fotos y lee las oraciones para comentar cada palabra con un compañero o una compañera.

coincidencia

Fue una **coincidencia** que Eric se encontrara con su amigo Tom en la feria.

¿Qué tipo de coincidencia te ha sucedido?

combustible

Este automóvil consume menos **combustible** que uno más grande.

¿Qué tipos de combustibles conoces?

consecuencia

Las **consecuencias** de la lluvia pueden ser la inundación de carreteras y campos.

¿Qué consecuencias puede haber si no haces tu tarea?

convertir

Convertimos el salón de clases en un laboratorio de ciencias.

¿Cuál es un sinónimo de convertir?

eficiente

El plomero **eficiente** hizo el trabajo rápida y fácilmente.

¿Cuál es una manera eficiente que tienes para llegar a tu escuela?

instalar

La ciudad **instaló** juegos infantiles nuevos en el parque.

¿Cuál es un sinónimo de instalar?

interesante

Fue muy **interesante** ver la tormenta eléctrica.

¿Qué has visto que te haya parecido interesante?

potencial

El **potencial** de la energía eólica para las industrias es muy prometedor.

¿Qué otro tipo de energía tiene potencial?

COLABORA

Tu turno

Elige tres palabras y escribe tres preguntas para tu compañero o compañera.

¡Conéctate! *Usa el glosario digital ilustrado.*

El gran DEBATE ENERGÉTICO

Pregunta esencial

¿Cómo han cambiado nuestros recursos energéticos a través de los años?

Lee acerca de un debate escolar sobre recursos energéticos.

Nuestro debate energético será un evento **interesante**. Pero tengo que estudiar mucho porque nuestro profesor solo nos dirá de qué lado del debate estaremos hasta el día anterior, lo cual significa que tendremos que preparar argumentos para ambas posiciones.

El debate será el próximo martes e incluirá una argumentación sobre diferentes fuentes de energía. Cada equipo tendrá un micrófono. Un equipo hablará acerca de los beneficios de una fuente de energía y el otro equipo hablará sobre sus inconvenientes. Así que tendremos que estudiar las **consecuencias** ambientales de cada recurso, al igual que sus costos.

¿Qué es energía?

Energía es la capacidad de realizar un trabajo o hacer un cambio. También es una fuente para producir electricidad o hacer un trabajo mecánico. Usamos el viento, el sol, los combustibles fósiles y los biocombustibles para producir energía. La quema de carbón produce energía calórica que se convierte en energía eléctrica. Usamos esa energía para iluminar nuestras casas. La energía solar proviene del sol. Los paneles solares transforman la energía solar en energía eléctrica.

Si debatimos sobre el futuro de la gasolina como fuente de energía, diría que la gasolina se produce a partir del petróleo, un combustible fósil. Según los geólogos, los combustibles fósiles se formaron durante millones de años a partir de plantas y restos de animales prehistóricos. Pero este es el problema: usamos estos combustibles más rápido de lo que tardan en formarse. Debido a que los combustibles fósiles son recursos no renovables, si seguimos usándolos, llegará un momento en que no quede ninguno. Además, ¡la quema de estos combustibles contamina el aire!

Es fácil ser hipercrítico acerca de los combustibles fósiles. Sin embargo, en la mayoría de nuestros automóviles y fábricas se usa este tipo de **combustible** y cambiar sería una tarea enorme.

Si el debate es acerca del uso de la energía eólica, debemos saber qué es una fuente de energía renovable. Por ejemplo, a diferencia de los combustibles fósiles, el viento nunca se va a agotar. ¡Una turbina eólica grande puede producir suficiente energía para toda una ciudad! Además, este método no daña el ambiente. Las turbinas se pueden poner en todo el mundo para atrapar la energía eólica. Luego, las turbinas **convierten** esta energía en energía eléctrica. Pero hay un inconveniente. Es posible que el viento no sea tan **eficiente** como otras fuentes de energía. El **potencial** de transformación de energía eólica en electricidad es de aproximadamente 30 a 40 por ciento. Sería muy costoso **instalar** turbinas eólicas en todo el mundo.

Este debate es importante para la gente en Estados Unidos. Nuestro país solo constituye el 5 por ciento de toda la población mundial. Pero consumimos el 30 por ciento de la energía mundial. No es una **coincidencia** que nos pidan a los estudiantes que participemos en estos debates. Tendremos que tomar estas decisiones cuando seamos adultos. ¡El debate será difícil, pero estaré preparada!

¿? Haz conexiones

¿Cómo podría cambiar nuestra dependencia de los combustibles fósiles en el futuro? **PREGUNTA ESENCIAL**

¿Qué puedes hacer para ayudar a ahorrar recursos energéticos? **EL TEXTO Y TÚ**

Hacer y responder preguntas

Cuando lees un texto informativo, puedes encontrar información nueva. Hacer preguntas sobre el texto y leer para encontrar la respuesta te puede ayudar a entender esta información nueva. A medida que lees "El gran debate energético", haz y responde preguntas acerca del texto.

Busca evidencias en el texto

Cuando leíste "El gran debate energético" por primera vez, tal vez te preguntaste por qué dice en la página 411 que los estudiantes debían tener "argumentos para ambas posiciones".

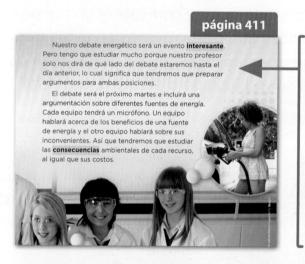

página 411

Nuestro debate energético será un evento **interesante**. Pero tengo que estudiar mucho porque nuestro profesor solo nos dirá de qué lado del debate estaremos hasta el día anterior, lo cual significa que tendremos que preparar argumentos para ambas posiciones.

El debate será el próximo martes e incluirá una argumentación sobre diferentes fuentes de energía. Cada equipo tendrá un micrófono. Un equipo hablará acerca de los beneficios de una fuente de energía y el otro equipo hablará sobre sus inconvenientes. Así que tendremos que estudiar las **consecuencias** ambientales de cada recurso, al igual que sus costos.

El texto dice que el profesor no dirá sobre qué lado del tema debatirán. Por consiguiente, inferí que los estudiantes tenían que estudiar las ventajas y las desventajas de cada posición.

COLABORA

Tu turno

Vuelve a leer "El gran debate energético" para hacer y responder preguntas por tu cuenta. A medida que leas, recuerda usar la estrategia de hacer y responder preguntas.

Idea principal y detalles clave

La idea principal es la idea o el punto más importante que un autor plantea en un párrafo o sección de un texto. Los detalles clave dan información importante para sustentar la idea principal.

 Busca evidencias en el texto

Cuando vuelvo a leer el primer párrafo de la página 412 de "El gran debate energético", puedo identificar los detalles clave. Después, pienso acerca de lo que tienen en común. Luego, puedo descifrar la idea principal de la selección.

Los detalles clave brindan información sobre la idea principal.

Idea principal
Si seguimos usando combustibles fósiles, en el futuro se agotarán.

Detalle
Los combustibles fósiles tardan millones de años en formarse.

Detalle
Usamos combustibles fósiles más rápidamente de lo que tardan en formarse.

Detalle
Los combustibles fósiles son recursos no renovables.

 COLABORA

Tu turno

Vuelve a leer el primer párrafo de la página 413. Encuentra los detalles clave y escríbelos en tu organizador gráfico. Usa los detalles para determinar la idea principal.

¡Conéctate!
Usa el organizador gráfico interactivo.

Narrativa de no ficción

"El gran debate energético" es narrativa de no ficción.

La narrativa de no ficción:

- Cuenta un relato.
- Presenta hechos e información sobre un tema.
- Puede incluir notas al margen.

Busca evidencias en el texto

Sé que "El gran debate energético" es narrativa de no ficción. Este texto es acerca de unos estudiantes que se preparan para un debate, y a la vez da datos sobre fuentes de energía. También tiene notas al margen.

página 412

¿Qué es energía?
Energía es la capacidad de realizar un trabajo o hacer un cambio. También es una fuente para producir electricidad o hacer un trabajo mecánico. Usamos el viento, el sol, los combustibles fósiles y los biocombustibles para producir energía. La quema de carbón produce energía calórica que se convierte en energía eléctrica. Usamos esa energía para iluminar nuestras casas. La energía solar proviene del sol. Los paneles solares transforman la energía solar en energía eléctrica.

Si debatimos sobre el futuro de la gasolina como fuente de energía, diría que la gasolina se produce a partir del petróleo, un combustible fósil. Según los geólogos, los combustibles fósiles se formaron durante millones de años a partir de plantas y restos de animales prehistóricos. Pero este es el problema: usamos estos combustibles más rápido de lo que tardan en formarse. Debido a que los combustibles fósiles son recursos no renovables, si seguimos usándolos, llegará un momento en que no quede ninguno. Además, ¡la quema de estos combustibles contamina el aire!

Es fácil ser hipercrítico acerca de los combustibles fósiles. Sin embargo, en la mayoría de nuestros automóviles y fábricas se usa este tipo de **combustible** y cambiar sería una tarea enorme.

412

Características del texto

Notas al margen Las notas al margen dan más información que ayuda a explicar el tema. Las notas al margen se leen después que la parte principal del texto.

Tu turno COLABORA

Encuentra y escribe dos características del texto de "El gran debate energético". Explica lo que aprendiste con cada característica.

Prefijos latinos y griegos

Un prefijo es la parte de una palabra que se agrega al comienzo de esta para cambiar su significado. Algunos prefijos provienen del latín, como:

trans- = *al otro lado*   *pre-* = *antes*

Otros prefijos provienen del griego, como:

hiper- = *excesivamente*   *bio-* = *vida*

Busca evidencias en el texto

En "El gran debate energético", veo la palabra biocombustibles *en la página 412. Bio- es un prefijo griego que significa "vida". Así que* biocombustibles *son combustibles que provienen de materia viva.*

Usamos el viento, el sol, los combustibles fósiles y los biocombustibles para producir energía.

Tu turno

COLABORA

Usa tu conocimiento sobre prefijos y claves de contexto para descubrir el significado de las siguientes palabras de "El gran debate energético".

prehistóricos, *página 412*

hipercrítico, *página 412*

transformación, *página 413*

De lectores...

Los escritores usan palabras de transición para organizar una secuencia de sucesos o ir de una idea a otra. Vuelve a leer el fragmento de "El gran debate energético" que sigue a continuación.

Transiciones

Identifica las transiciones. ¿Cómo las **palabras de transición** ayudan al lector a pasar de una idea a otra?

Ejemplo modelo

Si el debate es acerca del uso de la energía eólica, debemos saber qué es una fuente de energía renovable. Por ejemplo, a diferencia de los combustibles fósiles, el viento nunca se va a agotar. ¡Una turbina eólica grande puede producir suficiente energía para toda una ciudad! Además, este método no daña el ambiente. Las turbinas se pueden poner en todo el mundo para atrapar la energía eólica. Luego, las turbinas convierten esta energía en energía eléctrica. Pero hay un inconveniente. Es posible que el viento no sea tan eficiente como otras fuentes de energía. El potencial de transformación de energía eólica en electricidad es de aproximadamente 30 a 40 por ciento. Sería muy costoso instalar turbinas eólicas en todo el mundo.

a escritores

Sandra escribió acerca del ahorro de energía. Lee sus correcciones a esta sección de su ensayo.

Marcas de corrección

⌐⌐ cambiar el orden

∧ insertar

∧ insertar coma

ℐ eliminar

(ort.) revisar ortografía

/ minúscula

Manual de gramática

Página 448
Adverbios de modo, tiempo y lugar

Ejemplo del estudiante

ENERGÍA

No puedo vivir sin ~~ninguna~~ electricidad

Por ejemplo,
en casa. /La necesito para encender las luces

Sin embargo,
y prender mi computadora. /Pienso que

debemos ahorrar energía tanto como sea

posib~~el~~. El desperdicio de energía aquí es

Además,
costoso. /Nuestros recursos se están

acabando. No debemos seguir ~~no~~

dependiendo así de los combustibles

fósiles. Hoy debemos aprender a(ort.)erca de

la energía solar, la eólica y la hidráulica.

Tu turno

☑ Identifica las palabras de transición que incluyó.

☑ Identifica dos adverbios en el texto.

☑ Explica cómo las correcciones mejoraron el escrito de Sandra.

¡Conéctate!
Escribe en el rincón del escritor.

Pregunta esencial

¿Cuál ha sido la función del dinero a través de los años?

¡Conéctate!

¡Aquí está mi DÓLAR!

¿Tienes un billete de un dólar? Ese dólar se puede cambiar por un sinnúmero de cosas. Hace muchos siglos, las personas tenían que hacer trueque, o intercambiar los productos y los servicios que querían.

▶ ¿Cuáles son las diferentes formas en que usamos el dinero?

▶ ¿Cómo crees que pagaremos las cosas en el futuro?

Coméntalo

COLABORA

Escribe palabras que digan cómo se usa el dinero. Luego comenta cómo crees que lucirá el dinero en el futuro.

Dinero

Vocabulario

Mira las fotos y lee las oraciones para comentar cada palabra con un compañero o una compañera.

economía

El trueque es un sistema de **economía** donde se intercambia una cosa por otra.

¿Qué puedes aprender sobre economía al abrir un puesto de venta de limonada?

empresario

Sara es una **empresaria** que comenzó su propio negocio de pasear perros.

Si te convirtieras en empresario o empresaria, ¿qué negocio comenzarías?

global

Internet es una red electrónica **global** que conecta a las personas de todo el mundo.

¿Cuál es la diferencia entre local y global?

invertir

Victoria quiere **invertir** más dinero de su mesada en su colección de estampillas.

¿En qué otra cosa podrías invertir dinero?

mercado

Laura y su madre fueron al **mercado** para comprar verduras frescas.

¿Qué otra cosa pueden comprar las personas en el mercado?

moneda

Cambié dinero estadounidense por **moneda** extranjera en un banco.

¿Qué clase de moneda usamos en Estados Unidos?

transacción

Ariel dio su tarjeta de crédito como parte de la **transacción** para pagar su desayuno.

¿Qué se puede usar en lugar de dinero durante una transacción en internet?

valioso

Daniel encontró unas monedas muy antiguas y **valiosas** mientras jugaba en la habitación de su abuela.

¿Cómo sabes que un objeto es valioso?

COLABORA

Tu turno

Elige tres palabras y escribe tres preguntas para tu compañero o compañera.

¡Conéctate! Usa el glosario digital ilustrado.

LA HISTORIA
del DINERO

¿? Pregunta esencial

¿Cuál ha sido la función del dinero a través de los años?

Lee acerca de la historia del dinero.

Una pintura del centro comercial de Beijing (China) en 1840

¿Qué hace que el dinero sea **valioso**? Un billete de un dólar es solo un trozo de papel. No puedes comer, vestir o vivir en un billete de un dólar. ¿Entonces por qué lo queremos? Piensa en el refrán "el dinero no crece en los árboles". El dinero es valioso porque es difícil de conseguir.

Trueque

Imagina que eres un pastor de cabras que visita un **mercado** de China en 1200 a. C. Allí venden desde ganado hasta herramientas. Supón que necesitas comprar un trozo de cuerda. ¿Cómo lo pagarías? Tus cabras son tu única fuente de ingreso, así que no querrás intercambiar una cabra por una cuerda. ¡La cabra es demasiado valiosa! En su lugar, podrías intercambiar leche de cabra por la cuerda. Este sistema de **economía** se llama trueque. Pero ¿y si el comerciante de cuerdas no quiere leche de cabra?

Primeras monedas

No hay que llorar sobre la leche derramada. Por fortuna vendiste algo de leche de cabra temprano ese día a cambio de diez caracoles cauris, el primer sistema de **moneda** de China. Entregaste dos caracoles al comerciante de cuerdas y pusiste el resto en tu bolsillo. Es una forma mucho más fácil de comprar y vender cosas, pues los caracoles cauris son livianos, durables y más fáciles de cargar que una cabra. Mientras tanto, el concepto de moneda gana popularidad en Tailandia, India y África.

Decides ahorrar tus caracoles restantes hasta que tengas para **invertir** en otra cabra. Gastarás tus caracoles cauris esperando que otra cabra rinda sus frutos más adelante. Este tipo de riesgo comercial te convierte en un **empresario**.

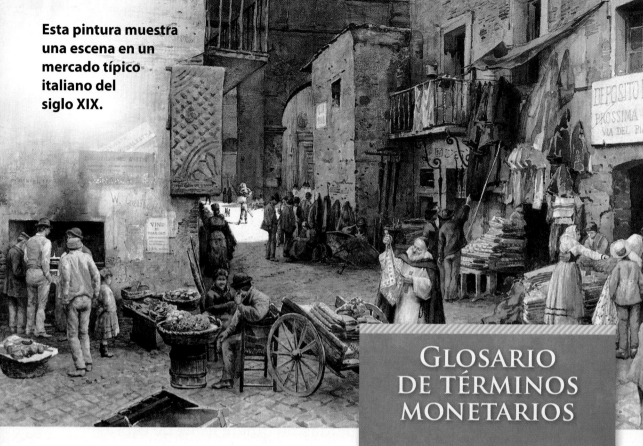

Esta pintura muestra una escena en un mercado típico italiano del siglo XIX.

Nuevos tipos de moneda

Si hubieras estado en un mercado de Roma cerca del año 900 a. C., habrías podido usar sal como una forma de moneda.

Las monedas de metal surgieron primero en China alrededor del año 1000 a. C. Variaban en forma, tamaño y valor. Hacia el siglo VII a. C., las monedas hechas de metales preciosos como la plata y el oro se volvieron populares en Europa y el Medio Oriente. Eran redondas, y después de pesarlas para saber su valor, eran acuñadas con diseños que indicaban su valor. En la actualidad se dice que alguien "vale su peso en oro".

GLOSARIO DE TÉRMINOS MONETARIOS

ECONOMÍA Sistema o método para administrar la producción y distribución de dinero, bienes y servicios.

MERCADO Lugar donde se compran y venden alimentos y bienes, o el mundo de los negocios, el comercio y la economía.

MONEDA Cualquier forma de dinero que se use en un país.

TRUEQUE Negociar al intercambiar alimentos, servicios o productos en lugar de usar dinero.

Papel moneda

Llevar una bolsa de monedas pesa. El peso de las monedas y la escasez de metal son dos razones por las que el uso del papel moneda se desarrolló en China en el siglo X. El primer papel moneda europeo apareció en Suecia a comienzos del siglo XVII. Italia comenzó a usar papel moneda casi 90 años más tarde. El papel moneda representó el oro o la plata que una persona tenía en el banco. Hoy podemos saber el valor del papel moneda leyendo los números que tiene.

Dinero contemporáneo

En la economía **global** actual, es común intercambiar dinero electrónicamente, por eso muchas personas usan una tarjeta de crédito o débito para hacer **transacciones** digitales. Los números en una pantalla de computadora representan dólares y centavos, pero no se intercambia papel moneda real.

Gastar es fácil, ahorrar es importante. Antes de gastar piensa: "Un centavo ahorrado es un centavo ganado".

Haz conexiones

¿Por qué el uso de moneda reemplazó el trueque? **PREGUNTA ESENCIAL**

¿De qué manera afecta el dinero tu vida diaria? **EL TEXTO Y TÚ**

Hacer y responder preguntas

Cuando lees textos informativos, puedes hacer preguntas antes, durante y después de leer para ayudarte a entender el texto y recordar la información. A medida que lees "La historia del dinero", busca las respuestas a tus preguntas.

 ## Busca evidencias en el texto

Puedes preguntarte por qué el papel moneda fue una mejora frente a las monedas. Vuelve a leer la sección "Papel moneda" de la página 427 de "La historia del dinero" para hallar la respuesta.

---

página 427

Papel moneda

Llevar una bolsa de monedas pesa. El peso de las monedas y la escasez de metal son dos razones por las que el uso del papel moneda se desarrolló en China en el siglo X. El primer papel moneda europeo apareció en Suecia a comienzos del siglo XVII. Italia comenzó a usar papel moneda casi 90 años más tarde. El papel moneda representó el oro o la plata que una persona tenía en el banco. Hoy podemos saber el valor del papel moneda leyendo los números que tiene.

Dinero contemporáneo

En la economía **global** actual, es común intercambiar dinero electrónicamente, por eso muchas personas usan una tarjeta de crédito o débito para hacer **transacciones**

> *Al volver a leer esta sección, veo que las monedas son pesadas. De esta evidencia puedo inferir que el papel moneda fue una mejora porque es más liviano y fácil de cargar.*

COLABORA

Tu turno

A medida que vuelves a leer "La historia del dinero", haz tu propia pregunta y luego lee para encontrar la respuesta. Cuando leas otras selecciones, recuerda usar la estrategia de hacer y responder preguntas.

Idea principal y detalles clave

La idea principal es la idea o punto más importante que un autor presenta en un párrafo o sección del texto. Los detalles clave dan información importante para sustentar la idea principal.

 ## Busca evidencias en el texto

Cuando vuelvo a leer "Nuevos tipos de moneda" en la página 426 de "La historia del dinero", primero puedo mirar atentamente para encontrar los detalles clave. Luego puedo pensar qué tienen en común. Finalmente puedo descifrar la idea principal de la sección.

Idea principal
Las primeras monedas de metal variaban en forma, tamaño y valor.

Todos los detalles clave se refieren a la idea principal.

Detalle
Las monedas se hacían con metales preciosos como la plata y el oro.

Detalle
Las monedas generalmente eran redondas.

Detalle
Las monedas eran acuñadas con diseños que establecían su valor.

COLABORA

Tu turno

Vuelve a leer la sección "Papel moneda" en la página 427 de "La historia del dinero". Encuentra los detalles clave y escríbelos en tu organizador gráfico. Usa los detalles para determinar la idea principal de este fragmento.

¡Conéctate!
Usa el organizador gráfico interactivo.

Texto expositivo

"La historia del dinero" es un texto expositivo.

El texto expositivo:
- Explica hechos e información sobre un tema.
- Puede incluir subtítulos y un glosario.

Busca evidencias en el texto

Sé que "La historia del dinero" es un texto expositivo. Me da hechos e información sobre los tipos de dinero que se han usado a través de la historia. Incluye subtítulos y un glosario.

página 426

Esta pintura muestra una escena en un mercado típico italiano del siglo XIX.

Nuevos tipos de moneda

Si hubieras estado en un mercado de Roma cerca del año 900 a. C., habrías podido usar sal como una forma de moneda.

Las monedas de metal surgieron primero en China alrededor del año 1000 a. C. Variaban en forma, tamaño y valor. Hacia el siglo VII a. C., las monedas hechas de metales preciosos como la plata y el oro se volvieron populares en Europa y el Medio Oriente. Eran redondas, y después de pesarlas para saber su valor, eran acuñadas con diseños que indicaban su valor. En la actualidad se dice que alguien "vale su peso en oro".

426

GLOSARIO DE TÉRMINOS MONETARIOS

ECONOMÍA Sistema o método para administrar la producción y distribución de dinero, bienes y servicios.

MERCADO Lugar donde se compran y venden alimentos y bienes, o el mundo de los negocios, el comercio y la economía.

MONEDA Cualquier forma de dinero que se use en un país.

TRUEQUE Negociar al intercambiar alimentos, servicios o productos en lugar de usar dinero.

Características del texto

Subtítulos Los subtítulos explican qué tipo de información hay en cada sección del texto.

Glosario Un glosario define palabras importantes para el tema de la selección en una lista ordenada alfabéticamente.

COLABORA

Tu turno

Encuentra y escribe dos características del texto de "La historia del dinero". Di qué información aprendiste con cada característica del texto.

Proverbios y refranes

Los proverbios y los refranes son dichos cortos que se han usado por mucho tiempo. Con frecuencia expresan una verdad u observación general. Todas las culturas los tienen. Busca claves de contexto que te ayuden a descifrar su significado.

Busca evidencias en el texto

Cuando vuelvo a leer "Dinero contemporáneo" en la página 427 de "La historia del dinero", veo el proverbio "Un centavo ahorrado es un centavo ganado". La oración anterior me ayuda a descifrar qué significa el proverbio.

Gastar es fácil, ahorrar es importante. Antes de gastar piensa: "Un centavo ahorrado es un centavo ganado".

Tu turno

COLABORA

Usa claves en el párrafo para determinar los significados de los siguientes proverbios y refranes en "La historia del dinero".

El dinero no crece en los árboles, página 425

No hay que llorar sobre la leche derramada, página 425

Blend Images/Getty Images

De lectores...

Los escritores usan palabras de contenido para explicar un tema. Las palabras de contenido son palabras específicas que se relacionan con un tema. Vuelve a leer el siguiente fragmento de "La historia del dinero".

Palabras de contenido

Identifica las **palabras de contenido**. ¿Cómo te ayudan estas palabras a aprender sobre el tema?

Ejemplo modelo

Mientras tanto, el concepto de moneda gana popularidad en Tailandia, India y África.

Decides ahorrar tus caracoles restantes hasta que tengas para invertir en otra cabra. Gastarás tus caracoles cauris esperando que otra cabra rinda sus frutos más adelante. Este tipo de riesgo comercial te convierte en un empresario.

a escritores

Marcas de corrección

⌐┘ cambiar el orden

∧ insertar

⌃⸴ insertar coma

✐ eliminar

(ort.) revisar ortografía

≡ mayúscula

Jairo escribió acerca de por qué las personas trabajan. Lee las correcciones que hizo a una de las secciones de su texto.

Manual de gramática

Página 448
Adverbios comparativos

Ejemplo del estudiante

Por qué las personas trabajan

Las personas trabajan, ~~así pagan~~ **para ganar un ingreso, y** **para obtener**

las cosas que necesitan y quieren.

Las personas trabajan también

porque eso mantiene nuestra

economía próspera. Ganar dinero

|importante| es muy. (ort.) Cuando yo qeuría

una bicicleta, mis padres dijeron que

tenía que ganarla trabajando.

después de qᵤé pasear el perro del

por tres meses,
vecino, conseguí dinero para comprar

una bicicleta más bonita que la vieja.

Tu turno
COLABORA

✔ Identifica las palabras de contenido que incluyó.

✔ Identifica un adverbio comparativo que Jairo haya usado.

✔ Di cómo las correcciones de Jairo mejoraron su escrito.

¡Conéctate!
Escribe en el rincón del escritor.

433

Concepto semanal Encontrar mi lugar

Pregunta esencial

¿Qué forma la identidad de una persona?

¡Conéctate!

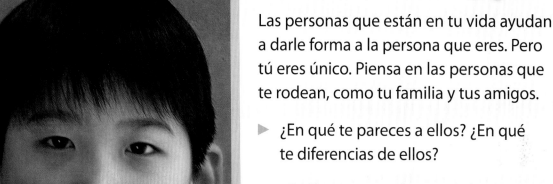

Poesía
¿Quién soy yo?

Las personas que están en tu vida ayudan a darle forma a la persona que eres. Pero tú eres único. Piensa en las personas que te rodean, como tu familia y tus amigos.

► ¿En qué te pareces a ellos? ¿En qué te diferencias de ellos?

► ¿Cuáles sucesos de tu vida han influido más en ti?

► ¿De dónde provienen tus ancestros? Conocer tus raíces puede ayudarte a entender tu identidad.

Coméntalo

Escribe palabras que describan quién eres. Luego habla con tu compañero o compañera sobre lo que te ha ayudado a ser como eres.

Mi identidad

Vocabulario

Mira las fotos y lee las oraciones para comentar cada palabra con un compañero o una compañera.

delicioso

Las frutas frescas que compro todas las mañanas en el mercado son **deliciosas**.

¿Para ti cuál es el alimento más delicioso?

individualidad

Sara expresa su **individualidad** usando unas pantuflas muy coloridas.

¿Qué palabras se relacionan con individualidad?

raíz

Me gusta ver fotografías donde pueda identificar mis **raíces** y las de mi familia.

¿Qué has aprendido de tus raíces?

vigoroso

A pesar de su edad, Álvaro y Sonia se mantienen **vigorosos** y activos.

¿Conoces personas en tu escuela que sean muy vigorosas?

Términos de poesía

imaginería

La **imaginería** es el uso de palabras para crear una imagen mental en el lector.

¿Cómo ayuda el uso de detalles sensoriales a crear imaginería?

personificación

La **personificación** es cuando se dan características humanas a cualquier cosa que no lo es.

¿Cuál sería un ejemplo de personificación?

metáfora

Una **metáfora** compara dos cosas diferentes sin usar las palabras *como* o *cual*.

Usa una metáfora para describir un autobús escolar.

verso libre

Los poemas de **verso libre** no tienen un patrón de métrica ni un esquema de rima coherentes.

¿Por qué un poeta elegiría escribir en verso libre?

COLABORA

Tu turno

Elige tres palabras y escribe tres preguntas para tu compañero o compañera.

¡Conéctate! **Usa el glosario digital ilustrado.**

McGraw-Hill Companies Inc./Ken Karp, photographer

Oda a la escuela

Ahora que el curso termina,
nos despedimos felices,
como buenos aprendices
de una noble disciplina.
Con esa luz que germina
en la risa y la mirada,
contemplamos la alborada
de un brillante y nuevo día.
Nos invade la alegría
con fuerza de marejada.

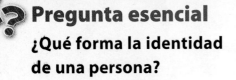

¿? **Pregunta esencial**

¿Qué forma la identidad de una persona?

Lee acerca de cómo los poetas se refieren a experiencias importantes.

Rogério Soud

438

Aquí aprendimos a ser
amigos y compañeros,
entusiastas y sinceros,
cumplidores del deber.
Disfrutamos al leer
versos breves, largas prosas
de imágenes deliciosas
que nos dejaron secuela.
Ha sido un árbol la escuela
de raíces vigorosas.

Alexis Romay

439

La higuera

Porque es áspera y fea,
porque todas sus ramas son grises,
yo le tengo piedad a la higuera.
En mi quinta hay cien árboles bellos,
ciruelos redondos,
limoneros rectos
y naranjos de brotes lustrosos.
En las primaveras
todos ellos se cubren de flores
en torno a la higuera.
Y la pobre parece tan triste
con sus gajos torcidos que nunca
de apretados capullos se visten...

Por eso,
cada vez que yo paso a su lado,
digo, procurando
hacer dulce y alegre mi acento:
«Es la higuera el más bello
de los árboles todos del huerto».

Si ella escucha,
si comprende el idioma en que hablo,
¡qué dulzura tan honda hará nido
en su alma sensible de árbol!

Y tal vez, a la noche,
cuando el viento abanique su copa,
embriagada de gozo le cuente:
"¡Hoy a mí me dijeron hermosa!".

Juana de Ibarbourou

Haz conexiones

¿Qué piensan estos poetas que forma la individualidad de una persona? **PREGUNTA ESENCIAL**

¿Para ti qué cosas forman tu personalidad? **EL TEXTO Y TÚ**

Verso libre

El verso libre:

- No tiene un esquema de rima ni un patrón de métrica.
- Es una composición en versos irregulares.

Busca evidencias en el texto

Puedo saber que "La higuera" es un poema de verso libre porque no tiene un patrón de rima ni de métrica.

página 440

La higuera

Porque es áspera y fea,
porque todas sus ramas son grises,
yo le tengo piedad a la higuera.
En mi quinta hay cien árboles bellos,
ciruelos redondos,
limoneros rectos
y naranjos de brotes lustrosos.
En las primaveras
todos ellos se cubren de flores
en torno a la higuera.
Y la pobre parece tan triste
con sus gajos torcidos que nunca
de apretados capullos se visten...

440

Veo que los versos del poema "La higuera" no tienen un esquema de rima ni de métrica. Los versos no tienen la misma extensión.

COLABORA

Tu turno

Vuelve a leer "Oda a la escuela". ¿Es un poema de verso libre?

Tema

El tema es el mensaje o la lección principal que deja el poema. Identificar los detalles clave de un poema te puede ayudar a determinar el tema.

Busca evidencias en el texto

Todos los poemas de esta lección son acerca de la identidad, pero cada poema tiene un tema diferente. Volveré a leer "Oda a la escuela" de las páginas 438 y 439, y buscaré detalles clave para determinar el tema del poema.

Detalle

Ahora que el curso termina, nos despedimos felices

⬇

Detalle

Aquí aprendimos a ser amigos y compañeros

⬇

Detalle

Disfrutamos al leer/ versos breves... / que nos dejaron secuela.

⬇

Tema

Al final del curso, los estudiantes recuerdan con alegría lo que aprendieron y vivieron en la escuela y ayudó a formar su personalidad.

Los detalles te ayudarán a identificar el tema.

Tu turno

Vuelve a leer "La higuera" de las páginas 440 y 441. Encuentra detalles clave y escríbelos en el organizador gráfico. Usa los detalles para determinar el tema del poema.

¡Conéctate!
Usa el organizador gráfico interactivo.

Imaginería y personificación

Imaginería es el uso de lenguaje específico para crear una imagen mental en el lector. La **personificación** le da cualidades humanas a una cosa no humana como un animal o un objeto.

Busca evidencias en el texto

Puedo encontrar ejemplos de imaginería y personificación cuando vuelvo a leer la página 441 del poema "La higuera".

página 441

Por eso,
cada vez que yo paso a su lado,
digo, procurando
hacer dulce y alegre mi acento:
«Es la higuera el más bello
de los árboles todos del huerto».

Si ella escucha,
si comprende el idioma en que hablo,
¡qué dulzura tan honda hará nido
en su alma sensible de árbol!

Y tal vez, a la noche,
cuando el viento abanique su copa,
embriagada de gozo le cuente:
"¡Hoy a mí me dijeron hermosa!".

Personificación Los versos *Si ella escucha, / si comprende el idioma en que hablo,* son un ejemplo de personificación.

Imaginería El verso *cuando el viento abanique su copa* es un ejemplo de imaginería.

Tu turno

COLABORA

Encuentra un ejemplo de imaginería y otro de personificación en el poema "Oda a la escuela".

Rogerio Soud

Lenguaje figurado

Una **metáfora** es una comparación entre dos cosas diferentes sin usar las palabras *como o cual*.

Busca evidencias en el texto

Para encontrar una metáfora, debo buscar dos cosas diferentes que se comparen. En el poema "Oda a la escuela" de la página 439, se compara la escuela con un árbol de raíces fuertes.

Disfrutamos al leer
versos breves, largas prosas
de imágenes deliciosas
que nos dejaron secuela.
Ha sido un árbol la escuela
de raíces vigorosas.

Tu turno

COLABORA

Vuelve a leer el poema "La higuera" de las páginas 440 y 441. ¿Cuál es la metáfora central del poema?

Rogerio Soud

De lectores...

Los escritores usan detalles descriptivos y concretos para ayudar a que el lector cree una imagen mental. Vuelve a leer la primera estrofa de "La higuera".

Detalles de apoyo

Identifica los **detalles de apoyo**. ¿Cómo ayudan estos detalles a que el lector se haga una imagen mental de lo que sucede?

Ejemplo modelo

Porque es áspera y fea,
porque todas sus ramas son grises,
yo le tengo piedad a la higuera.
En mi quinta hay cien árboles bellos,
ciruelos redondos,
limoneros rectos
y naranjos de brotes lustrosos.
En las primaveras
todos ellos se cubren de flores
en torno a la higuera.
Y la pobre parece tan triste
con sus gajos torcidos que nunca
de apretados capullos se visten...

Rogerio Soud

446

a escritores

Camila escribió un poema de verso libre.
Lee las correcciones que le hizo a su poema.

Marcas de corrección

⌐⌐ cambiar el orden

∧ insertar

∧ insertar coma

✗ eliminar

(ort) revisar ortografía

≡ mayúscula

Manual de gramática

Página 448
**Preposiciones
y locuciones
preposicionales**

Ejemplo del estudiante

Mi gato

descansa
Mi gato ~~está~~ sobre mi cama.
∧

debajo de mi edredón azul
Mis brazos lo rodean.
∧

                                     (ort)
Él se acomoda allí y rronrronea
                                     ∧
es un montículo sólido
~~una pila~~ de calor y calma.
∧

es una isla.
≡

Mis brazos el ⌐río son⌐

fluye
que ~~corre~~ alrededor de él.
∧

COLABORA

Tu turno

☑ Identifica los detalles
descriptivos que agregó.

☑ Identifica las preposiciones y
locuciones preposicionales.

☑ Comenta cómo mejoró el
texto con las correcciones.

¡Conéctate!
Escribe en el rincón del escritor.

447

Contenido

Oraciones y frases

Sustantivos

Verbos

Pronombres

Adjetivos

Oraciones y frases

Frases y oraciones

Una **frase** no expresa una idea completa. Una **oración** es un grupo de palabras que expresa una idea completa.

La lluvia torrencial (frase)

Mi papá construye una casa. (oración)

Tipos de oraciones

Cada uno de los cuatro tipos de oraciones comienza con **mayúscula** y termina con **un signo de puntuación que indica el fin de la oración**.

Una **oración enunciativa** niega o afirma algo. Termina con un punto.	*José fue a una fiesta el viernes.*
Una **oración interrogativa** plantea una pregunta. Comienza y termina con un signo de interrogación.	*¿A qué hora llegaste?*
Una **oración imperativa** ordena algo a alguien.	*Tráeme ese libro.*
Una **oración exclamativa** expresa sentimientos o emociones. Comienza y termina con un signo de exclamación.	*¡Qué lindo está el cielo!*

Tu turno **Añade los signos de puntuación correctos, y escribe qué tipo de oración es cada una.**

1. Cuándo vienes a mi casa

2. Qué paisaje tan lindo

3. Llegué temprano

4. Abre la ventana

Oraciones simples y compuestas

Una **oración simple** tiene un solo verbo. Una **oración compuesta** tiene dos o más verbos y está unida por **conjunciones**.

Mi hermana mayor trabaja en una oficina. (oración simple)

*Mi papá trabaja en una oficina, **pero** mi mamá trabaja en un hospital. (oración compuesta)*

Tu turno **Escribe si se trata de oraciones simples o compuestas. Si es compuesta, encierra la conjunción en un círculo.**

1. Sofía hace sus tareas los fines de semana.

2. Alejandro a veces va a clases de natación en las tardes y a veces prefiere leer un libro.

Sujeto y predicado

Una oración está formada por dos partes principales: el **sujeto** y el **predicado**.

El **sujeto** es la parte de la oración que dice quién o qué realiza la acción del verbo. El **sujeto compuesto** puede estar formado por una o varias palabras.

***La vecina de la casa cinco** limpia su jardín.*

El **predicado** se refiere a la acción que realiza el sujeto o a lo que es el sujeto. El **predicado compuesto** puede estar formado por una o varias palabras.

*La abuela **camina despacio en el parque.***

Tu turno **Subraya el sujeto. Encierra en un círculo el predicado.**

1. ¿Tú sabes si la cena ya está lista?

2. ¡Tu receta de torta de chocolate es la mejor!

Oraciones subordinadas

Las **oraciones subordinadas** o **secundarias** son oraciones que dependen de la oración principal. Generalmente están unidas a la oración principal por una palabra subordinante.

*Sabrina pensó **que** no podía ir a la fiesta.*

*Me gusta el pastel **porque** me alegra el día.*

Tu turno **Subraya las oraciones subordinadas y encierra en un círculo la palabra subordinante.**

1. Había una vez un perro que ladraba de noche.

2. Necesito descansar después de tanto correr.

Sustantivos

Sustantivos singulares, plurales y colectivos

Un **sustantivo** nombra una persona, sitio, cosa o idea. Puede ser una palabra o un grupo de palabras. Un **sustantivo singular** nombra una persona, un sitio, una cosa o una idea. Un **sustantivo plural** nombra más de una cosa. Para formar el plural de los sustantivos se les agrega una **–s** al final. Cuando el sustantivo termina en **–í** o **–ú**, se agrega **–es**. Cuando un sustantivo termina en **-l, -r, -n, -d, -z, -j, -ch** se agrega **–es**. Cuando el sustantivo termina en **-s** o **–x** no se agrega nada. Un **sustantivo colectivo** nombra un conjunto de personas, animales o cosas que existen juntos.

Sustantivos singulares:	niño	escuela	gato	juguete
Sustantivos plurales:	niñas	escuelas	gatos	juguetes
Sustantivos colectivos:	familia	público	rebaño	gente

Tu turno Subraya en las siguientes oraciones los sustantivos y escribe al final si son singulares, plurales o colectivos.

1. El actor tuvo que aprenderse sus líneas.

2. Los jóvenes de la escuela son parte del estudiantado.

Sustantivos comunes y propios

Un **sustantivo común** nombra cualquier persona, sitio o cosa. Un **sustantivo propio** nombra una persona, sitio o cosa en particular. Un sustantivo propio siempre se escribe con mayúscula.

El **estudiante** miró el **mapa**. *(común, común)*

Sara localizó la **ciudad** de **San Francisco**. *(propio, común, propio)*

Tu turno Subraya en las siguientes oraciones los sustantivos y escribe enfrente si son comunes o propios.

1. Ana tiene un mapa del mundo en la pared.

2. A Pedro le gustan las frutas y las verduras.

Verbos

Verbos

El **verbo** es una palabra que expresa acción. Hace referencia a lo que el sujeto hace, hizo o hará.

*El jugador **batea** la pelota muy fuerte para ganar el partido.*

Tu turno **En las siguientes oraciones subraya el/los verbo(s).**

1. Los voluntarios se reunieron en el parque.

2. Un equipo reparó todas las mesas.

Tiempos verbales

Los accidentes del verbo en español son: tiempo, modo, persona y número. Los **tiempos verbales** expresan los accidentes a los que se refiere la acción de la oración.

Un **verbo en presente** muestra acciones que ocurren ahora.

*El salvavidas **observa** a los nadadores en este momento.*

Un **verbo en pretérito imperfecto** indica acciones simultáneas a otras en el pasado. También indica acciones que ocurrieron en más de una ocasión.

*El salvavidas **veía** nadar a los bañistas.*

*Me **encontraba** con María todos los lunes.*

Un **verbo en pretérito** indica una acción que ya ocurrió en el pasado.

*Ayer me **llamó** un amigo.*

Un **verbo en futuro** muestra acciones que van a ocurrir.

*En cuanto el salvavidas escuche un trueno, **sacará** a todos del mar.*

Tu turno **En las siguientes oraciones subraya el verbo y escribe qué tiempo está expresando.**

1. El siguiente verano iré al campamento espacial.

2. Recibí un folleto por correo la semana pasada.

3. Mi mamá me ayuda con el proceso de matrícula.

Formas no personales del verbo

Las **formas no personales del verbo** no especifican a ninguna de las seis personas que realizan la acción. Estas formas son tres: infinitivo, gerundio y participio.

Las formas del **infinitivo** son aquellas que terminan en *-ar*, *-er*, *-ir*.

cantar   comer   vivir

Las formas del **gerundio** son aquellas que terminan en *-ando* o *-iendo*, con excepción de algunos verbos que cambian de *-iendo* a *-yendo*.

cantando   comiendo   viviendo   leyendo

Las formas del **participio** son aquellas que terminan en *-ado* o *-ido*.

cantado   comido   vivido

Existen verbos cuyo participio es irregular y, por lo tanto, terminan de forma diferente. Generalmente esas otras terminaciones son: *-to*, *-so* y *-cho*.

escribir ⟶ escri**to**   decir ⟶ di**cho**

poner ⟶ pues**to**   imprimir ⟶ impre**so**

deshacer ⟶ deshe**cho**   poseer ⟶ pose**so**

Tu turno Subraya el verbo e indica en qué forma no personal del verbo se encuentra.

1. Los niños no deben pelear.
2. A mi mamá le gusta que mi hermano esté trabajando en un banco.
3. Mi profesor pensaba que yo había aprendido francés antes.

Las conjugaciones verbales

Aunque **usted** es la segunda persona (formal) del singular, se conjuga del mismo modo que **él/ella**.

Aunque **ustedes** es la segunda persona del plural, se conjuga del mismo modo que **ellos/ellas**.

Usos idiomáticos del infinitivo

Algunas oraciones se construyen a partir de la combinación de un verbo conjugado más un verbo en infinitivo. Estos pueden expresar capacidad, posibilidad, probabilidad, necesidad y obligación: **deber** + **infinitivo**, **deber de** + **infinitivo**, **tener que** + **infinitivo**, **poder** + **infinitivo**.

> **Debo ir** al médico.
>
> **Tengo que llamar** a mi mamá.

Otras de estas combinaciones muestran rasgos de tiempo.

acabar de + infinitivo	Cuando se expresa un pasado reciente	El maestro **acaba de salir**.
soler + infinitivo	Para referirse a un hábito	**Suelo visitar** a mis abuelos todos los domingos.
volver a + infinitivo	Repetición de un proceso	**Volví a visitar** mi escuela después de 10 años.
ir a + infinitivo	Para referirse al futuro simple	**Voy a bailar** en la escuela mañana.

Tu turno Subraya las combinaciones de verbo + infinitivo e indica qué función expresan.

1. Tengo que llevar a mi gato al veterinario.

2. Cuando Sofía era pequeña solía bailar mucho.

3. Los estudiantes acaban de recibir sus calificaciones.

Verbos regulares

Los **verbos regulares** son los que al conjugarlos conservan la primera parte (raíz) igual y su segunda parte (terminación) cambia siguiendo reglas determinadas.

Presente de verbos regulares

El **presente de los verbos regulares** se forma al cambiar su terminación en infinitivo por las terminaciones *o, as/es, a/e, amos/emos/imos, áis/éis/ís, an/en*.

yo	am**o**/tem**o**/abr**o**	nosotros/nosotras	am**amos**/tem**emos**/abr**imos**
tú	am**as**/tem**es**/abr**es**	vosotros/vosotras	am**áis**/tem**éis**/ abr**ís**
él/ella/usted	am**a**/tem**e**/abr**e**	ellos/ellas/ustedes	am**an**/tem**en**/abr**en**

Tu turno **Escribe la conjugación correcta en presente de los verbos en paréntesis.**

   1. Yo (bailar) tango todas las semanas.
   2. Ellos (beber) muchos litros de agua.
   3. Le (permitir) a mi gato salir todos los días.

Pretérito de verbos regulares

El **pretérito de los verbos regulares** se forma al cambiar su terminación en infinitivo por las terminaciones *é/í, aste/iste, ó/ió, amos/imos, asteis/isteis, aron/ieron*.

yo	am**é**/tem**í**/abr**í**	nosotros/nosotras	am**amos**/tem**imos**/abr**imos**
tú	am**aste**/tem**iste**/abr**iste**	vosotros/vosotras	am**asteis**/tem**isteis**/abr**isteis**
él/ella/usted	am**ó**/tem**ió**/abr**ió**	ellos/ellas/ustedes	am**aron**/tem**ieron**/abr**ieron**

Tu turno **Escribe la conjugación correcta en pretérito del verbo en paréntesis.**

   1. Ayer Mateo (cumplir) doce años.
   2. La semana pasada ellos (prometer) llegar temprano.

Futuro de verbos regulares

El **futuro de los verbos regulares** se forma al añadir al infinitivo las terminaciones **é, ás, á**, **emos, éis, án**.

yo	*amaré/temeré/ abriré*	nosotros/ nosotras	*amaremos/temeremos/ abriremos*
tú	*amarás/temerás/ abrirás*	vosotros/ vosotras	*amaréis/temeréis/abriréis*
él/ella/ usted	*amará/temerá/ abrirá*	ellos/ellas/ ustedes	*amarán/temerán/abrirán*

Tu turno Escribe la conjugación correcta en futuro de los verbos en paréntesis.

1. Mañana (discutir) un libro nuevo que compré.

2. Mamá me dijo que la próxima semana (regalar) su ropa vieja.

Condicional de verbos regulares

El **condicional simple** expresa la posibilidad de realizar la acción en cualquier tiempo, y se forma al añadir al infinitivo las terminaciones **ía, ías, ía, íamos, íais, ían**.

yo	*amaría/temería/ abriría*	nosotros/ nosotras	*amaríamos/temeríamos/ abriríamos*
tú	*amarías/temerías/ abrirías*	vosotros/ vosotras	*amaríais/temeríais/ abriríais*
él/ella/ usted	*amaría/temería/ abriría*	ellos/ellas/ ustedes	*amarían/temerían/ abrirían*

Yo te **ayudaría** si tuviera tiempo.

Si ellos no tuvieran miedo escénico, **cantarían** en el karaoke.

Tu turno Escribe la conjugación correcta en el condicional de los verbos en paréntesis.

1. Aunque no te he visto hace años, (asistir) a tu fiesta.

2. Si supiera el camino, (llegar) hasta tu casa sola.

Imperfecto de verbos regulares

El pasado **imperfecto de los verbos regulares** se forma al añadir a la raíz las siguientes terminaciones: *aba*, *abas*, *aba*, *ábamos*, *abais*, *aban* (para verbos terminados en *-ar*), e *ía*, *ías*, *ía*, *íamos*, *íais*, *ían* (para verbos terminados en *-er*, *-ir*).

Nosotros corríamos para llegar a la meta. (pretérito imperfecto)

Tu turno **Subraya los verbos regulares de las siguientes oraciones y escribe enfrente su forma en infinitivo.**

1. Mis mejores amigos habitaban esa calle.

2. Nosotros comíamos durante la película una y otra vez.

Verbos copulativos: *ser*, *estar*

Los **verbos copulativos** no expresan en sí una acción. Su función es unir al sujeto con otra palabra que se llama atributo. Los verbos copulativos más usados son *ser* y *estar*. Como **verbos auxiliares**, estos verbos ayudan a la conjugación compuesta de otros verbos.

Verbos copulativos en presente, pretérito y futuro

Los verbos copulativos se pueden emplear en presente, pretérito y futuro.

*Jairo **es** amable.*   *Jairo **estaba** siendo amable.*
*María **será** doctora.*

Tu turno **Subraya los verbos copulativos de las siguientes oraciones y escribe enfrente su forma en infinitivo.**

1. Mariana es inteligente.

2. José estaba contento.

3. Manuel y Ana serán muy buenos padres.

4. Mis abuelos están felices.

El verbo auxiliar *haber*

El verbo **haber** puede servir como auxiliar para formar tiempos compuestos, que son los que se componen de dos verbos. Se puede conjugar en presente, en pretérito y en futuro.

Pronombres	Pretérito	Presente	Futuro
yo	había	he	habré
tú	habías	has	habrás
él/ella/usted	había	ha	habrá
nosotros/nosotras	habíamos	hemos	habremos
vosotros/vosotras	habíais	habéis	habréis
ellos/ellas/ustedes	habían	han	habrán

*Yo **he** amado. (presente)*
*Mi abuelo **había** enviado una carta. (pretérito imperfecto)*
***Habremos** cumplido nuestro sueño cuando compremos nuestro primer hogar. (futuro)*

Tu turno Subraya el verbo *haber* y escribe enfrente en qué tiempo está conjugado.

1. Mi hermano ha ayudado a recolectar dinero.

2. Los pasajeros habrán llegado a París cuando el piloto aterrice.

Tiempos compuestos y el verbo auxiliar *haber*

El verbo auxiliar **haber** puede estar conjugado en distintos tiempos. Para complementar al verbo principal, este debe ir en participio.

He soñado con mariposas.
*El cartero **había dicho** que venía en la mañana.*

Tu turno Subraya los verbos de las siguientes oraciones. Escribe enfrente si se trata de verbos auxiliares o principales.

1. Sara y Juan han visitado el museo.

2. El tío Ramón ha estado un poco enfermo.

Pronombres

Tipos de pronombres

Los **pronombres** son palabras que pueden sustituir a los sustantivos. Hay seis tipos principales de pronombres.

Tipo de pronombre	Ejemplos
Demostrativo	*este, esta*
Indefinido	*algo, nada*
Interrogativo	*quién, qué*
Personal	*yo, tú*
Posesivo	*mi, nuestro*
Relativo	*que, quien*

Tu turno Subraya los pronombres de las siguientes oraciones y escribe enfrente de qué tipo son.

1. Yo fui a la clase de español.

2. Cualquiera podría sacar 10 en el examen.

3. ¿Cuál de todos los libros es mío?

Concordancia de verbo y pronombre

El **pronombre personal** es una palabra que sustituye los nombres de las personas y debe concordar con el verbo en género, número y persona gramatical.

> ***Ellos viajaron*** *desde Guatemala.*
>
> ***Ella estaba*** *muy contenta.*

Tu turno Subraya los pronombres de las siguientes oraciones. Escribe enfrente a qué persona se refiere y si es plural o singular.

1. Él ha estado trabajando durante varias horas.

2. Ustedes le pidieron que no fuera a la oficina el sábado.

3. Nosotros queremos ir de paseo.

Pronombres y antecedentes

Los **pronombres** también sustituyen objetos o personas que se hayan nombrado antes en el texto. El **antecedente** es el sustantivo propio o común anterior al que hace referencia el pronombre.

*Me pidió la carta y se **la** di.* *Luz es más gentil de lo que **ella** piensa.*

Tu turno **Reemplaza el sustantivo por el pronombre en estas oraciones.**

1. Mi padre ha estado trabajando durante varias horas.

2. Mi madre le pidió que no fuera a la oficina el sábado.

Complemento directo e indirecto

El **complemento directo** de una oración se refiere a aquello a lo que el verbo afecta y responde a la pregunta ¿qué? El **complemento indirecto** indica el destinatario o el receptor de la acción y responde a la pregunta ¿a qué?, ¿para qué?, ¿a quién? o ¿para quién?

*Mi tía limpia **el garaje.** (directo)*

*Juan le regaló **una flor** (directo) **a Cristina** (indirecto) ayer.*

Tu turno **Subraya el complemento de las siguientes oraciones y escribe si es directo o indirecto.**

1. El maestro les dio un regalo a sus alumnos.

2. Samuel come muchas golosinas.

Pronombre de complemento directo

El **pronombre de complemento directo** es aquél que solo puede sustituir al complemento directo. Los pronombres de complemento directo singulares son *lo* y *la*, y los plurales, *los* y *las*.

*Ayer me comí un perro caliente. Ayer me **lo** comí.*

Tu turno **Subraya el pronombre de complemento directo en las siguientes oraciones.**

1. Esta mañana me los volví a probar.

2. Las he extrañado mucho.

Pronombre de complemento indirecto

El **pronombre de complemento indirecto** es aquel que puede sustituir al complemento indirecto. Los pronombres de complemento indirecto no pueden ser nunca sujetos de la oración. Los pronombres de complemento indirecto son *le*, en singular, y *les*, en plural.

Juan escribió un informe para la maestra.
*Juan **le** escribió un informe.*

Tu turno **Subraya el pronombre de complemento indirecto de las siguientes oraciones.**

1. Les voy a contar un secreto.
2. Mi abuela le dio un regalo a mi sobrina.

Complemento circunstancial

Los **complementos circunstanciales** son información adicional de la oración que responden a las preguntas ¿cuánto?, ¿cómo?, ¿dónde?, ¿por qué?, ¿con quién? y ¿con qué?

A partir de 1492, los viajes de exploración en barco hacia América se multiplicaron. (complementos de tiempo, materia y lugar)

Tu turno **Subraya el complemento circunstancial.**

1. Me sonrió gentilmente.
2. Llegarán inmediatamente.
3. Te esfuerzas poco.

Adjetivos

El **adjetivo** es la palabra que describe al sustantivo. El adjetivo tiene que concordar en género y número con el sustantivo. Para formar el plural de un adjetivo que termina en vocal se le añade **-s** al final, y de uno que termina en consonante se le añade **-es**.

Adjetivos demostrativos y posesivos

El **adjetivo demostrativo** sirve para señalar si la cosa o persona a la que se hace referencia está cerca o lejos de la persona que habla. Los adjetivos **este, esta, estos** y **estas** señalan algo que está cerca; **ese, esa, esos** y **esas** señalan algo que no está ni cerca ni lejos de ella; y **aquel, aquella, aquellos** y **aquellas**, señalan algo que está lejos de quien habla.

*Marta quiere comprarse **esa** blusa.*   *Yo quiero **aquellos** guantes.*

El **adjetivo posesivo** indica a quién pertenece algo. El adjetivo posesivo debe concordar en género y número con la cosa poseída.

*Mira **mi** maleta.*   *Esta maleta es **mía**.*

Tu turno Subraya los adjetivos demostrativos y posesivos de las siguientes oraciones y señala cuál de los dos tipos es.

1. Mis hermanos buscan sus juguetes.

2. Esta es mi fruta favorita.

Adjetivos comparativos y superlativos

Los **adjetivos comparativos** y **superlativos** son grados del **adjetivo**. Los primeros establecen una comparación gracias a adverbios como **más que**, **menos que**, **igual de**, **tan**, etc.; y los segundos indican el grado más alto de la cualidad del objeto o la persona.

Tu turno Subraya los adjetivos comparativos y superlativos de las siguientes oraciones y señala cuál de los dos tipos es.

1. Este anillo nos costará muchísimo.

2. Su hermano es un pésimo bailarín.

Artículos, contracciones

Artículos

Los **artículos** son las palabras que acompañan al sustantivo
y siempre van delante de él; adicionalmente, indican su género,
ya sea femenino o masculino, y número, sea singular o plural.

> *El* alumno   *La* profesora   *Los* perros

Tu turno **Subraya los artículos de las siguientes oraciones
y señala en qué género y número están escritos.**

1. Me gustan las canciones bailables.
2. En mi país los edificios son muy altos.

Contracciones

Se debe contraer o unir el **artículo** a la preposición que lo preceda
cuando la preposición termine en vocal y el artículo comience con
vocal, excepto cuando el artículo es parte de un nombre propio.

> *Ese hombre es **de El** Cairo.*   *Visitamos **al (a + el)** vecino.*
> *Me gusta la madera **del (de + el)** escritorio.*

Tu turno **Subraya las contracciones y escribe cuál fue la
preposición y el artículo que se unieron.**

1. Creo que ese libro es del profesor.
2. Ellos nunca han ido al Viejo Continente.

Adverbios

Adverbios de modo, tiempo y lugar

El **adverbio** es una palabra que modifica al verbo, al adjetivo o a otro adverbio. No cambia de forma para indicar el género, el número o la persona. Los adverbios se clasifican en adverbios de modo, tiempo y lugar. El **adverbio de modo** indica cómo se realiza la acción. Muchos adverbios de modo terminan en **-mente**.

> Sergio camina **lentamente** con su perro.
> Sara le contestó **mal** a su amiga.

El **adverbio de tiempo** indica cuándo se realiza la acción: **ahora**, **después**, **antes**, **temprano**, **mañana**, **ayer**.

> El sol sale **temprano**.   Lo haré **después**.

El **adverbio de lugar** indica dónde ocurre la acción: **aquí**, **allí**, **acá**, **cerca**, **lejos**, **arriba**, **abajo**.

> Lo pondré **arriba**.   Voy **allí** todos los días.

Tu turno Subraya los adverbios y escribe cómo se clasifican.

1. Tengo que conducir más despacio.
2. Estoy muy lejos de mi casa.
3. Pensé que terminaría mi tarea ayer.

Adverbios comparativos

Los **adverbios comparativos** se usan para hacer comparaciones.
> Las plantas de mamá son **más** hermosas **que** las de la vecina.

Tu turno Subraya los adverbios comparativos.

1. La voz de Juan es menos aguda que la de Catalina.
2. Eres tan estudiosa como ella.

Preposiciones

Preposiciones y locuciones preposicionales

Las **preposiciones** son palabras invariables cuya función es de enlace, además complementan un verbo, un sustantivo o un adjetivo. Las más comunes son: *a*, *ante*, *bajo*, *con*, *contra*, *de*, *desde*, *en*, *entre*, *hacia*, *hasta*, *para*, *por*, *según*, *sin*, *sobre*, *tras*. Las **locuciones preposicionales** son frases que actúan como preposiciones y, por tanto, tienen una función de enlace. Se forman por lo general con un adverbio y una preposición: *a causa de*, *a pesar de*, *a través de*, *alrededor de*, *al cabo de*, *al frente de*, *frente a*, *en frente de*, *a favor de*, *en contra de*, *por medio de*, *en torno a*.

Tu turno Subraya las preposiciones o locuciones preposicionales que veas en las siguientes oraciones.

1. Estoy en contra de la caza de animales.
2. Votamos a favor de aprender otro idioma.

Acentuación

División en sílabas

Todas las palabras se componen de **sílabas**, que son las **fracciones** en las que se pueden dividir. Las palabras, según el número de sílabas de que se componen, son monosílabas (de una sílaba), bisílabas (de dos sílabas), trisílabas (de tres sílabas) y polisílabas (de más de tres sílabas).

ca·sa   es·drú·ju·la   úl·ti·mo   pie·dad

Tu turno Escribe enfrente de las palabras subrayadas su división en sílabas.

1. Jorge juega a la pelota.
2. Esa brújula está dañada.

División en sílabas: diptongo

Un **diptongo** es la combinación de dos vocales en una misma sílaba. Una de esas vocales debe ser abierta *a*, *e*, *o* y debe ir acompañada de una vocal cerrada como la *i* o la *u*. En el diptongo no se marca la tilde.

*p**ai**saje*   *n**ie**ve*   *p**ue**blo*

Tu turno Subraya las sílabas en las que encuentres diptongos.

1. Los niños estaban bailando en la ciudad.

2. Mamá vierte el agua en la cuenca del río.

División en sílabas: triptongo

Un **triptongo** es la combinación de tres vocales en una misma sílaba. Un triptongo se forma con una vocal abierta *a*, *e*, *o* y dos vocales cerradas *i*, *u*. La vocal abierta siempre se ubica en el medio de las vocales cerradas. En el triptongo no se marca la tilde.

*b**uey***   *Parag**uay***   *Urug**uay***

Tu turno Subraya las sílabas en las que encuentres triptongos o diptongos en las siguientes oraciones.

1. Mi gato hace miau cuando tiene hambre.

2. Cuauhtemoc fue el último soberano azteca.

División en sílabas: hiato

El **hiato** es la separación de dos vocales seguidas en distintas sílabas. Un hiato se forma con dos vocales abiertas *a*, *e*, *o*. También se puede formar con una vocal abierta *a*, *e*, *o* y una cerrada *i*, *u* que lleve acento; o con dos vocales iguales.

*t**ea**tro*   *r**í**en*   *l**eí***

Tu turno Subraya las sílabas en las que encuentres hiatos.

1. La mamá sonríe al ver a su bebé.

2. Al abuelo le gusta oír música clásica.

3. El poeta escribe versos hermosos.

Palabras agudas

Las **palabras agudas** son las que tienen el acento en la última sílaba. Se marca la tilde si la palabra termina en vocal, en **s** o en **n**.

*Ger**mán***   re**loj**   in**glés**   can**tó**

Tu turno Subraya las palabras agudas de las siguientes oraciones. Marca la tilde cuando sea necesario.

1. El gato con botas se tomo la leche.

2. Mi fruta favorita es el melon.

3. El idioma frances es muy romántico.

Palabras llanas o graves

Las **palabras llanas** o **graves** son las que tienen el acento en la penúltima sílaba. No se debe marcar la tilde si la palabra termina en vocal, en **s** o en **n**, a menos que la penúltima sílaba tenga un hiato.

***ár**bol*   man**za**na   ha**bía**

Tu turno Subraya las palabras llanas de las siguientes oraciones. Marca la tilde si es necesario.

1. La escultura es de marmol.

2. Mi papá trabaja en una empresa de abogados.

3. El español es un idioma facil.

Palabras esdrújulas

Las **palabras esdrújulas** son las que tienen el acento en la antepenúltima sílaba. Siempre se marca la tilde.

***ló**gico*   ***Bél**gica*   ***prác**tica*

Tu turno Subraya las palabras esdrújulas de las siguientes oraciones. Marca la tilde si es necesario.

1. En America hay ciudades de clima calido.

2. Las palabras esdrujulas llevan la tilde en la antepenultima silaba.

Palabras sobreesdrújulas

Las **palabras sobreesdrújulas** son las que llevan el acento en la sílaba anterior a la antepenúltima sílaba. Siempre se marca la tilde.

    dígamelo   es**crí**bemelo   **cuén**tanoslo

Tu turno Subraya las palabras sobreesdrújulas de las siguientes oraciones. Marca la tilde si es necesario.

1. Si encuentras mi bicicleta, ¡traemela!

2. Tengo alergia a los gatos; llevatelo, por favor.

Acentuación de verbos con pronombre enclítico

Cuando los pronombres *me*, *te*, *se*, *lo(s)*, *la(s)*, *le(s)* y *nos* van después del verbo, se unen a él y forman una sola palabra. Se pone tilde según las reglas de acentuación.

    di + *me* = *dime*   *coma* + *se* + *lo* = *cómaselo*

Tu turno Subraya los verbos que tengan un pronombre enclítico en las siguientes oraciones. Marca la tilde si es necesario.

1. Mamá, por favor, aconsejame sobre mi problema.

2. No podía parar de reirme cuando me contaste el chiste.

Palabras con acento diacrítico

La **tilde diacrítica** sirve para dar a una letra o a una palabra algún valor distintivo.

tú (pronombre personal)	*tu (adjetivo posesivo)*
té (sustantivo)	*te (pronombre)*
más (adverbio)	*mas (conjunción)*

Tu turno Subraya las palabras que sean idénticas en las siguientes oraciones y escribe la tilde donde sea necesario.

1. Si, lo haré.   Si me acompañas, me sentiré mejor.

2. ¿Quieres que te de una mano?   Me trajeron un regalo de China.

Palabras compuestas y su acentuación

En algunos casos, todas las palabras que hacen parte de la expresión que se une con o sin guion conservan su tilde, mientras que en otros, solo va en la palabra que figura en el último lugar. Cuando se unen ciertas palabras hasta formar una unidad gráfica, se pone la tilde sobre la palabra resultante, sin que influya la acentuación de cada palabra por separado.

físico-químico   árabe-israelí   Josemaría   vigesimocuarto

Tu turno **Subraya las palabras compuestas y marca la tilde si es necesario.**

1. En el cultivo de maíz hay un espantapajaros muy feo.
2. Mi hermana me contó que en su viaje a España conoció a la familia Garcia-Gomez.

Acento ortográfico en las mayúsculas

Las palabras escritas en mayúscula siempre deben llevar tilde según lo exijan las reglas de acentuación.

CÓRDOBA   ÁLVARO   ÍNTEGRO

Sin embargo, las siglas que se escriben en mayúscula nunca llevan tilde.

ONU   ENAF

Identificación sílaba tónica

Las palabras tienen una sílaba que se pronuncia con mayor intensidad que las otras. A esta sílaba donde recae el acento se le llama **sílaba tónica**.

*mari**po**sa   ro**di**lla*

A veces se marca el acento por **escrito**. Este acento ortográfico se llama **tilde**.

*es**pí**ritu   champi**ñón***

Normas del lenguaje

Abreviaturas

Una **abreviatura** es la forma de escribir una palabra o un grupo de palabras de forma reducida. Siempre llevan punto. Las abreviaturas de tratamiento solo se deben usar cuando van antes del nombre.

Sr. (abreviatura de señor)   *cap. (abreviatura de capítulo)*

Tu turno **Subraya las abreviaturas que encuentres en las siguientes oraciones.**

1. La Lic. Acevedo debe asistir al juzgado.

2. En la puerta dice que es la oficina de la Dra. González.

Gentilicios

Los **gentilicios** son adjetivos que nombran la procedencia de las personas o las cosas. Los gentilicios se escriben con inicial minúscula y concuerdan en género y número con el sustantivo al que califican.

*María es **cubana**.*   *Tengo amigos **colombianos**.*

Tu turno **Escribe enfrente de las siguientes oraciones el gentilicio que corresponda.**

1. Sandra nació en Chile.   **2.** Till viene de Austria.

Interjecciones

Las **interjecciones** son palabras que expresan sentimientos muy vívidos de dolor, de alegría, de tristeza, etc. Generalmente comienzan y terminan con signos de exclamación.

*¡**Ay**! Me tropecé.*   *¡**Madre mía**!*

Tu turno **Subraya las interjecciones de las siguientes oraciones.**

1. ¡Bravo! El bailarín es genial.

2. ¡Socorro! Mi gato se quedó atrapado.

Mayúsculas en nombres propios y en diferentes nombres

El uso principal de las **mayúsculas** es cuando comienza una oración o cuando una palabra sigue un punto y se comienza una nueva oración. Sin embargo, hay palabras específicas como nombres propios, es decir, de personas, lugares, feriados, nombres de revistas, periódicos, obras de arte, composiciones musicales, organizaciones, que también se escriben con mayúscula. Usualmente, solo se escribe con mayúscula la primera letra del nombre propio.

Carlos recibió muchos regalos.

Me divertí mucho en mis vacaciones en Filipinas.

Se escriben con mayúscula inicial los sustantivos que designan *entidades o instituciones.*

el Gobierno   la Hacienda Pública   el Estado

Tu turno **Escribe las mayúsculas donde sea necesario.**

1. ayer, karen y yo fuimos juntas al museo guggenheim.
2. ¡ya van a empezar las vacaciones! yo me voy a bolivia, ¿y tú, pedro?

Títulos en el texto

En el título de una obra se escribe con **mayúscula** únicamente la primera letra. Las demás palabras del título deben ir en minúscula.

Platero y yo

Cuando se cita el título de un artículo, un reportaje, un cuento, etc., que sea parte de una publicación dentro de un texto, se escribe entre **comillas**. Se escribe en **cursivas** el nombre de un libro, revista o periódico, además de obras artísticas de cualquier naturaleza.

El artículo "La juventud de hoy" fue publicado en el periódico El País.

Tu turno **Subraya los títulos de las siguientes oraciones y escribe enfrente si debe ir entre comillas o en cursiva.**

1. El Guernica de Picasso es una obra maestra.
2. El poema que más me gusta de Jorge Luis Borges es El poema de los dones de su libro Antología poética.

Onomatopeyas

Las **onomatopeyas** son representaciones escritas de sonidos naturales o de otros fenómenos sonoros.

*El gato de Pilar hace **miau**.*
*El gallo canta **quiquiriquí**.*
*El bebé hizo **achís** cuando estornudó.*

Tu turno **Subraya la onomatopeya de las siguientes oraciones.**

1. Me desperté cuando escuché el tic tac.
2. Tengo que salir de la escuela, ya sonó el ring ring.

Siglas

Una **sigla** es un término que se forma con las primeras letras de las palabras que hacen parte de una expresión. Usualmente se escriben completamente en mayúscula. Sin embargo, cuando se integran en la cotidianidad del idioma, son fáciles de pronunciar como una sola palabra y tienen más de cuatro letras, se escriben con mayúscula solo en la primera letra.

ONU (sigla de Organización de Naciones Unidas)
Unicef (sigla de United Nations International Children's Emergency Fund)

Tu turno **Subraya las siglas de las siguientes oraciones.**

1. Hay personas que dicen haber visto un OVNI.
2. Me gustaría trabajar en la Unesco.

Minúsculas

En español se escriben con **minúscula** los días de la semana, los nombres de los meses y las estaciones del año.

jueves   abril   otoño

Tu turno **Corrige la palabra que deba estar escrita con minúsculas.**

1. Nuestro aniversario es el Jueves.
2. La estación más bonita es la Primavera.

Punto y seguido, punto y aparte, punto final

El **punto y seguido** se utiliza para separar oraciones dentro de un mismo párrafo; el **punto y aparte,** para separar párrafos en un mismo texto; y el **punto final,** para terminar un texto.

La Sinfonía 8 en mi bemol mayor de Gustav Mahler es una de las obras corales de mayor escala del repertorio orquestal clásico. Debido a que requiere una enorme cantidad de instrumentistas y coristas, con frecuencia se la denomina «Sinfonía de los mil», aunque la obra a menudo se interpreta con menos de mil intérpretes y el propio Mahler no aprobó dicho sobrenombre.

La pieza fue compuesta en un único período de inspiración, en Maiernigg al sur de Austria en el verano de 1906. Fue la última obra que Mahler estrenó en vida y contó con un gran éxito de crítica y público cuando la dirigió en el estreno absoluto en Múnich, el 12 de septiembre de 1910.

Tu turno **Escribe los puntos que sean necesarios en el siguiente texto. Indica si son punto y seguido, punto y aparte o punto final.**

Se dice que cuando hay tormentas eléctricas, Thor está conduciendo a través de los cielos su poderoso carruaje halado por un par de cabras gigantes El sonido de las ruedas del carruaje crea un estruendo ensordecedor que sacude el mundo Los relámpagos brillan a través del cielo cada vez que Thor arroja su martillo mágico

Los truenos y relámpagos pueden ser atemorizantes y extrañamente tranquilizadores a la vez Nos recuerdan que Thor es un guerrero fiero y todopoderoso, pero siempre dispuesto a protegernos de cualquier daño

La coma

Se usan las **comas** en los enunciados para indicarle al lector una pausa breve o para hacer una enumeración de elementos o personas. Nunca se debe escribir entre el sujeto y el predicado. También se escribe una coma cuando se habla directamente a una persona.

Pedro no hizo las cosas como debía, lamentablemente.

Ayer fuimos a comer con mi hermano, mi hermana, mis abuelos y mi mejor amiga.

Mamá, gracias por todo.

Tu turno **Escribe la coma en el lugar apropiado.**

1. Aunque no queríamos la maestra nos dejó una larga tarea de matemáticas para el fin de semana.
2. Pedro cuidado.

Comas en una serie

Al escribir una serie de elementos en un enunciado, no se debe escribir coma antes de las conjunciones *o*, *u* o *y*.

Para mi cumpleaños, he pedido a mis padres un libro, un auto de juguete o una bicicleta.

Tu turno **Escribe la coma donde sea necesario.**

1. Quisiera estudiar un pregrado un posgrado una maestría y un doctorado.
2. También podríamos ir a jugar baloncesto béisbol o softball.

Coma en oraciones compuestas

Se puede usar una **coma** antes de *y*, *pero* u *o* cuando se requiera unir oraciones simples y formar una oración compuesta.

Tu turno **Escribe las comas que sean necesarias en estas oraciones.**

1. Envié seis dibujos pero no eligieron ninguno.
2. Algunos residentes querían una nueva bandera y el tema surgió el Día de la Independencia.

El punto y coma

Un **punto y coma** permite combinar dos cláusulas independientes relacionadas que no están conectadas por una conjunción, como **o**, **y** o **pero**.

No podré asistir a la clase de hoy a las 10:30; nuestro gato está enfermo.

Tu turno **Une las oraciones con punto y coma donde sea necesario.**

1. Intenté llamarte hoy nadie contestó.
2. Estuve en el supermercado compré algunos víveres.

Dos puntos

Los **dos puntos** tienen varios usos. Se usan para separar las horas de los minutos.

Mañana nos vemos a las 4:45 de la tarde.

Los **dos puntos** se usan después del saludo en cartas formales e informales, o en correos electrónicos.

Querido Antonio:
Estimada Dra. Gómez:

Los **dos puntos** se usan para indicar que se inicia un diálogo.

Pedro dijo:
—Es hora de comer.

Tu turno **Escribe los dos puntos donde correspondan.**

1. Tengo una cita a las 9 45.
2. Querido papá Espero que te encuentres bien.
3. Una voz detrás de mí me dijo "Debemos hablar".

Paréntesis, comas y rayas

Los **paréntesis, comas (,)** o **rayas (—)** tienen la función de separar incisos o información que no es esencial en una oración, como detalles innecesarios, aclaraciones o ejemplos. Siempre se debe escribir uno al inicio y otro al final de la frase que se quiere separar.

Juan (ganador del año pasado) no participó en el concurso este año.
Andrea, que quedó en el segundo lugar, fue la favorita este año.
Todos los participantes —niños menores de 12 años— hicieron excelentes presentaciones.

Tu turno **Escribe los paréntesis, las comas y las rayas necesarias en cada caso.**

1. El costo de inscripción que fue de 25 dólares el año pasado no debe aumentar.
2. Nuestro auto de más de 10 años es muy confiable todavía.
3. Dos de mis hermanos excepto Laura recibieron muy buenas calificaciones.

Comillas en citas y pensamientos

Se usan las **comillas** para enmarcar una cita textual o un pensamiento dentro de cualquier texto. Deben ir al principio y al final de cada frase que se deba encuadrar.

Ten paciencia, recuerda el refrán que dice: "Pasito a pasito se hace el caminito".

Tu turno **Encierra la cita o el pensamiento entre comillas en cada oración.**

1. El mundo es grande, pero la amistad es inmensa, dice en *Las cosas que no nos dijimos*.
2. Paciencia, quien mucho abarca, poco aprieta, solía decir mi madre.

Puntos suspensivos

Los **puntos suspensivos** se usan después de una frase para determinar que la idea puede continuar. También pueden expresar duda, temor, un suceso inesperado o un final que todos sobreentienden. Si van seguidos de otras palabras, debe haber un espacio entre los puntos suspensivos y la siguiente palabra.

Debo ir... no lo sé...   *A buen entendedor...*

Tu turno **Escribe los puntos suspensivos donde sea necesario.**

1. Cuando la puerta se abrió, no podía creer lo que veía

2. Quería decirte que

Puntuación en cartas

Se usan diferentes signos de puntuación en el texto de una carta. Sin embargo, hay unos que siempre deben estar presentes. La **coma** se usa para separar el lugar y la fecha en donde se escribe la carta.

Santiago, 5 de febrero   *Bogotá, 24 de diciembre*

Los **dos puntos** se usan después del saludo en cartas formales e informales.

Querido Antonio: *Estimada Dra. Gómez:*

Se escribe **coma** tras el saludo de despedida en cartas.

Hasta luego,   *Cordialmente,*

Tu turno **Escribe la puntuación correcta en el siguiente texto.**

Nueva York 21 de junio de 2012
Estimada María Rozo
Quería hacerle saber que por asuntos laborales,
no podré acercarme a su oficina el día de hoy.
Cordialmente
Aurora S.

Puntuación en diálogos

La **raya** (—), que es una marca más larga que el guion, se usa para señalar cada una de las intervenciones de un diálogo sin mencionar el nombre del personaje al que corresponde. Si el diálogo está seguido de otro texto, ese texto inicia con otra raya. Las intervenciones de diálogo que sigan a la raya deben ir en mayúscula.

—¿Cómo estás?
—Bien, gracias.
—No te vayas todavía —le dijo Leonardo, pero ella partió.

Tu turno **Escribe el siguiente diálogo con la puntuación correcta.**

No puedo creer que lo hicieras le dijo su madre
Eso no debió detenerte

Uso del guion para la división de palabras

El **guion** se puede utilizar al final de una línea cuando, por falta de espacio, se tiene que separar una palabra, en cuyo caso se tendrá que dividir por sílabas.

Ayer, me di cuenta de que la vi-
da me había dado un gran rega-
lo con mi hija.

Tu turno **Separa las sílabas de las siguientes palabras como si estuvieran al final de una línea.**

1. Jirafa   **2.** Juego   **3.** Caminata

Palabras compuestas con guion

El **guion** también puede servir para unir una o varias palabras y formar una nueva.

greco-romano   *física-química*

Tu turno **Escribe el guion donde sea necesario.**

1. hispano árabe   **3.** teórico práctico
2. lingüístico editorial   **4.** médico quirúrgico